LES PROIES

Cet ouvrage a été réalisé
par les Éditions Milan,
avec la collaboration d'Ingrid Pelletier
Mise en pages : Petits Papiers
Création graphique : Bruno Douin

300, rue Léon-Joulin, 31101 Toulouse Cedex 9, France
Loi 49-956 du 16 juillet 1949
sur les publications destinées à la jeunesse
ISBN : 978-2-7459-5978-2
www.editionsmilan.com

LES PROIES

AMÉLIE SARN

MILAN

À M. R. J.,
mes zombies préférés

PROLOGUE

Centre de recherche de l'armée. Les Arcs, Var, France.

– On n'a jamais été aussi près du but, Adrien.

– Je n'ai jamais eu d'aussi grands doutes concernant ces recherches, rétorque l'homme en blouse blanche à son confrère.

– Tu plaisantes, j'espère ! s'exclame ce dernier en posant sa tasse de café sur la table immaculée. C'est la plus grande découverte biologique de tous les temps. Et pour la première fois, des chercheurs français vont coiffer au poteau les savants américains, russes, chinois et japonais !

Adrien se laisse tomber sur un des fauteuils de la salle de repos. Un fauteuil sur lequel il a passé de nombreuses nuits ces trois dernières années.

– Écoute, Ivan, je ne t'en avais pas parlé mais je dors très mal en ce moment… En réalité, je suis rongé par des questions éthiques, je me demande vraiment si…

Adrien Boncamp ne termine pas sa phrase. À quoi bon ? Il connaît déjà la réponse de son ami. D'ailleurs, le regard brillant d'Ivan Carrère ne laisse pas beaucoup de doute à ce sujet.

– Depuis combien d'années travaillons-nous sur ce projet ? demande Ivan d'une voix douce en approchant un autre fauteuil pour prendre place en face de son confrère.

– Déjà quand nous étions étudiants, continue-t-il. Nous en avons posé les bases. Mais à cette époque, il ne s'agissait que de fantasmes, de rêves. Aujourd'hui, nous sommes face à une réalité. Tu te souviens de Gingard, notre tuteur de recherches en neuro-génétique ? On l'appelait Ringard, tu te rappelles ? Il nous a traités d'olibrius en lisant notre premier rapport ! Je n'avais jamais entendu ce mot !

Adrien ne peut s'empêcher de sourire à l'évocation de ces années estudiantines et heureuses.

– Et il nous a obligés à changer de sujet de travail ! Tu n'as pas oublié ! Imagine s'il était là et qu'il lisait nos résultats !

Ivan attrape une liasse de feuillets posée sur la table à côté de la machine à café et la jette presque sur les genoux de son ami, qui ne les touche pas.

– C'est la dernière ligne droite, Adrien, reprend Ivan. Je sais que tu es crevé. Tu as travaillé encore plus que nous tous, ces derniers mois. Mais nos efforts vont enfin être récompensés. Après, on pourra se reposer. On pourra même aller sur une île du Pacifique, boire des piñacoladas servies par des vahinés aux seins nus ! Qu'est-ce que tu en dis ?

Adrien se contente de hocher la tête. Il savait qu'il ne servirait à rien de discuter avec Ivan.

Ce dernier se lève, le sourire aux lèvres.

– Allez, j'y retourne ! s'exclame-t-il. Toi, reste encore un peu dans la salle de repos. Tu l'as bien mérité.

Ivan se dirige vers la porte blindée qui donne sur le sas de stérilisation. Ce n'est qu'après avoir subi la douche de vapeur obligatoire et revêtu le pantalon, la tunique, les chaussons et la charlotte jetable en papier stérilisé qu'il pourra entrer dans le laboratoire muni d'une porte en verre Securit à code d'accès. Il tape son code, changé chaque matin par l'administration militaire et se retourne une dernière fois vers son ami :

– T'inquiète mon pote, on va leur en mettre plein la vue aux Américains ! N'oublie pas de quoi il s'agit. De rien d'autre que le graal de la science : l'immortalité !

Sur ces mots, il entre et referme la porte derrière lui.

Adrien Boncamp ferme les yeux. Il est vraiment épuisé.

PREMIÈRE PARTIE

IMPLOSION

UN

– Sérieusement papa, lâche-moi ou je vais finir par craquer ! Tu ne te rends pas compte que c'est insupportable ? Tu ne pourrais pas prendre un peu sur toi ! Pour une fois !

Margot est exaspérée. Son père, debout en face d'elle, grimace, en partie parce qu'il est sincèrement penaud, en partie parce qu'il essaie de la faire rire. Mais Margot n'a pas la moindre envie de rire. C'est chaque fois pareil.

Quand elle essuie la table, il faut absolument qu'il repasse derrière elle non sans avoir lavé l'éponge trois fois sous l'eau bouillante et avec du produit vaisselle. Une miette de pain tombe par terre ? Il se précipite, armé de son mini-aspirateur, pour ôter toute trace de saleté sur son précieux carrelage. Les draps et housses de couette doivent être lavés à quatre-vingt-dix degrés tous les cinq jours ; Margot doit enlever ses chaussures en entrant dans la maison ; les assiettes, verres et couverts sont minutieusement inspectés sous toutes les coutures en sortant du lave-vaisselle...

Dernièrement, le père de Margot a acheté tout un stock de ces solutions hydro-alcooliques devenues à la mode après la soi-disant épidémie de grippe. Évidemment, il se lave les mains avec toutes les dix minutes. Alors qu'il ne sort jamais de chez lui. Et il a demandé à Margot de s'en servir elle aussi. Elle est rentrée du lycée depuis un quart d'heure et il n'arrête pas de pousser le flacon vers elle, alors qu'elle est en train de se préparer une tartine de Nutella. Trois fois de suite, il lui a demandé de se laver les mains et à la troisième, elle a craqué.

Évidemment, devant sa tête de clown triste, elle regrette déjà son mouvement d'humeur. Mais zut ! Elle ne se laissera pas attendrir. Qu'il grandisse un peu !

À regret, elle prend le parti d'abandonner sa tartine à demi mangée sur la table et d'opérer une sortie digne (pas évident avec la bouche pleine de pain chocolaté). Elle fait résonner le talon de ses bottes sur le carrelage du couloir, entre dans sa chambre et claque bruyamment la porte derrière elle. Tant pis pour les voisins !

Elle se laisse tomber sur sa chaise à roulettes et allume son ordinateur portable. Quelle journée pourrie ! Ce que lui ont balancé tout à l'heure Ava, Marine et Élodie ne peut pas être vrai. Tout le monde sait que ces trois-là sont les pires fouteuses de merde de l'univers.

Margot se ronge nerveusement l'ongle du pouce. Elle devrait oublier ces conneries.

Son fond d'écran apparaît, elle ouvre son Facebook. Pauline est en ligne. Margot tape à toute vitesse un message privé.

Kikou Polly, comment était ta journée ?

Pauline est sa meilleure amie depuis toujours. Depuis la sixième, en fait. Elles ont passé les quatre années de collège dans la même classe. Pour Margot, Pauline est l'Amie avec un grand A, celle avec qui on rigole, celle avec qui on se gave de bonbons en regardant des films d'amour, celle avec qui on pleure, celle à qui on confie ses joies, ses peines, ses espoirs... Les profs les surnommaient moqueusement « les inséparables ». Il paraît que c'est le nom d'oiseaux qui passent leur temps ensemble à jacasser. Très drôle ! De l'humour de prof.

Mais l'entrée en seconde a tout changé. À cause de ces fichues options. Pauline rêve de devenir comédienne. Le lycée Henri-Martin proposait une section théâtre, Pauline y avait été acceptée. Ce qui avait occasionné de nombreuses discussions entre les deux filles. Margot était prête à demander théâtre, elle aussi, rien que pour rester dans la même classe que Pauline, mais son amie l'en avait dissuadée. « C'est débile, toi, t'es forte en maths et en physique. Qu'est-ce que tu ferais en option théâtre ? » Margot, la mort dans l'âme, s'était rendue à la raison. Résultats, les deux filles non seulement ne sont plus dans la même classe mais ne sont même plus dans le même lycée.

Cependant, ce qui était apparue comme une apocalypse à Margot en début d'année s'est en fait révélé une bénédiction.

Deux soirs par semaine, Margot finit une heure avant Pauline et elle vient l'attendre à la sortie du lycée. Ensuite, elles vont se balader, faire les boutiques, s'asseoir dans un café et surtout, elles se racontent tout ce qu'elles ont mutuellement manqué dans la vie l'une de l'autre.

Ce jour-là, Margot était appuyée contre la grille du lycée de Pauline quand, soudain, elle a eu une apparition. Un type méga beau. Et le mieux, c'est que ce type lui souriait. Les joues de Margot sont devenues brûlantes et quand elle s'est rendu compte que le garçon venait vers elle, il y a eu une explosion nucléaire dans sa poitrine.

– Salut, t'aurais pas une clope ?

Sa voix a donné la chair de poule à Margot et elle a tout juste réussi à secouer la tête. Impossible de prononcer un mot. Sauf que le garçon a haussé les épaules et commencé à s'éloigner. Elle ne pouvait pas le laisser faire.

– La cigarette, c'est pas très bon pour la santé, a-t-elle débité.

C'est tout ce qu'elle avait trouvé pour le rattraper. Ou plutôt le faire fuir ? Non, le garçon a souri et une étincelle s'est allumée dans ses yeux verts.

– En fait, je ne fume pas, a-t-il lancé. Je cherchais juste un moyen de t'aborder.

Margot en a eu le souffle coupé et tout le reste s'est déroulé comme dans un rêve.

Ils se sont assis sur un banc devant le lycée, ont commencé à discuter – Margot aurait été bien incapable de dire sur quels sujets – et à rigoler. Pauline est alors apparue en coup de vent pour annoncer que finalement son cours de théâtre était prolongé jusqu'à six heures et demie et qu'il était inutile que Margot l'attende. Lucas a proposé de la raccompagner chez elle, Margot a accepté et devant la porte de son immeuble, ils se sont embrassés.

C'était il y a deux mois.

Depuis Margot vit sur un petit nuage. Lucas est le garçon le plus génial qu'elle ait jamais rencontré. Malgré quelques petits défauts. Minuscules. Ridicules. Sans aucune importance.

Margot regarde son écran : pas de réponse de Pauline. Elle est de moins en moins disponible ces derniers temps. Le théâtre lui prend énormément de temps et d'énergie.

Un point vert apparaît face à l'avatar de Lucas.

LucasZombie est en ligne.

LucasZombie ! Quel pseudo ! Mais bon, il est fan de films de zombies, alors ! Et malheureusement, il a pris à cœur de lui faire découvrir tous les films de zombies qu'il aime.

Voilà un des défauts de son petit ami.

Car Margot déteste les films de zombies. Elle déteste les films d'horreur en règle générale. Elle trouve ça puéril, écœurant et sans intérêt. Mais, par amour pour Lucas, elle a avalé des tonnes d'images avec des monstres sanguinolents qui coursent des survivants ou se font sauter la tête à coup de fusil.

Margot pose les doigts sur le clavier.

Lucas ? C'est cool que tu sois en ligne. Ton portable est réparé ?

Depuis quelques jours, Lucas accumule les problèmes. D'abord, ses parents l'ont puni pour deux ou trois mauvaises notes ; obligation de rentrer directement après le lycée. Il est privé de son ordinateur et, cerise sur le gâteau, son portable a cessé de fonctionner.

Il n'a même pas eu le droit de sortir le week-end précédent. Ça fait plus d'une semaine qu'ils ont à peine communiqué.

Pas étonnant que Margot ait été si sensible aux affirmations débiles d'Ava et sa clique.

Elle scrute l'écran avec une nervosité croissante.

Pourquoi ni Pauline ni Lucas ne répondent-ils ?

Soudain un message s'affiche.

Coucou Margot

Une vague de chaleur envahit la jeune fille. Quelle idiote, quelle idiote, quelle idiote ! Elle s'en veut d'être aussi bête. Comment a-t-elle pu douter ?

Elle compose une réponse.

Tu vas bien ? Ton portable est réparé ? Je peux t'appeler ?

Elle fixe la page Facebook avec un espoir neuf. Elle donnerait n'importe quoi pour entendre sa voix.

Les minutes passent. Pas de réponse. Rien non plus du côté de Pauline. Elle a dû se connecter et sortir de sa chambre, c'est tout à fait son genre. Margot tapote le bord de son bureau. Elle a des picotements au bout des doigts. Elle s'apprête à renvoyer un message quand…

Non, mon tel est tjs en rade. Je suis encore puni. Mes parents vont pas tarder à rentrer. Faut que je me déconnecte.

Attends, le retient Margot. **On se voit samedi ?**

La ligne où devrait apparaître la réponse de Lucas reste vide.

Pourtant il est toujours en ligne. Le tic-tac pourtant discret de la montre de sa mère que Margot porte au poignet devient assourdissant.

Et enfin…

OK. À samedi.
LucasZombie n'est plus en ligne.

Margot ferme les yeux. Samedi. C'est dans trois jours. Trois jours interminables. Mais à l'idée de se blottir contre la poitrine de son amoureux, de respirer son gel douche à la pomme, de lui passer la main dans les cheveux, de sentir son souffle dans son cou, Margot se sent revivre. Elle s'allonge sur son lit et serre contre elle Nounou, sa vieille peluche tout élimée. Piètre consolation mais qui a pour intérêt de tenir à distance les ignobles calomnies rapportées par Ava et ses copines.

*

Pauline jette un regard nerveux à droite et à gauche. Puis elle sonne. Lucas lui ouvre immédiatement comme s'il était juste derrière la porte. Pauline se jette dans ses bras. Lucas la serre contre lui. Pauline lève la tête :

– Alors tu lui as parlé ? Tu lui as dit pour nous deux ?

Lucas rougit.

– Pas… pas vraiment… Je… mais je vais lui dire, je te le jure ! J'attends juste le bon moment… C'est…

Le jeune homme s'interrompt et prend le visage de Pauline dans ses mains. Puis il approche ses lèvres et l'embrasse. Quand il s'écarte d'elle, c'est pour lui souffler à l'oreille :

– Quand tu es là, je n'ai ni envie de parler de Margot, ni envie de penser à elle. Viens, allons dans ma chambre. Ma mère est partie en ville et mon père est encore en train de bricoler dans le garage.

*

Dans sa boutique extrêmement bien située de la rue la plus commerçante du centre ville, Roger Gallard, armurier de son état, nettoie l'arme de M. Christophe Brulet, chasseur amateur et passionné. Fusil ouvert, canon coincé entre les genoux, nécessaire étalé devant lui sur une feutrine rouge, Roger a selon son habitude tout préparé à l'avance : un pinceau pour les impuretés, un goupillon métallique, un goupillon brosse, un chiffon pour appliquer l'huile. Il enclenche les percuteurs sans oublier les cartouches de protection puis commence à démonter le fusil. Il passe soigneusement le goupillon métallique dans chaque canon, puis la brosse afin de chasser la moindre particule de poudre ; enfin, il répand l'huile, ni trop, ni trop peu, à l'intérieur des canons mais aussi à l'extérieur. À présent, le plus délicat : le système de percussion. Il déclenche la clé et procède à un balayage à l'aide du pinceau. Surtout pas d'huile, pour ne pas risquer de bloquer les percuteurs. Juste un peu de graisse sur les parties externes qui risquent la rouille et de l'huile de lin pour faire briller la crosse. Voilà. Ne reste qu'à remonter le fusil.

Roger exécute ces gestes à la fois machinalement et minutieusement. Dès l'âge de sept ans, son père les lui a fait répéter des centaines et des centaines de fois. Fils unique, Roger n'avait pas d'autre choix que de reprendre l'affaire familiale. Roger Gallard père était armurier, comme son propre père et son grand-père avant lui. Et pas n'importe quels armuriers. Des armuriers de tradition, respectueux des armes et de ceux qui les emploient. D'ailleurs, Roger a hérité de la collection familiale. Elle est rangée dans une vitrine fermée à double tour dans son appartement qui se trouve juste au-dessus de la boutique. Cette collection comporte des pièces extraordinaires, comme une carabine Lefaucheux 15 mm avec une crosse en noyer, un fusil automatique avec un système Sjögren, calibre 12 et bronzage d'origine, et surtout un extraordinaire fusil Chassepot à la culasse gravée, datant de 1885 et en parfait état de fonctionnement !

Non que Roger l'ait jamais essayé.

En réalité, les armes ça ne l'intéresse pas beaucoup.

Enfant, il voulait devenir pâtissier. Inventer des gâteaux, préparer des crèmes à toutes sortes d'arômes, créer des décors à couper le souffle...

Mais bien sûr, il n'en a jamais été question. Alors, Roger a appris le métier de son père, de son grand-père et de son arrière grand-père. Et s'il le fait sans passion, il est néanmoins toujours très consciencieux. D'ailleurs, ses clients ne se sont jamais plaints et lui sont extrêmement fidèles.

19 heures. Roger a terminé de remonter le fusil de M. Brulet juste à l'heure. Il se lève et va baisser la grille métallique. Deux tours de clé, la boutique est fermée. Roger s'étire et s'autorise un sourire.

Il monte quatre à quatre l'escalier qui mène à son appartement. Ce soir, il tente une pièce montée avec des choux et un filage de caramel ! Il a hâte de commencer.

*

– T'étais où encore ?

La gifle part avant qu'Enzo ait le temps d'esquiver. Elle atterrit violemment sur sa joue, y laissant l'empreinte rouge de quatre doigts. Enzo baisse la tête pour dissimuler les larmes qui lui brûlent les paupières.

– Alors ? T'étais où ?

– À la bibliothèque.

– Encore ! hurle la voix stridente de Corinne, la mère d'Enzo. Je t'ai pas dit que t'avais plus le droit de traîner là-bas ? Je veux plus que tu y mettes les pieds, c'est compris ! Depuis que cette grosse vache de bibliothécaire m'a fait un flan parce que j'avais pas payé d'abonnement !

– Elle t'a pas fait un flan, proteste Enzo. Elle t'a juste envoyé une lettre. C'est toi qui l'as appelée après, pour l'insulter.

La deuxième gifle part. Enzo l'avait prévue et cette fois il s'écarte juste à temps. Ce qui a pour conséquence de faire deux fois plus enrager sa mère.

– Et puis qu'est-ce que tu vas foutre dans cette bibliothèque ! crie-t-elle. Hein ? T'y passes tout ton temps. On dirait que tu préfères être là-bas plutôt qu'avec ton père, ta sœur et moi !

Enzo se mord la lèvre pour s'empêcher de répondre. Parce que oui, c'est sûr, il préfère mille fois être à la bibliothèque que dans sa famille.

– Hein ? Qu'est-ce que tu fabriques là-bas ? reprend Corinne avec hargne.

– Je lis, maman.

Corinne reste un instant sans voix puis, retrouvant sa verve légendaire dans le quartier, elle rugit :

– File dans ta chambre.

Enzo file, trop content d'obéir.

À peine arrivé dans sa chambre, il sort de son cartable, le nouveau livre que lui a prêté Mlle Louanne, la bibliothécaire. *Les Mondes perdus* d'Arthur Conan Doyle. Une histoire d'explorateurs et de dinosaures. Enzo passe doucement la main sur la couverture abîmée en pensant à Mlle Louanne. D'abord, c'est pas vrai que c'est une grosse vache. Elle n'est pas très mince c'est vrai, mais elle est très jolie. Et elle porte toujours des robes à fleurs. Été comme hiver. La première fois qu'Enzo est allé à la bibliothèque, c'était avec l'école ; il était en maternelle. Il a découvert un monde extraordinaire, un monde rempli de pays magiques que l'on pouvait visiter rien qu'en ouvrant un livre. Très vite, il avait appris à lire et les livres étaient devenus ses meilleurs alliés.

Il faut bien le reconnaître, à l'école, il n'a pas beaucoup d'amis. En fait, il n'en a aucun. Peut-être parce qu'il ne porte que des vêtements donnés par ses cousins, toujours trop petits, ou trop grands, ou trop abîmés. Peut-être parce que sa sœur l'oblige à lui servir de cobaye dans ses tentatives pour devenir coiffeuse. Peut-être parce qu'il est trop timide. Ses maîtresses et maîtres et successifs ne l'ont jamais beaucoup aimé non plus. Peut-être parce qu'ils se sont tous fait insulter au moins une fois par sa mère. Peut-être parce qu'au lieu d'écouter en classe il passe son temps à rêver.

Quoi qu'il en soit, quand Mlle Louanne a remarqué qu'il venait tous les jours et qu'il dévorait tous les livres qui lui tombaient sous la main, elle lui a proposé d'en emporter chez lui. La seule erreur qu'elle a commise a été d'envoyer chez Enzo ce fameux courrier qui a déclenché les foudres de Corinne. La lettre était tout ce qu'il y a de plus banale, quelques lignes dans lesquelles figuraient les tarifs d'abonnement à la bibliothèque. Enzo ayant moins de douze ans, le montant s'élevait pour l'année à 2,60 euros. Mais le prix n'était pas en cause. Corinne détestait qu'on lui suggère comment elle devait agir et surtout, elle qui n'a jamais mis les pieds dans une bibliothèque ne comprenait pas ce que son fils pouvait trouver d'intéressant à un endroit aussi « prétentieux ».

Enzo ouvre son livre et se plonge dans sa lecture.

M. Hungerton, son père, n'avait pas de rival sur la terre pour le manque de tact.

Enzo sourit. Sa mère aurait certainement pu rivaliser avec ce M. Hungerton.

– Eh morpion, t'es là ?

Enzo sursaute. Sandra, sa sœur, est dans l'encadrement de la porte, les poings sur les hanches. Elle est coutumière de ce genre d'irruption mais Enzo n'a jamais réussi à s'y habituer. Il était justement en train de lire la deuxième phrase du livre : « *Imaginez un cacatoès duveteux, plumeux, malpropre...* », et ne peut s'empêcher de penser que cette description correspond assez parfaitement à sa sœur.

Sandra n'est pas moche, on ne peut pas dire ça. Elle a dix-sept ans, les yeux bleus et les cheveux blonds. Enfin, au naturel, elle a les cheveux blonds. Aujourd'hui, ils sont striés de mèches roses. Elle porte un legging également rose et un top super moulant à paillettes. Elle doit avoir quarante bracelets à chaque bras et les anneaux à ses oreilles sont assez grands pour que des perroquets s'y perchent. Son fond de teint « retour de ski » recouvre chaque parcelle de la peau de son visage, ses lèvres sont rouge sang (assorties au vernis dont elle a recouvert ses ongles super longs) et ses paupières vertes. Ça doit faire au moins deux ans qu'Enzo n'a pas vu sa sœur sans maquillage.

– Tu veux te mater *The Voice* avec moi ? demande-t-elle sans cesser de mâcher son chewing-gum.

Enzo secoue la tête et montre son livre.

– Pffff ! Encore avec un putain de bouquin ! T'es vraiment débile, mon pauvre !

Sur ces mots, Sandra sort en claquant la porte derrière elle.

Et Enzo se replonge dans sa lecture.

DEUX

Zoltan lève les yeux de son magazine. Paul, un de ses compagnons de dortoir, revient tout juste de la prise de sang bihebdomadaire. Il se dirige vers la cafetière et se sert une tasse du jus de chaussette préparé ce matin par Hakim.

– Putain, ils commencent à plus savoir où piquer ! lâche-t-il après avoir avalé une gorgée de l'infâme breuvage. J'ai le creux des coudes tout bleus.

– Laisse tomber, moi, ils ont commencé à me piquer là, rétorque Zoltan en agitant le pansement blanc qui recouvre le dessus de sa main.

Paul allume la télé et zappe machinalement.

– Bah, on est toujours mieux là qu'en taule !

Zoltan se redresse sur un coude.

– Ouais, on peut voir ça comme ça. La bouffe est meilleure en tout cas.

– Et les infirmières sont pas mal, renchérit Paul. Tu l'as vue la petite rouquine. Elle a un super décolleté. Moi, quand elle me pique, je mate…

– Sûr que je l'ai vue, acquiesce Zoltan en souriant. Super mignonne. Sauf qu'elle a pas l'air trop sensible à mon charme.

Paul secoue la tête.

– Bah, si t'étais le seul gars du monde, plaisante-t-il, elle te dirait pas non…

Il jette un coup d'œil circulaire dans le dortoir.

– Ils sont où les autres ? demande-t-il.

– Vince est pas encore revenu des prélèvements. Hakim et Alain sont partis ce matin. Je dirais qu'on va pas les revoir…

– Ah ouais ? Tu crois ? Ils auraient fini leur temps alors ? Si c'est pas bonard, ça ! Moi, quand ils sont venus me proposer de remplir leur questionnaire et qu'après y m'ont mis le deal en main, j'en revenais pas. Y m'restait encore trente-six mois à tirer !

Zoltan ne répond pas. Il est là depuis un mois et demi et il n'est toujours pas très sûr d'avoir fait une bonne affaire.

Paul continue de zapper un moment avant de s'arrêter sur une chaîne de clips.

– T'étais où toi ? interroge-t-il soudain sans regarder Zoltan.

Ce dernier hésite une seconde puis :

– À Orvault.

– C'est où ça ? J'connais pas.

– Du côté de Nantes. C'est un centre pour mineurs.

– T'as moins de dix-huit ans ?

Zoltan hausse une épaule.

– Faut croire. Et toi, t'étais où ?

– Dans le Sud-Ouest, à Muret, répond Paul. Dis, t'es là depuis plus longtemps que moi… T'as une idée de ce qu'ils font avec tout le sang qu'ils nous piquent ?

– Des recherches, je crois.

– Déconne ! Ça, j'aurais deviné tout seul, j'suis pas complètement crétin, mais bon, des recherches sur quoi ?

Zoltan se redresse complètement et s'assoit sur son lit. C'est une question qu'il s'est posée une bonne centaine de fois depuis son arrivée.

– J'en sais rien. J'ai essayé de réfléchir, je me suis repassé tous les questionnaires qu'on a eus entre les mains… je dirais que ça aurait à voir avec de la génétique.

– De la génétique ? Ça sert à quoi c'truc-là ?

– D'après ce que j'ai lu sur Internet, ça servirait à détecter des maladies… à vrai dire, j'ai pas tout compris. C'est un truc de scientifique…

– Putain, râle Paul. J'espère qu'ils nous refilent pas des maladies ! C'qui m'a fait le plus flipper, c'est la décharge qu'ils nous ont fait signer. Le mec a eu beau m'expliquer que c'était juste pour l'administration, ça m'a pas inspiré confiance. Mais en même temps… Y m'a dit que je resterais pas là plus de six mois et dans la balance, six mois ou trente-six-mois, y a pas à tortiller !

Zoltan prend une grande inspiration. Il a accepté pour les mêmes raisons que Paul. Entre sortir dans six mois avec un casier vierge et rester à Orvault encore un an et demi avec un contrôle judiciaire jusqu'à ses vingt-cinq ans…

– Pour le moment, ils font que nous prendre du sang, alors c'est certain qu'ils ne nous inoculent pas de maladie, marmonne-t-il plus pour lui-même que pour son compagnon de chambrée.

– Ouais, j'espère que t'as raison, renifle Paul avant de vider sa tasse de café d'une traite.

Alors qu'il s'apprête à la reposer, une sirène assourdissante retentit dans tout le bâtiment.

Presque aussitôt, une cavalcade accompagnée de cris résonne dans les couloirs.

– Go, go, go, les gars ! Unité 1 à droite vers l'issue est, unité 2 vous bloquez l'issue ouest !

*

– Mademoiselle Donnette ? Une idée de la raison pour laquelle on peut affirmer que Victor Hugo est un poète romantique ? Mademoiselle Donnette ?

Margot sursaute et étouffe son centième bâillement de la matinée. Hugo, un poète romantique ? Oui, sûrement. Pourquoi ? Aucune idée. Elle aurait sans doute dû relire son cours de français hier soir au lieu d'écrire cette longue lettre à Lucas. D'autant qu'elle a fini par la déchirer en mille minuscules morceaux. Que surtout personne ne puisse la reconstituer. Quelle horrible guimauve *romantique* !

– Je vois que mademoiselle Donnette a oublié d'apporter son cerveau en cours ce matin, reprend sarcastiquement le prof de français. Quelqu'un d'autre pourrait-il nous éclairer sur le romantisme de Hugo ? Non ? Eh bien, reprenons les éléments principaux…

Dans le fond de la classe, des gloussements attirent l'attention de Margot. Ava, Mélanie et Élodie lui jettent des coups d'œil moqueurs en ricanant entre elles. Margot a bien envie de leur tirer la langue mais ça serait vraiment trop puéril. De la pointe de son Bic, elle reprend ses griffonnages quand un morceau de papier plié en carré atterrit juste sous son nez. Elle relève la tête. Les pestes lui adressent un sourire narquois. Margot déplie le mot en soupirant.

Alors t'as trouvé avec qui ton mec te trompe ?

Et c'est reparti !

C'est comme ça depuis la veille. Hier après-midi, Margot était tranquillement dans la cour en train de profiter, les yeux fermés, d'une flaque de soleil quand elle a senti son horizon s'assombrir. Elle a ouvert les yeux pour découvrir Ava et sa petite bande. C'est Ava qui a ouvert le feu.

– Tu sais quoi, a-t-elle sifflé comme un serpent, on a rencontré ton mec hier au centre commercial.

Mélanie s'est aussitôt exclamée :

– Pourquoi tu dis que c'est son mec, Ava ? Ils sont sûrement plus ensemble !

Margot a haussé un sourcil. Il lui était arrivé une ou deux fois de croiser les mégères en ville alors qu'elle était avec Lucas. Elle ne s'était pas gênée pour se pendre à son cou dans l'idée de les rendre jalouses. Après tout, Lucas est vraiment un beau mec et ça aurait été dommage de ne pas en profiter pour les rendre vertes.

Élodie a alors ajouté :

– Elle était mignonne sa nouvelle copine. Plus mignonne que toi en tout cas. Mais ça, c'est pas dur ! Et ils avaient l'air drôlement amoureux.

Margot aurait dû les ignorer, refermer les paupières et faire comme si elles n'existaient pas, mais au lieu de ça, elle s'était entendue demander d'une voix tremblante :

– De quoi vous parlez ?

Ava avait écarquillé les yeux et battu des cils.

– Oh zut, les filles, on vient de faire une gaffe. Margot n'était pas au courant que son mec avait une autre petite amie.

– Peut-être qu'il a tout simplement oublié de la prévenir, a henni Élodie.

– Moi, je serais toi, je lui passerais un coup de téléphone, a lancé Ava en prenant ses copines par le bras avant de s'éloigner. S'il a besoin de plus de précision, c'était à la cafèt' du Casino vers 17 heures 30, hier.

Margot les a regardées partir en balançant du fessier et, sans pouvoir s'en empêcher, a récupéré son téléphone au fond de sa poche. Sauf que Lucas n'a pas répondu, puisque son portable est cassé.

Margot froisse le morceau de papier et le jette par terre. Elle fulmine. Ava représente tout ce qu'elle déteste. D'abord, elle est super belle. Grande, mince, la poitrine avantageuse, des cheveux blonds qui lui descendent jusqu'à la taille, des yeux myosotis. Le fantasme incarné de n'importe quel mec. Ensuite, elle est super riche. Elle ne rate jamais une occasion de rappeler que son père Mark Van Deleist est l'inventeur d'un produit antichute des cheveux révolutionnaire, et accessoirement propriétaire d'un des plus gros laboratoires de recherche pharmaceutique du monde. Évidemment, elle a toujours les dernières fringues à la mode et en l'occurrence, il ne s'agit pas de Dolce & Gabbana, Le Temps des Cerises ou Calvin Klein mais plutôt de Jean-Paul Gaultier, Chanel et Paco Rabanne.

Margot se déteste d'être entrée dans leur jeu. Il est évident qu'Ava et sa clique ont seulement décidé de la faire enrager. Pourtant, elle ne parvient pas à s'ôter de la tête l'image de Lucas en train d'embrasser passionnément une autre fille.

*

Pedro n'en revient pas. Le train file, le paysage défile. Il a réussi. C'est la seule raison pour laquelle il avait accepté de participer à ces expériences. C'était une chance inespérée pour un mec qui croupissait en centrale. On lui a donné des questionnaires et des questionnaires à remplir et quand on lui a annoncé qu'il avait été sélectionné, il s'est soudain senti renaître. Non, non, il s'est soudain senti *naître*. Plus de huit ans qu'il pourrissait en taule. Et il lui en restait au moins cinq à tirer. Il les avait toutes faites. Le tour de France des zonzons ! Les cinq centrales du pays. Il aurait pu écrire un guide touristique ! Puis il a été transféré dans cette base militaire. Des tas de mecs en treillis ou en uniforme mais point de vue sécurité, zéro. Il lui a suffi d'attendre la bonne occase. Il ne devait surtout pas rater son coup, sinon, c'était mort. On le renverrait immédiatement en taule, et en isolement encore. Alors il a attendu. Patiemment. Les prises de sang bi-hebdomadaires lui donnaient l'occasion de faire un peu de repérages des lieux. Et puis, du jour au lendemain, il a été emmené dans un labo. Ça, ça n'a pas du tout fait son affaire. Ça semblait beaucoup plus difficile de se tirer de là. Il a joué profil bas. Genre, le type sympa et cool qui attend sagement que l'administration tienne ses promesses. Parce qu'il y avait eu des promesses : vous nous donnez six mois de votre vie, vous acceptez de jouer au rat de laboratoire et vous êtes libre. Mais si un seul de ces guignols a cru qu'il avait gobé ces conneries ! On la lui faisait pas à lui ! Il allait se prêter à leur petit jeu et après il serait remis derrière les barreaux, ça ne faisait aucun doute. Il ne lui a pas fallu plus de huit jours pour trouver toutes les failles du système de sécurité. Enfin, si on pouvait appeler ça un système de sécurité. Et il s'est tiré. Quand leur putain d'alarme s'est déclenchée, il était déjà dehors. Il a presque eu envie de rerentrer et de leur faire un bras d'honneur à ces guignols. Mais il est pas si con.

Direction la gare. Une fois là, il a sauté dans le premier train en partance pour Bordeaux. C'est de là que Fanny, sa petite femme, enfin son ex-petite femme, lui a envoyé ces putains de papiers de divorce deux mois plus tôt. Elle va être surprise de le voir débarquer.

Pedro sent un frisson le parcourir. Accompagné presque aussitôt d'une forte nausée. Ça fait deux jours qu'il se sent mal. C'est même ce qui l'a décidé à passer à l'action. Fallait qu'il se tire de là. C'est sûrement à cause de ces putains de trucs que ces putains de blouses blanches lui ont injectés quotidiennement pendant la semaine qu'il a passée au labo. Il a pas la moindre idée de ce que ces chercheurs cherchaient et à vrai dire, il s'en tape. Une nouvelle nausée le force à se lever en bousculant la vieille maquillée à la truelle assise à côté de lui. Il n'écoute pas ce qu'elle glapit et se précipite vers les toilettes. Mais il n'arrive pas jusque-là. Sous les cris dégoûtés des passagers, une gerbe de sang jaillit de sa bouche. La tête lui tourne. Sa vue se trouble. Il ne parvient même pas à distinguer sa main qui tremble. Il a chaud. Il a froid. Ses jambes se dérobent sous lui. Il tombe, la tête la première dans son vomi.

*

– On se tire ?

– T'es folle ! J'ai encore une heure de cours ce matin et trois cet après-midi !

Le couloir du lycée est vide. Pauline se colle à Lucas.

– Allez, insiste-t-elle. On pourrait aller chez toi.

Lucas se mord la lèvre, tenté. Pauline se met à l'embrasser juste sous l'oreille, ce qui finit de le décider.

– Si mes parents apprennent que j'ai séché, je suis mort, lâche-t-il malgré tout.

– Je n'en vaux pas le coup ? lui susurre Pauline en se frottant contre lui.

*

Michèle Marquesse jette un nouveau coup d'œil à l'écran d'information.

Téoz 8764 retard annoncé : 45 minutes.

La bonne blague ! Sa mère devait débarquer à 11 heures 20 et il est presque 13 heures. Michèle s'était arrangée avec un collègue pour déplacer sa seule heure de cours du matin mais elle reprend à 14 heures et d'une façon ou d'une autre, il faudra qu'elle y soit. Même si, franchement, enseigner l'espagnol à des secondes qui ont déjà décidé qu'ils allaient faire une première S et qui se fichent de leur deuxième langue comme du premier bavoir de leur grand-mère n'est pas ce qu'il y a de plus réjouissant.

Le train 8764 en provenance de Marseille et à destination de Bordeaux va entrer en gare voie 4, annoncent les hauts parleurs d'une voix cristalline.

Enfin. Michèle descend les marches et remonte le couloir souterrain qui mène à la voie 4. Le train apparaît et s'arrête dans un crissement métallique. Les portes s'ouvrent et chaque wagon vomit son flot de passager. Michèle scrute les visages pour repérer celui de sa mère.

– Je suis là.

Michèle sursaute et se retourne. Sa mère, Dora Marquesse, est devant elle, ultramaquillée comme d'habitude. Pourtant la couche de fond de teint et de bleu à paupières ne parvient pas à dissimuler la fatigue inscrite sur son visage.

Michèle la serre dans ses bras.

– Maman. Tu ne devais pas être dans la voiture 10 ?

Dora, qui n'a jamais beaucoup aimé les démonstrations d'affection surtout en public, se détache d'elle en poussant un soupir.

– Mon dieu, il arrivé une chose terrible dans le train. Un homme est mort, figure-toi. Et nous avons tous dû changer de voiture. Heureusement qu'un charmant garçon s'est chargé de ma valise…

– Un homme est mort ? l'interrompt Michèle. Dans le train ?

– Parfaitement, et d'ailleurs je serais heureuse de quitter cette gare au plus vite. Je suis partie très tôt ce matin et le voyage a été extrêmement éprouvant.

Les deux femmes s'éloignent, Michèle tirant l'énorme valise de sa mère, qui n'a jamais su voyager léger, pendant que cette dernière lui raconte en détail – beaucoup trop en détail – l'affreux événement du train.

Une heure plus tard, après avoir confortablement installé sa mère dans son petit appartement, Michèle Marquesse croise deux voisines dans l'ascenseur.

Pendant ce temps, Dora Marquesse a trouvé dans un placard de sa fille une bouteille de whisky et s'en est versé une bonne rasade, en espérant que ça l'aiderait à faire passer ces bouffées de chaleur et ces nausées.

Michèle arrive dans la rue juste en même temps que le bus. Elle y rencontre une collègue qu'elle n'a pas vue depuis la rentrée. Cette dernière travaille au lycée Henri-Martin. Elles échangent quelques nouvelles et ragots de couloirs et se quittent en s'embrassant chaleureusement.

Ce n'est qu'en franchissant la grille d'entrée du lycée que Michèle commence à se sentir fiévreuse. D'ailleurs, un voile de sueur perle au-dessus de sa lèvre. Elle s'arrête dans la salle des profs, le temps d'avaler rapidement un verre d'eau, et se dirige vers sa salle de classe.

*

Dans le couloir, Margot se tient le plus loin possible des trois sorcières. Grâce au diable, elles semblent pour le moment se désintéresser de son cas. Il faut dire qu'un événement majeur vient de se produire : un certain Marvin, d'une autre seconde, vient de se faire arrêter devant le lycée. Il était apparemment en possession de drogues dures. Le bruit court que c'était de l'héroïne. Margot n'est pas étonnée, d'ailleurs personne ne l'est. Ce garçon passait son temps à se vanter de gagner plein de fric en travaillant pour un gang de sa cité qui vendait du crack et d'autres substances illicites. Il avait toujours les dernières fringues à la mode et ses baskets devaient coûter plus de cent cinquante euros. La semaine dernière, au réfectoire, Margot l'avait entendu raconter comment lui et sa bande s'y prenaient pour fausser compagnie aux flics. « On se met dans le hall de l'immeuble et de là, on voit tout ce qui se passe dehors. Si un type qu'on n'a jamais vu dans le quartier se pointe, on file par la sortie de secours qu'on a nous-mêmes percée dans le local poubelle. Malin, non ? » Il n'aurait sans doute pas dû se montrer aussi bavard !

Les talons de Mme Marquesse, la prof d'espagnol, résonnent enfin. Elle salue les élèves et entre dans la classe. Margot n'aime pas l'espagnol. En fait, elle ne comprend rien. Au collège, Pauline et elle avaient une prof qui passait son temps à parler d'elle au lieu de faire cours. Du coup, les élèves discutaient entre eux sans lui prêter la moindre attention. L'espagnol, c'était juste un bonus de récré. Résultat, cette année, elle est complètement perdue.

Elle prend place au fond de la classe. Elle y sera tranquille pour réfléchir. Quand Lucas a été puni, il a demandé à Margot de ne plus venir le chercher à la sortie du lycée, comme ils en avaient pris l'habitude le mardi et le jeudi. Apparemment, sa mère l'a menacé de passer de temps en temps vérifier qu'il ne traînait pas et qu'il rentrait directement à la maison pour travailler. Il a bien expliqué à Margot que s'il se fait prendre à désobéir, la punition sera doublée, voire triplée. Ses parents pourraient même aller jusqu'à lui interdire de la revoir. Margot est consciente du risque, mais bon, ce ne serait vraiment pas de chance qu'elle passe justement ce soir. Et puis, elle a vraiment besoin de voir Lucas.

Le silence soudain qui s'est fait dans la classe la tire de ses pensées. Au tableau, Mme Marquesse est devenue blanche comme un linceul. Elle s'appuie sur son bureau, le visage en sueur.

Tous les élèves l'observent, désemparés.

– Ça va, madame ? demande Alex au premier rang. Vous voulez…

Mais il n'a pas le temps de finir sa phrase. La professeur a fait deux pas en avant et, les mains crispées sur l'estomac, elle a un haut-le-cœur. La gerbe de sang qu'elle vomit atterrit sur la table d'Alex, constellant le pull beige du garçon de taches sombres. Puis Mme Marquesse s'écroule sur le carrelage.

En quelques secondes, c'est la panique. Les premiers rangs se sont levés et reculés. La plupart des filles crient. Mme Marquesse ne bouge pas. Margot est la première à réagir. Elle se fraie un passage et, prenant soin de ne pas passer trop près de la prof et de la flaque de sang, elle sort de la classe et se précipite sur la porte la plus proche, qu'elle ouvre sans frapper.

– On a besoin d'aide. Notre prof est malade. Vite !

*

Lucas et Pauline ont coupé leurs portables. Seuls au monde, allongés sur le lit étroit, cernés de posters de films de zombies où des morts vivants, les yeux exorbités, la bouche sanguinolente, la chair putréfiée, les bras avidement tendus semblent vouloir se jeter sur eux, Lucas et Pauline s'embrassent à perdre haleine.

TROIS

Margot monte l'escalier en traînant des pieds. L'ascenseur est en panne. Comme d'habitude. Son sac de classe pèse une tonne. Ses chaussures sont en plomb.

Au lycée, tout s'est passé très vite. Un surveillant a appelé une ambulance et le proviseur a été prévenu. Un autre surveillant a guidé les élèves hors de la salle. Évidemment, des visages curieux sont apparus aux portes et aux fenêtres. Mme Marquesse a été emmenée à l'hôpital. Sans sirène, a remarqué Margot. Est-ce que ça veut dire qu'il n'y avait plus rien à faire pour elle ? La jeune fille repousse cette idée. C'est impossible. On ne meurt pas comme ça, en quelques secondes. C'est pourtant en moins de temps encore que ta mère est morte, lui souffle une petite voix dans sa tête. Margot lui intime le silence.

Le proviseur est ensuite venu parler à toute la classe, recommandant à chacun de rentrer chez soi. Il a promis de donner des nouvelles le plus vite possible.

Comme elle l'avait décidé, Margot est allée jusqu'au lycée Henri-Martin et s'est postée devant la grille. À 4 heures, l'heure à laquelle Lucas finit habituellement le jeudi, elle a regardé des groupes d'élèves sortir en discutant et en échangeant des plaisanteries. Leurs éclats de rire étaient comme autant de couteaux qui s'enfonçaient lentement dans sa poitrine. Le temps s'était drôlement refroidi et elle se gelait, assise sur le muret en pierres. À cinq heures et quart, la mort dans l'âme, elle s'est décidée à rentrer. Perdue dans ses sombres pensées, elle n'a même pas remarqué l'ambulance qui s'arrêtait devant l'établissement en faisant crisser ses pneus. Sur le trajet, elle n'a pas fait plus attention au grand nombre de véhicules d'urgence qui sillonnaient la ville, sirènes hurlantes.

À présent, sur le palier, elle sort sa clé et l'introduit dans la serrure. Elle ouvre la porte…

– Quoi ? Qu'est-ce que… papa !

La première pensée qui traverse l'esprit de Margot, c'est : « Ça y est, cette fois, il a complètement pété les plombs. »

Son père est revêtu d'une combinaison blanche, il porte une charlotte en papier sur la tête et un masque sur le visage. Ses mains sont recouvertes de gants de chirurgien en caoutchouc. Une odeur de brûlé flotte dans l'appartement et, dans le salon, la télé braille. Une bouteille de Javel à la main, une lingette dans l'autre, le père de Margot frotte énergiquement la moindre parcelle de peau découverte de sa fille.

– Mais ça pue ! Arrête ! Éloigne-toi de moi ! TOUT DE SUITE !

Margot a crié si fort que son père s'immobilise brusquement.

– Qu'est-ce que c'est que ce cirque ? reprend la jeune fille, plus calmement mais d'une voix ferme.

Comme si ma journée n'avait pas été assez difficile comme ça, pense-t-elle en observant l'accoutrement de son père.

– J'ai pas arrêté de t'appeler sur ton portable, lance ce dernier comme si ça constituait une réponse satisfaisante à la question de sa fille.

Derrière le masque, sa voix parvient étouffée.

– Tu peux ôter ce truc de devant ta bouche, s'il te plaît ?

Il obtempère sans protester. Il est habitué à obéir à sa fille quand elle parle sur ce ton-là. Après tout, c'est elle qui prend pratiquement toutes les décisions importantes depuis quatre ans. Margot sort son portable et vérifie. Effectivement. Il a essayé de la joindre quinze fois ces deux dernières heures.

– Pourquoi ?

– Une prof est morte à ton lycée.

– Quoi ?

La nouvelle assomme Margot. Mme Marquesse est donc morte.

– Et depuis, poursuit son père, il y a des tas de gens qui meurent un peu partout en ville. Il y a des flashs d'infos tous les quarts d'heure. Ils parlent d'un virus ou d'une bactérie…

Margot franchit la porte du salon et se laisse tomber sur le canapé. Son père la rejoint et lui souffle :

– Tu devrais brûler tes vêtements, on ne sait jamais.

Elle comprend alors l'odeur qui flotte dans l'appartement. L'image de la gerbe de sang projetée par Mme Marquesse lui revient et elle se demande si, pour une fois, son père n'a pas raison. Heureusement qu'il ignore qu'elle se trouvait au cœur même du drame, il serait capable de l'obliger à tremper dans un bain d'eau de Javel. Mais elle a pris l'habitude d'être celle qui rassure, qui raisonne, qui modère ses excès et c'est presque machinalement qu'elle rétorque :

– Ne sois pas bête, papa, c'est totalement inutile. Et laisse-moi écouter, ajoute-t-elle en montant le son de la télé.

Comme nous venons de vous l'annoncer, nous n'avons encore aucune précision concernant les morts spectaculaires survenues à Bordeaux et dans ses environs ces dernières heures. On dénombrerait pour l'instant plus de quatre-vingts personnes décédées dans les mêmes conditions. Une cellule de crise a été mise en place pour déterminer l'éventualité d'un cordon sanitaire dans le centre ville.

Des images défilent derrière le présentateur, des images de mauvaise qualité, sans doute enregistrées par des téléphones portables, montrant des gens en train de vomir du sang et d'en asperger tous ceux qui les entourent. C'est horrible. Le journaliste porte la main à son oreille et hoche la tête à plusieurs reprises.

On m'apprend à l'instant que la situation d'urgence est décrétée. L'armée prend place en ce moment même tout autour de l'agglomération pour empêcher les véhicules d'entrer ou de sortir de la ville. Le nombre de morts serait passé à deux cents. Chiffre à prendre avec les plus grandes précautions. Les établissements publics doivent fermer ainsi que tous les commerces. La préfecture met en place immédiatement un couvre-feu.

On découvre à présent le centre ville, la place de la Victoire et son obélisque autour duquel sont garés au moins trente cars de police et presque autant d'ambulances ; le McDo à l'angle de la rue Sainte-Catherine qui tire le rideau de fer ; certains passants pressent le pas, d'autres semblent surpris. Soudain, dans le champ de la caméra, un policier en tenue projette une gerbe de sang sur un de ses collègues avant de s'écrouler sur les pavés. Margot porte la main à la bouche. Des ambulanciers se précipitent sur le corps et l'installent sur une civière avant de le recouvrir d'un drap blanc qui se tache presque aussitôt de sang.

Le père de Margot hoche la tête, comme hypnotisé. Le cœur de la jeune fille se serre. Ces images ne peuvent que le renvoyer au jour de l'accident. Ce stupide accident qui a coûté la vie à sa mère et déclenché les phobies de son père.

Elle aimerait pouvoir lui prendre la main, le consoler, le rassurer, mais ce soir, c'est au-dessus de ses forces. En claquant des talons, elle quitte le salon et se réfugie dans sa chambre.

Premier réflexe, ordinateur, internet. Sur Youtube, ils passent les mêmes images qu'à la télé, en boucle. Facebook. À peine l'ouvre-t-elle qu'un message apparaît. Charlène. Une cousine éloignée qu'elle voit occasionnellement pendant les grandes vacances.

Tu vas bien ? C'est vrai ce qui se passe chez toi ? Y a des morts partout ? Raconte…

Margot l'ignore. Ni Pauline, ni Lucas ne sont connectés, leurs portables ne répondent pas. Il ne reste que la ligne fixe. Elle compose le numéro d'une main tremblante.

Une sonnerie, une autre…

Margot laisse sonner cinquante fois, raccroche, recommence… Pas de réponse. Son pouce appuie de nouveau sur les touches. Il y aura sûrement quelqu'un chez Pauline.

Sonneries…

Rien non plus.

Margot s'allonge sur son lit et prend Nounou dans ses bras. Il ne reste que lui.

*

– Tu es sûre que tu veux ?

Lucas a interrompu son geste. Pauline est en jean et soutien-gorge. Elle sourit et hoche la tête.

– Oui, pas toi ?

Quelle question ! Bien sûr qu'il a envie de coucher avec elle. Il est juste pris d'une petite angoisse…

La sonnerie du téléphone retentit soudain dans la maison. Il fait un mouvement pour se lever mais Pauline le retient.

– Reste, murmure-t-elle.

Lucas se penche vers elle et l'embrasse pendant que le téléphone sonne et sonne encore.

Dehors, les sirènes hurlent de plus belle mais leur cacophonie n'atteint pas la chambre de Lucas.

*

– Vous êtes au courant de ce qui se passe ?

Sans cesser d'enregistrer les livres de Mme Penin, une fidèle lectrice, Caroline Louanne secoue la tête.

– Non. Quoi ?

– Je ne sais pas justement. Mon mari vient de laisser un message sur mon portable. Il me demande de rentrer immédiatement et parle d'un couvre-feu.

– Un couvre-feu ? s'étonne la bibliothécaire. Ça n'existe pas qu'en temps de guerre, ça ?

Dans son coin, Enzo dresse l'oreille. Une guerre ? Ça se peut pas, si ? Comme d'habitude, et malgré l'interdiction de sa mère, il a accouru à la bibliothèque dès que l'école a été finie. C'est, selon lui, le plus bel endroit de la Terre.

Alors que Mme Penin allait reprendre la parole, la sonnerie discrète du téléphone de la bibliothèque retentit. Mlle Louanne décroche.

– Allô ?

La jeune femme hausse d'abord les sourcils puis les fronce.

– Mais...

À présent, elle opine de la tête, comme si son interlocuteur pouvait la voir.

– Oui... Je... Non, je pense que ça va aller... Non, je ne vais pas avoir besoin de l'armée, non... oui, d'accord, au revoir monsieur...

En raccrochant, elle est pâle comme un linge.

– Alors ? l'interroge Mme Penin.

Mlle Louanne se lève et réaligne sans grande efficacité une pile de papiers devant elle.

– Je... je vais devoir fermer plus tôt, bafouille-t-elle. En fait, je vais devoir fermer tout de suite.

– C'est vrai, pour le couvre-feu ? s'inquiète Mme Penin.

La bibliothécaire hoche la tête. Le coup de fil qu'elle vient de recevoir émanait de la préfecture et le chargé de communication du cabinet lui-même avait pour mission d'appeler tour à tour chaque responsable de bibliothèque de la ville pour leur demander d'évacuer les usagers et de fermer. Il a parlé d'épidémie. D'armée aussi.

– Je crois que vous devriez rentrer chez vous, Mme Penin, parvient à articuler Mlle Louanne encore sous le choc. Je vais aller prévenir les autres personnes.

Bien sûr, elle pourrait passer un message au micro, mais pour dire quoi au juste ? Non, décidément, elle préfère s'adresser à chacun individuellement. De toute façon, ce n'est sûrement pas aussi grave que ça en a l'air, se rassure-t-elle. De nos jours, avec ces fichus principes de précaution, les autorités préfèrent ouvrir tous les parapluies que risquer le moindre reproche.

Toujours dans son coin, Enzo n'en a pas perdu une miette. Et pour lui, quoi qu'il se passe dehors, couvre-feu ou pas, c'est une catastrophe. Mlle Louanne a dit qu'elle allait fermer alors qu'il est à peine cinq heures et demie. Ce qui veut dire soit rentrer chez lui où se trouvent son père, sa mère et sa sœur, soit rester dehors dans le froid glacial. Et, franchement, aucune des deux solutions ne lui fait vraiment envie.

Discrètement et à quatre pattes, il recule vers une des portes du fond. La bibliothèque n'a aucun secret pour lui et il sait que cette porte est celle du placard à balais. Son intérêt ? La clé reste toujours sur la serrure.

Mlle Louanne écume les rangées de livres.

– Excusez-moi, monsieur Peyet, je dois fermer… oui, je suis désolée… j'ouvrirai plus longtemps demain… non, je n'ai pas le temps d'enregistrer vos livres, madame… je suis vraiment navrée… Oui, je sais, il n'est même pas 6 heures et c'est marqué 19 heures sur la porte, mais c'est un cas de force majeure… excusez-moi… pardon… oui, je suis vraiment désolée…

En refermant la porte derrière le dernier lecteur, la jeune femme secoue la tête. Elle ne s'imaginait pas qu'il serait aussi difficile de convaincre dix personnes de quitter les lieux. Certains étaient tellement outrés qu'on aurait dit qu'elle leur demandait de s'arracher le cœur. Quoi qu'il en soit, en les raccompagnant jusqu'à la porte, elle a repéré une activité inhabituelle dehors. Toute la rue semblait illuminée par la lumière bleue des gyrophares. Il vaut sans doute mieux ne pas traîner ici. Il ne lui reste qu'à récupérer son sac et… soudain, Mlle Louanne s'immobilise. Enzo ! Elle a oublié Enzo. Ce gamin étrange et attachant qui passe tout son temps libre dans un coin de la bibliothèque. Il est assez silencieux et, malgré toutes les questions qu'elle a pu lui poser, il ne s'est jamais livré. Mais elle a eu un aperçu du milieu familial le jour où sa mère a appelé pour l'informer en termes crus que son fils n'avait plus le droit de mettre les pieds à la bibliothèque. Bien sûr, Caroline n'en a tenu aucun compte et elle a même créé une carte d'abonnement gratuite à Enzo.

Elle est certaine de ne pas l'avoir vu partir. Habituellement, il est toujours le dernier à franchir la porte.

– Enzo ?

Pas de réponse.

– Enzo ?

Mlle Louanne vérifie dans chaque allée, dans les toilettes, même sous le tas de coussins. Elle secoue la poignée du placard à balais mais il est fermé à clé…

– Enzo ?

Des coups violemment frappés à la porte la font sursauter. Elle s'approche… Des policiers lui font signe. Elle ouvre.

– Vous êtes la responsable ?

– Oui.

– Vous n'avez pas été prévenue ? Vous devez quitter les lieux et fermer derrière vous.

– Oui, mais…

– Tout de suite, mademoiselle, insiste le policier.

La jeune femme hésite un instant. Elle a regardé partout. Il est fort possible qu'Enzo soit parti pendant qu'elle parlait avec les gens. De toute façon, il n'est manifestement plus là.

– Très bien, très bien, j'y vais.

Accroupi dans le noir, entre un seau et un balai éponge, Enzo relâche l'air qu'il avait accumulé dans ses poumons en retenant sa respiration. Ce n'est pas très sympa de s'être caché de Mlle Louanne mais, à présent qu'elle est partie, il a la bibliothèque pour lui tout seul jusqu'au lendemain matin. Il n'avait jamais osé en rêver. Il compte encore jusqu'à cent, pour être sûr et, tout doucement, il tourne la clé dans la serrure de la porte du placard.

*

Quand, un peu avant 18 heures 30, des policiers en uniforme sont venus frapper à la porte de l'armurerie, Roger Gallard a tout de suite pensé à un accident de chasse. Ça lui était arrivé une fois. L'homme en cause et la victime étant tous deux des clients à lui, la police avait eu besoin de sa déposition. Mais cette fois il s'agissait de tout autre chose. Il devait fermer boutique à cause d'une épidémie qui sévissait en ville. Le terme avait étonné Roger mais fermer une demi-heure plus tôt avec une bonne raison, c'était toujours ça de pris. Il voulait justement faire des mille-feuilles ce soir. Gâteau délicat s'il en est. C'est donc sans protester qu'il a rangé la boutique avant de sortir tirer le rideau de fer.

Mais dehors, il est tombé sur un spectacle auquel il ne s'était pas préparé. La rue Sainte-Catherine, habituellement animée et éclairée par d'innombrables vitrines, en particulier en cette période de Noël, est plongée dans la pénombre. Presque toutes les boutiques ont déjà fermé. Des silhouettes sombres courent, d'autres s'appuient contre les murs en titubant, d'autres encore sont tombées par terre, agenouillées ou complètement étendues sur les pavés. Cinq ou six ambulances sont stationnées n'importe comment et des infirmiers portent des gens sur des brancards. Roger frissonne et s'empresse de brandir son crochet pour abaisser son rideau de fer. Le problème, c'est que ce rideau est une véritable antiquité et avec les ans, Roger a de plus en plus de mal à le dérouler. Ce n'est pourtant pas faute de graisser les roulements. C'est sans doute à cause des grincements qu'il n'entend pas l'homme arriver dans son dos. Sans doute aussi un peu à cause des cris dans la rue et des sirènes de police, d'ambulance et de pompiers qui semblent vouloir rivaliser.

– J'veux ma carabine et mon fusil !

Roger se retourne et reconnait tout de suite Francis Delâtre. Un vieux client. Son père confiait déjà ses armes de chasse au père de Roger. Tous chasseurs dans la famille. Pères, fils, cousins, neveux… tous.

– T'as entendu, va me chercher ma carabine et mon fusil !

Roger fronce les sourcils. L'homme est manifestement surexcité. Il n'a jamais été un modèle de calme mais ce soir il est plus nerveux que jamais. Il sautille sur place et regarde derrière lui toutes les deux secondes comme s'il avait peur que quelqu'un lui saute dessus.

– T'as compris ? répète-t-il hargneusement. Va les chercher ! Et mets-moi trois cents cartouches ! Non, mets-en cinq cents ! Et autant de balles !

– Cinq cents cartouches ? rétorque Roger en essayant de prendre un ton léger. Mais t'as déjà pris ton stock pour la saison, le mois dernier. T'organises un ball-trap géant le week-end prochain ou q…

La main de Francis le saisit à la gorge et le plaque contre la vitrine.

– J'ai pas envie de rigoler, Gallard. Si tu me sers pas tout de suite, je rentre et je prends tout ce que je trouve dans ta fichue boutique.

– D'accord, d'accord, parvient à articuler Roger. Lâche-moi et j'y vais.

Francis desserre son emprise et jette un nouveau coup d'œil angoissé vers l'agitation derrière lui.

– Tu sais ce qui se passe exactement ? ose demander Roger.

Francis lui fait signe d'entrer dans le magasin. Roger obtempère. Un des innombrables conseils de son père résonne dans sa tête : *Ne tiens jamais tête à un homme qui ne semble pas dans son état normal. Donne-lui ce qu'il demande et dès qu'il est parti, appelle la police.* Voilà qui semble un excellent conseil et, une nouvelle fois, Roger Gallard fils est bien obligé de rendre un hommage silencieux à Roger Gallard père. Sans un mot, il passe derrière le comptoir et ouvre la caisse pour en sortir la clé du placard à munitions. C'est aussi là qu'il range les armes des clients. Francis fait maintenant les cent pas dans la boutique. Quand Roger lui tend ce qu'il lui a demandé, il s'en saisit avidement et, dans un claquement sec, place aussitôt deux cartouches dans le fusil. Roger se demande soudain si le conseil de son père était aussi bon que ça. Il essaie de prendre un ton dégagé :

– Alors, tu me dis ce qui se passe ? J'ai eu tout à l'heure la visite de…

– T'as pas vu ? l'interrompt violemment Francis. T'as pas vu dehors ? Ça fait trois heures que les gens tombent comme des mouches. Des centaines de morts ! Ça a commencé à la gare, qu'ils ont dit, à la radio. J'étais sur le tracteur quand j'ai entendu l'info. Quand j'suis rentré à la maison, Angèle était devant la télé et on voyait des images. Faut pas me prendre pour un con, moi. Sûr que c'est un coup des Russes ! Ou p'têt'bien des Américains qui essaient une arme bactério-j'sais-pas-quoi ! Mais je vais pas me laisser crever, moi ! J'te l'dis ! Si un de ces foutus malades fout les pieds sur ma propriété, j'l'abats comme un chien !

Tout en parlant, Francis a fourré toutes les munitions dans la sacoche de chasse qu'il porte en bandoulière. Après un dernier regard de défi à l'adresse de Roger, il sort comme une tornade de la boutique.

C'est seulement à cet instant que Roger se rend compte qu'il avait bloqué sa respiration. Sa main se pose sur le téléphone. Il décroche le combiné et compose le 17.

Deux sonneries et un clic.

– Allô ? commence Roger. Je...

Un message enregistré l'interrompt.

Les forces de l'ordre recommandent aux citoyens de ne pas paniquer en attendant les forces spéciales. Les routes ont été bloquées dans les deux sens. Restez chez vous. Les forces de l'ordre recommandent aux citoyens de ne pas paniquer...

Décidément, ce qui se passe a l'air grave...

À pas lents, il se dirige vers la porte du magasin qui est restée ouverte. Le rideau de fer est descendu d'un tiers. Les ambulances sont parties. Il reste des gens recroquevillés sur le sol. Et là, contre le mur, à deux pas de la boutique, il y a un homme qui gémit, les mains serrées sur le ventre. Il a l'air plutôt mal en point. Le mot « épidémie » prononcé par le policier un peu plus tôt ainsi que l'image de tous ces gens immobiles, comme morts, dans la rue, l'arrêtent un instant. Mais seulement un instant, car si Roger n'a pas vraiment eu le temps de connaître sa mère, il aime à se dire qu'elle était une femme extraordinaire qui n'aurait sûrement pas été du genre à laisser les gens malades dans la rue. Quand il se penche sur l'homme, ce dernier s'accroche à lui, le visage blême, le regard suppliant. Roger l'aide à se redresser et à marcher.

Il le fait entrer dans le magasin et sans le lâcher, referme la porte à clé derrière eux. Le rideau de fer attendra. Alors qu'ils atteignent la porte du fond donnant sur l'escalier qui mène à l'appartement de Roger, l'homme a un soubresaut. Il vomit soudain une gerbe de sang puis, les yeux révulsés, s'écroule dans les bras de Roger. Mort.

*

L'homme sanglé sur la table stérile se débat en poussant des grognements bestiaux. Des capteurs sur son crâne rasé, sur ses membres et sur son torse, enregistrent la moindre activité. L'homme essaie de bouger les bras et ses yeux se fixent sur la lumière rouge de la mini-caméra mobile qui suit chacun de ses mouvements.

Dans la salle de travail, le professeur Ivan Carrère ne quitte presque pas l'écran et les moniteurs des yeux. De temps en temps, ses doigts courent sur le clavier :

Patient Pedro Romano

Sexe masculin

Âge : 38

Décès constaté le 22 novembre à 10 heures 50 dans le Corail Toulon-Bordeaux. Évacué par la gendarmerie. Ramené au centre par l'armée.

Éveillé depuis 1 heure 28 minutes 34 secondes

Contrairement aux autres patients ayant participé à l'expérience, il a largement dépassé le temps d'éveil qui n'avait jusqu'à présent pas duré plus de quelques minutes. Les premiers prélèvements de sang ne permettent pas d'expliquer ce qui justifie sa longévité particulière mais d'autres recherches, en particulier comparatives, sont en cours pour isoler le gène lui permettant d'être en vie après douze heures d'une mort physique et cérébrale avérée.

Le professeur Carrère relève la tête et tapote le bord de son clavier. Il n'a jamais été aussi excité. Des années de recherches et enfin… ses doigts se reposent sur les touches. Il tape à toute vitesse.

Plus que quelques pas avant la plus grande découverte de l'humanité, celle qui changera à jamais l'avenir de notre espèce : le gène de l'immortalité.

Sur l'écran de contrôle, Pedro Romano, 38 ans, mort et ressuscité, continue de s'agiter.

Dans la salle de travail, recroquevillé sur la banquette, presque prostré, le professeur Adrien Boncamp a lui aussi les yeux rivés sur un écran. Celui de la télévision. Une chaîne d'information diffuse en boucle les rares images de la catastrophe sanitaire se déroulant en ce moment même à Bordeaux.

– Qu'est-ce qu'on a fait ? marmonne-t-il. Qu'est-ce qu'on a fait ?

QUATRE

Dans l'appartement de sa fille, Dora Marquesse ne ressemble plus du tout à la femme à l'allure sophistiquée et un peu raide que sa fille a toujours connue. À côté de sa tête, sur la moquette beige, s'étale une grosse tache de sang. Sur son visage grisâtre, encore du sang en coulures et éclaboussures. Les cernes autour de ses yeux ressemblent à des cocards. Sa jupe droite est en partie remontée sur ses cuisses et ses collants sont filés. Non loin, un verre de whisky renversé.

Dora Marquesse est morte avant d'avoir pu terminer sa boisson préférée. Elle a été prise de violentes convulsions stomacales, a vomi du sang et s'est effondrée, morte.

Elle est restée immobile jusqu'à présent.

Dehors, les hurlements des sirènes se font de plus en plus rares.

Il est deux heures et demie du matin.

Et Dora Marquesse ouvre soudain les yeux.

*

– Tu dois arrêter, Ivan. *On* doit arrêter !

– Tu es fou, Adrien ! Nous touchons enfin au but et toi tu veux que nous mettions tout ça à la poubelle !

Les deux chercheurs se font face. Sur le visage de l'un, la fatigue et l'angoisse, sur celui de l'autre, le triomphe et le dédain.

– Mais tu as vu ce qui se passe à Bordeaux ! Nous avons libéré un virus mortel et contagieux qui est en train de tuer des centaines de gens.

Ivan Carrère laisse échapper un ricanement.

– Des centaines de morts ! Et c'est quoi des centaines de morts comparés à la possibilité pour l'humain de vivre éternellement ? Notre investisseur a été prévenu et il est sans doute à l'abri à l'heure qu'il est. L'armée est sur place, et ils contiennent la propagation du virus. Dans quinze jours, on ne parlera plus de cet incident. Et toi, tu veux qu'on arrête ! Alors qu'on a ça !

Son bras vole vers la glace sans tain qui leur permet d'observer le sujet d'étude sans recourir aux écrans. Depuis son réveil, Pedro Romano, toujours sanglé, n'a pas cessé de s'agiter et de vouloir se lever. Il bave et pousse des grognements ; les veines de son visage ont gonflé et se sont assombries, comme nécrosées ; ses pupilles et ses iris se sont dilatés au point que le blanc de ses yeux a complètement disparu.

– C'est ça, l'homme immortel, Ivan ? soupire Adrien Boncamp.

Son confrère hausse les épaules.

– Bien sûr que non. C'est un premier pas. Un pas décisif.

Après une pause, il ajoute :

– Tu savais comme moi ce que nos recherches impliquaient, Adrien. Tu n'as pas hésité quand il s'est agi de recruter des cobayes dans les prisons. Tu n'ignorais pourtant aucunement les risques que nous faisions courir à ces hommes. Et à présent, tu te comportes comme une pucelle effarouchée !

Adrien courbe la nuque. Ivan a raison. Il n'ignorait rien et il a tout accepté. Ce qui fait de lui le complice de...

– Eh, merde, il s'est détaché, ce con ! s'écrie soudain Ivan.

Adrien redresse la tête. Pedro Romano a arraché ses sangles et a bondi de la table stérile. Dans une position étrangement simiesque, les genoux fléchis, le dos courbé, il se jette contre les murs.

Son visage se colle un instant contre le miroir sans tain ; il bave, grogne et cogne ses poings, ses épaules et sa tête contre les parois qui s'enfoncent sous les coups.

– Putain, merde ! lâche Ivan.

Adrien a déjà décroché le téléphone d'urgence. Presque aussitôt, un hululement aigu se propage dans tous les bâtiments. Pedro Romano – ou du moins la chose qui a un jour porté ce nom – continue de rebondir à toutes forces contre les murs et la porte en verre Securit.

– T'as vu cette puissance ! commente Ivan, admiratif.

Une patrouille de cinq soldats armés arrive sur les lieux au petit trot, juste au moment où la porte cède. Les hommes ne s'attendaient à rien de précis mais, ils n'étaient pas préparés à ce qui leur tombe littéralement dessus. C'est un fauve affamé qui se jette sur eux et qui, d'une simple torsion, brise la nuque de sa première victime. Puis, d'un coup de dent, lui déchiquette la moitié du visage en poussant des grognements rauques.

Malgré leur formation au combat, les quatre autres ont un mouvement de recul. Inutile. Le monstre bondit et, en un clin d'œil, il en a tué deux. C'est d'une main tremblante que le jeune Sébastien Daumas, incorporé depuis moins de six mois, lève son arme. Il n'a pas le temps de tirer. Son camarade, lui, a lâché son fusil d'assaut et tente de fuir. En vain.

Il aura fallu moins de trois minutes à la créature pour éliminer cinq soldats armés, puis pour s'élancer athlétiquement dans les couloirs du centre à la recherche de nouvelles proies.

– Putain, merde, répète Ivan Carrère.

Adrien est comme hypnotisé par la scène qui vient de se dérouler sous ses yeux. Et ce n'est pas fini.

– Re… regarde… bredouille-t-il.

Le tas de soldats morts frémit. Le premier à se redresser a le cou tordu. Son œil et sa joue droits pendouillent atrocement. Les autres portent également les marques sanguinolentes de leur rencontre avec Pedro. Leurs pupilles et leurs iris sont tellement dilatés que le blanc de leurs yeux a complètement disparu.

*

– Encore une alarme ! Tu crois qu'y en a un autre qui s'est tiré ?

Paul s'est brusquement levé de sa couchette.

Zoltan se redresse sur un coude et tend l'oreille.

– On dirait.

– Y en a qui sont moins cons que nous, commente Paul.

– Pas sûr que je préfère me retrouver avec toute l'armée française au cul plutôt que de passer encore quelques semaines ici, rétorque Zoltan en se levant.

Le vacarme à l'extérieur est différent de la dernière fois. Rien à voir avec le bruit régulier des rangers de soldats en train de courir et aucun ordre aboyé. Zoltan pose la main sur la poignée. La porte n'est pas fermée à clé ; pour les empêcher de s'échapper, des gardes ont simplement été postés dans le couloir. Un cri. Une fusillade. Des coups résonnent et font trembler les murs. Des grognements inhumains.

Paul pose sa main sur celle de Zoltan.

– Attends ! Y se passe quoi là dehors ?

– Le meilleur moyen de le savoir c'est d'ouvrir la porte, répond le jeune homme en repoussant la main de son compagnon de chambrée.

Le couloir est vide. Le tapage s'est éloigné. Zoltan fait un pas à l'extérieur. Paul le suit prudemment.

– C'est quoi ce bordel ?

Zoltan ne répond pas. Des traînées de sang maculent les murs, enfoncés par endroits. Par terre, un FAMAS abandonné.

– Y a une couille, marmonne Paul. C'est sûr, y'a une couille.

Les deux hommes avancent lentement. Zoltan ramasse le fusil.

– Tu crois que t'as raison de faire ça ? s'inquiète Paul.

Zoltan hausse les épaules. Au loin, une fusillade retentit.

– J'me demande si on f'rait pas mieux de rester dans notre piaule, en attendant que ça se tasse, reprend Paul.

À toutes les unités, éructe une voix dans les hauts-parleurs, *regroupement immédiat au deuxième étage du mess des officiers. À toutes les unités, regroupement immédiat au deuxième étage du mess des officiers.*

Zoltan se retourne vers son camarade.

– Tu sais où il est le mess des officiers ?

– Ouais, je crois. C'est le grand bâtiment vitré qu'on voit de la cour quand on va au labo.

– On y va.

Cette fois, Paul ne proteste pas. Il laisse Zoltan passer devant. Après tout, il est armé et c'est lui qui veut prendre des risques. Paul songe un instant à lui demander le fusil mais il n'est pas sûr de savoir s'en servir. Cela dit, il n'est pas sûr que le gamin sache plus que lui.

Les deux hommes continuent leur progression. Le tumulte s'amplifie. Détonations, hurlements, coups.

– Par là, lance Zoltan en s'engageant dans un escalier.

– Eh ! C'est quoi ça !

En haut de la première volée de marches, se tient un soldat. Mais son allure générale est étrange. Et son visage aussi. Particulièrement son regard.

– On… on n'essaie pas de s'échapper, bafouille Paul. C'est juste que…

Dans une incroyable détente, le soldat bondit dans leur direction et atterrit à quelques pas des deux hommes. Sa façon de se tenir fait que ses mains touchent presque le sol. Une bave sanguinolente s'écoule de sa bouche.

– Putain…

Zoltan et Paul reculent. Leur cerveau a du mal à analyser les images que leurs yeux lui envoient.

– On se tire ! crie Zoltan en empoignant son compagnon. Vite !

Mais le soldat est beaucoup plus rapide qu'eux. Il jaillit vers les deux hommes dont l'odeur de chair et de sang frais affole ses sens primitifs. Par réflexe, Zoltan serre le fusil contre lui, se jette au sol et roule sur lui-même. Pour la première fois de sa vie, il remercie son oncle de l'avoir obligé à pratiquer le *free-fight* dès l'âge de neuf ans. S'il n'a jamais été très doué pour donner des coups – son oncle qui le savait pariait toujours contre lui, et il se faisait un max de fric ! – il sait au moins les esquiver. Paul a eu moins de chance.

– Aaaaahhhh !

La créature est sur lui. À genoux sur sa poitrine, elle tient sa tête entre ses mains…

Dans un cliquetis, Zoltan ôte la sécurité du FAMAS. Mais il ne peut pas tirer, Paul serait inévitablement touché. Il n'a pas trente-six solutions. Il donne un coup de pied dans les côtes de la créature, qui vacille. Alors qu'elle se retourne vers lui, Zoltan tire. Une rafale dans la poitrine. Un instant, son regard redevient humain. Puis elle s'écroule.

– Faut qu'on se tire d'ici et vite, lance Zoltan en tendant la main à son compagnon.

Sous le choc, Paul peut à peine bouger. Zoltan l'aide à se redresser.

– C'était quoi ça ? Putain, c'était quoi ?

Zoltan secoue la tête.

– J'en sais rien, mais j'ai pas envie de rester dans les parages. Viens.

– Tu m'as sauvé la vie, mon pote, bredouille Paul. J'te r'vaudrai ça, je te...

Paul ne finit pas sa phrase. Derrière lui, la créature s'est redressée. Son uniforme déchiqueté par les balles laisse apparaître sa poitrine ensanglantée. Il se jette sur le dos de Paul et enfonce ses dents dans sa gorge. Un geyser rouge jaillit dans un gargouillement écœurant.

Zoltan n'a pas eu le temps de faire un mouvement.

À quatre pattes, la créature a plongé son visage dans la plaie de Paul et s'en repaît avidement.

Zoltan ne réfléchit plus. Il fait volte-face et prend ses jambes à son cou.

*

Les coups ont commencé à retentir un peu avant 3 heures du matin. Étant donné les circonstances, personne n'était de garde à la morgue. On avait eu besoin de la totalité du personnel hospitalier pour répondre aux appels affolés des citoyens et ramasser les cadavres dans la rue. D'ailleurs, tous les casiers étaient pleins et les derniers arrivants s'entassaient dans une salle attenante, dont la climatisation tournait à plein régime.

Trois tiroirs se sont ouverts en même temps sous la poussée. Michèle Marquesse, une autre femme et un homme, tous trois déclarés morts en début d'après-midi ont aussitôt bondi. Le visage gris sillonné de veines noires, la professeur d'espagnol était méconnaissable.

Mues par un mystérieux instinct, les créatures se sont ruées vers la porte. Pendant qu'elles se jetaient dessus en poussant des grognements, d'autres casiers se sont ouverts.

La porte de la chambre froide n'a pas résisté longtemps.

Il est maintenant trois heures et demie et plusieurs centaines de zombies, bras tendus, haletants, grondants, se précipitent dans les couloirs de l'hôpital, attirés par le parfum enivrant des vivants.

*

Roger Gallard a allongé le cadavre sur son propre lit, non sans avoir auparavant protégé son matelas d'un drap propre. Ça n'a pas été facile de lui faire monter l'étroit escalier, mais il n'allait quand même pas le laisser dans la boutique. Il l'a veillé un moment. Il a même allumé une bougie et récité une prière. Les souvenirs d'enfant de chœur ont la vie dure.

Il aurait pu aller s'allonger sur le sofa dans le salon, mais les derniers événements l'ont un peu perturbé. Il espère que le matin apportera de bonnes nouvelles. En réalité, il n'en doute pas. En attendant, il a étalé sur la table tous les ingrédients nécessaires pour confectionner de la pâte feuilletée, base du mille-feuilles.

*

– Quelle heure il est ?

Lucas a presque bondi hors du lit. Pauline s'est contentée de pousser un gémissement. Ils se sont endormis. Mais quels idiots ! Les chiffres rouges de son radioréveil indiquent trois heures et demie du matin. C'est pas possible !

– Pauline ! Lève-toi ! Mes parents doivent être rentrés depuis longtemps ! Putain, je vais me faire tuer !

Son cerveau encore embrumé de sommeil lui souffle que la situation n'a rien de logique. Si ses parents étaient rentrés, ils l'auraient appelé et il se serait réveillé. Au pire, sa mère serait venue dans sa chambre et l'aurait découvert au lit avec Pauline. L'horreur. Lucas s'habille en quatrième vitesse. Pauline se redresse à son tour et ouvre un œil.

– Merde, bafouille-t-elle. On s'est endormis.

Elle tend le bras pour prendre son portable dans la poche de son jean. 3 heures 38. Et pas un seul appel de ses parents. Trop bizarre.

– Habille-toi, vite.

Lucas est complètement speedé. Encore torse nu, il ouvre prudemment la porte de sa chambre, s'attendant presque à ce que sa mère lui saute dessus pour le massacrer.

Mais rien.

La maison est plongée dans le noir et le silence.

– C'est quoi ces bruits dehors ? bâille Pauline en enfilant une culotte et un T-shirt avant de se diriger vers la fenêtre. Y a une manif' ou quoi ?

Mais le spectacle qu'elle découvre n'a rien d'une manifestation. À la lumière orangée des lampadaires, une dizaine d'hommes et de femmes déambulent dans la rue. Leur démarche est étrange ; on dirait qu'ils essaient d'imiter des singes. Toutes les poubelles sont renversées. Parfois l'un d'entre eux bondit en grognant sur un muret ou un portail. Pauline fronce les sourcils.

– Wouah, c'est trop zarbi !

Lucas la rejoint. Elle regarde son torse imberbe et soupire intérieurement. Comment a-t-elle pu s'endormir ? On ne peut pourtant pas dire qu'il l'ait épuisée. Bon, c'est vrai, il était puceau, mais Pauline n'a pas beaucoup plus d'expérience. Elle n'avait couché qu'une fois avec un garçon. Elle ne s'attendait pas à ce que Lucas soit tellement angoissé qu'il n'y arrive pas du premier coup. Et après, ça a duré quoi... cinq minutes... le pire, c'est qu'il avait l'air content de lui. Un vague sentiment de culpabilité la traverse. Ça fait maintenant près de quinze jours qu'elle ment à Margot. Mais comment dire à sa meilleure amie qu'on lui a piqué son petit copain ? De toute façon, ils n'allaient pas du tout ensemble, se justifie-t-elle. Lucas est un mec bien trop cool pour une fille comme Margot. Il fallait que quelqu'un de moins coincé qu'elle en profite. Et puis...

– C'est ma mère !

Pauline sursaute en entendant le cri de Lucas. Perdue dans ses pensées, elle avait oublié le singulier tableau que formaient les adultes dans la rue. Avant qu'elle ait le temps de réagir, Lucas dévale l'escalier et ouvre la porte d'entrée.

*

Depuis 6 heures du soir, Thierry Donnette n'a pratiquement pas bougé. Il n'a pas fermé l'œil ni détourné le regard plus d'une seconde de l'écran. La télé montre pourtant toujours les mêmes images puisque les journalistes ont dû respecter le couvre-feu. Les flashs d'informations se succèdent sans apporter d'éléments nouveaux. Du moins jusqu'à maintenant.

Alors que l'origine de l'étrange et dévastatrice épidémie qui sévit en ce moment même dans la ville de Bordeaux n'a pas encore été déterminée par les chercheurs, de nouvelles victimes viennent s'ajouter à une liste déjà longue. En effet, même si les autorités ne l'ont pas encore confirmé, il semblerait, selon des sources bien informées, que l'on ait à déplorer de nouveaux morts. Deux personnes seraient décédées à Amiens, c'est-à-dire assez loin du foyer d'infection et un cas suspect est signalé à Paris.

Thierry s'agite sur son canapé. Vers 19 heures, il a appelé Margot qui s'était enfermée dans sa chambre. Elle n'a pas daigné répondre. Vers 20 heures 30, il a retenté sa chance sans plus de résultat. Il aurait voulu se lever et aller frapper à sa porte mais il avait peur de rater une information capitale. Dehors, les sirènes ont retenti jusqu'à dix heures et demie environ ; puis elles ont progressivement perdu de leur vigueur jusqu'à se taire complètement.

En revanche, le tapage dans l'immeuble a semblé augmenter en proportion. Des cavalcades dans l'escalier, des cris, des coups, des espèces de grognements.

Il semblerait que la panique ait saisi des clients d'un supermarché ouvert vingt-quatre heures sur vingt-quatre en ban-

lieue parisienne, suite à une crise de vomissements dont aurait été victime une femme au rayon fruits et légumes. On parle de plusieurs morts. Cet événement a-t-il un lien avec l'épidémie de Bordeaux ? Pour le moment, les autorités sanitaires se disent incapables de nous répondre.

Le genou de Thierry tressaute nerveusement. Avant la mort de sa femme, il était journaliste. Il sait parfaitement comment fonctionnent les médias, la télé en particulier. Il repère au premier coup d'œil les mensonges, les non-dits et les demi-vérités dans les reportages de ses anciens collègues. Il décèle l'agitation et la pression derrière telle ou telle information. Et là, il reconnaît tous les indices de la manipulation. Il est pour lui évident que les journalistes en savent beaucoup plus qu'ils n'ont été autorisés à le dire.

Depuis la mort de sa femme, Thierry Donnette n'est plus le même homme. Ce n'est pas venu d'un coup, non, mais plutôt insidieusement, comme une rouille invisible érodant lentement mais sûrement sa confiance en la vie.

Elle était malade. Rien de grave. Une grosse grippe. Il venait juste de rentrer d'un colloque de trois jours sur l'avenir de l'agriculture bio en Europe. Il était épuisé. Quand elle lui a demandé de descendre à la pharmacie, lui chercher de l'ibuprofène, il lisait un rapport tout en écoutant d'une oreille sa fille, Margot, lui raconter sa journée au collège. Il n'a pas bougé. Elle a râlé mais s'est levée, les jambes flageolantes. Il a lancé un « attends, j'y vais » assez peu convaincant et l'a laissée partir. Trois minutes plus tard, il y a eu un crissement de pneus en bas de l'immeuble un peu plus luxueux dans lequel ils vivaient à l'époque, suivi d'un bruit sourd et de cris. Il s'est précipité sur le balcon. Le gyrophare bleu d'une ambulance n'avait pas cessé de tourner. Le corps de sa femme était étendu sur la chaussée, sans vie. La reconstitution des faits n'avait pas été très compliquée. Malade, pressée, elle avait traversé sans faire attention, l'ambulance avait déboulé à toute allure et l'avait renversée.

Thierry avait d'abord fait une dépression. Ses employeurs avaient été patients mais, au bout d'un moment, il avait dû quitter son job. Les phobies étaient apparues une par une. Il avait commencé par vouloir toujours garder les fenêtres fermées puis il s'était mis à laver tous les sols à l'eau de Javel trois fois par jour… et ça empirait presque quotidiennement. Tout ce qui avait trait aux microbes le paniquait. Quand Margot rentrait de cours, chargée de potentielles bactéries, ça lui demandait une énergie considérable pour ne pas la passer au laveur-vapeur acheté par correspondance.

Oui, la maladie le terrifie mais jamais, même dans ses pires cauchemars, il n'avait imaginé une épidémie comme celle qui est en train de s'abattre sur la ville, et sans doute le pays.

– Papa…

Thierry sursaute et se retourne. Margot est devant lui, les cheveux en bataille, les yeux rouges et gonflés.

– Il se passe quoi dehors ? articule-t-elle dans un sanglot.

Elle ressemble à une petite fille. Ces quatre dernières années, elle a tellement pris les choses de la vie courante en main qu'il en a presque oublié qu'elle n'a que seize ans et qu'à cet âge, on désire encore parfois être un enfant. Elle s'approche de lui. Elle a le nez qui coule un peu et Thierry doit réprimer l'angoisse qu'il sent monter au creux de son estomac.

– Viens ma chérie.

Margot se laisse tomber à côté de son père, qui lui caresse maladroitement les cheveux.

– J'ai peur, murmure Margot.

– Je sais, acquiesce Thierry.

– Aucun de mes amis n'est joignable sur Internet ou au téléphone, reprend la jeune fille. Et si… s'ils étaient morts ? ajoute-t-elle dans un hoquet.

– Ma chérie, répète Thierry.

Que dire d'autre ?

Margot se lève brusquement et se dirige vers la fenêtre. Les lampadaires du square sont éteints et, du sixième étage, elle ne distingue pas grand-chose à part la silhouette de la balançoire. Elle serre les poings. Après avoir pleuré pendant des heures, elle se sent submergée par la colère. Comment a-t-elle pu rester sans bouger tout ce temps ? Ce n'est pas normal que personne ne réponde chez Lucas. Tout à l'heure, alors qu'elle était allongée sur son lit dans le noir, les images de son petit ami en train d'embrasser une autre fille avaient laissé place à des images le montrant en train de vomir du sang.

Margot serre les poings un peu plus fort. Ses ongles s'enfoncent dans ses paumes. Si au moins Pauline était joignable… En réalité, le pire est de ne pas savoir. Non, non, le pire serait bien sûr que… la jeune fille prend une profonde inspiration. Attendre le matin serait sans aucun doute le plus raisonnable.

Mais c'est au-dessus de ses forces.

Elle se retourne vers son père.

– Je sors, annonce-t-elle.

Les yeux de Thierry Donnette semblent sur le point de sortir de leurs orbites.

– Tu es folle ! s'exclame-t-il. Ils ont parlé de centaines de morts à la télé. Ce virus est extraordinairement contagieux ! Tu…

– Je suis sûre que tu as tout ce qu'il faut dans tes affaires, l'interrompt Margot en se dirigeant vers la salle de bains.

Quand elle en ressort, elle a revêtu une combinaison blanche par-dessus ses vêtements, posé sur sa tête une charlotte de chirurgien, enfilé des gants de caoutchouc et s'est couvert le visage d'un masque en papier.

– Combien de ces trucs tu as commandés au juste ? demande-t-elle à son père.

– Margot !

Mais la jeune fille a pris une décision. Elle rajuste la bretelle de son sac à dos et tourne le verrou de la porte d'entrée.

– Margot ! crie Thierry Donnette. Je t'interdis de…

– Tu m'interdis ? le défie l'adolescente. Empêche-moi alors !

Sur ces mots, elle ouvre la porte. Thierry fait un pas en avant puis s'immobilise. Il n'a pas mis les pieds dehors depuis si longtemps qu'il a perdu le compte des jours. À ses yeux, l'extérieur représente le danger, le bouillon de culture où n'importe quelle maladie peut vous sauter dessus.

– Margot !

Sans un instant d'hésitation, la jeune fille sort sur le palier et referme la porte derrière elle.

Immobilisé par une terreur sourde et incontrôlable, Thierry Donnette fixe la porte, impuissant.

Il règne une odeur désagréable dans la cage d'escalier. Margot appuie sur l'interrupteur de la minuterie. L'immeuble n'a jamais été d'une propreté exemplaire, mais là, c'est pire que tout. La porte de l'ascenseur est enfoncée, comme si une personne à la force surhumaine avait donné un coup de poing dedans. Ou un coup de tête. Et là… c'est du sang sur le carrelage. Margot plaque la main sur sa bouche masquée et descend l'escalier. Tout en essayant de ne pas faire trop de bruit, elle se dépêche. Elle n'a aucune envie de traîner par ici.

Cinquième étage, quatrième, troisième… Margot descend vite mais ne peut s'empêcher de remarquer que la porte de la vieille Mme Paillard est ouverte… Elle s'arrête. Peut-être devrait-elle aller voir… Non. Elle s'est fixé un but : retrouver Lucas. De toute façon, si Mme Paillard est malade, que pourra-t-elle faire pour elle ?

Et que pourras-tu faire pour Lucas, s'il a lui aussi été contaminé ? lui demande une petite voix dans sa tête. *Et pourquoi aller chez lui alors qu'il ne répond pas au téléphone ?*

Parce que je n'ai pas de meilleure idée et qu'il faut bien commencer à chercher quelque part, lui répond Margot pour la faire taire.

Deuxième étage, premier, la voilà dans le hall. Des morceaux de verre jonchent le sol. La porte vitrée a été brisée. Les boîtes aux lettres portent des marques de coups. Margot ne comprend pas. Qui a pu faire ça ? Des gangs profitant du chaos général pour casser au hasard ? Oui, c'est possible. Tout est possible. Mais s'ils traînent encore dans les parages, elle doit se montrer prudente. Elle traverse le hall et atteint la porte. Les bris de verre crissent sous ses pieds.

Elle sort et s'empresse de quitter la zone éclairée pour se plaquer contre le mur de l'immeuble. À l'autre bout du square, elle distingue un petit groupe. Elle s'éloigne dans la direction inverse.

Margot gravit la butte qui donne sur le supermarché. Elle regrette de ne pas avoir pensé à prendre une lampe torche. Un brouhaha sourd lui parvient. Quand elle arrive en haut et pose les yeux sur le parking en contrebas, elle ne comprend pas ce qu'elle voit.

Des gens – combien peuvent-ils être ? Une quinzaine ? Plus ? – marchent entre les voitures. Ils ont un comportement anormal : leur façon de se tenir est anormale et ils poussent des grognements anormaux. Instinctivement, Margot se tapit derrière un buisson. Soudain, l'un d'entre eux tourne la tête vers elle. C'est impossible qu'il la voie mais il plisse le nez et semble renifler l'air. Presque aussitôt quelques autres l'imitent. Quand l'homme pousse un cri à déchirer les tympans, sans réfléchir, elle se met à courir.

*

Caroline Louanne n'arrive pas à dormir. Elle a allumé la télé mais après avoir vu les informations, elle a décidé de se mettre un DVD. *Titanic* est son film fétiche. Elle l'a déjà vu des centaines de fois et pleure toujours aux mêmes endroits. Pourtant, ce soir, elle avait besoin de quelque chose de plus léger… elle a choisi *Hitch* avec Will Smith et Eva Mendes. Mais, à aucun moment, Caroline n'est parvenue à s'intéresser aux péripéties des protagonistes et encore moins à en rire.

Elle s'est préparé une tisane, a essayé de lire… rien à faire. Elle ne cesse de penser à Enzo. Elle le revoit assis sagement dans son coin, son livre sur les genoux… ensuite on lui a annoncé cette horrible nouvelle par téléphone, puis elle a enregistré les livres de Mme Penin. Est-il possible qu'il soit sorti à ce moment-là sans qu'elle s'en rende compte ? Caroline est presque sûre que non. Enzo vient tous les jours à la bibliothèque et jusqu'à aujourd'hui, il n'est jamais parti sans lui dire au revoir.

La jeune bibliothécaire a un pressentiment. C'est d'ailleurs plus qu'un pressentiment. Elle est pratiquement persuadée que le gamin s'est laissé enfermer. Et elle sait qu'elle ne parviendra pas à fermer l'œil avant de s'être assurée qu'il va bien et qu'il n'est pas mort de peur dans le noir. Parce qu'il n'y avait peut-être pas pensé, Enzo, mais les lumières de la bibliothèque sont éteintes la nuit, alors s'il comptait profiter du lieu, c'est raté.

Les sirènes, qui ont hurlé toute la soirée, commencent à se faire moins fréquentes. Mlle Louanne suppose naturellement que la situation a dû s'améliorer. Bien sûr, il y a le couvre-feu, mais... elle enfile sa parka, son bonnet et ses gants et sort de chez elle.

Enzo est assis sur l'épaisse moquette de la bibliothèque, un tas de livres choisis dans les rayonnages, à côté de lui. Il est au paradis. Il a commencé par un tour de son domaine, passant les doigts sur les dos des livres, puis il a allumé sa mini lampe de poche – volée au rayon bricolage du supermarché quelques jours plus tôt, pour pouvoir lire sous les draps sans que ses parents s'en rendent compte – et en a promené le faisceau sur les titres et les noms des auteurs. Tous ne lui étaient pas étrangers, Mlle Louanne lui en a déjà cité un bon nombre et il n'en a oublié aucun. Charles Dickens, Ernest Hemingway, Alphonse Daudet, Émile Ajar, Marcel Aymé, Roald Dahl... Leurs noms roulent sur sa langue, promesses d'autant de voyages...

Ensuite, il a choisi une quinzaine d'ouvrages et s'est installé. Pas dans un coin comme il le fait habituellement mais au beau milieu de la grande salle. Il est ici chez lui. Il est le roi absolu de ce domaine enchanté.

Il est à présent plongé dans *Le Vieil homme et la mer*. La bibliothèque a disparu et le vent marin du gulf stream lui fouette le visage. Un gros poisson a mordu et l'entraîne plus loin... toujours plus loin...

Caroline Louanne habite tout près de la bibliothèque. En fait, elle a juste le square à traverser. Elle s'imagine déjà ramener Enzo chez elle et lui préparer un bon chocolat chaud. Bien sûr, elle devra le gronder pour s'être laissé enfermer mais elle ne sera pas trop sévère. Ce gamin n'a pas l'air d'avoir une vie facile. Elle se remémore avec un frisson les insultes dont l'avait abreuvée sa mère quand elle l'avait appelée. D'ailleurs, si elle ne s'est pas trompée, personne ne semble s'être ému de sa disparition. Elle aurait certainement été prévenue.

Caroline Louanne est célibataire et romantique. Peut-être même est-elle célibataire *parce qu'elle* est romantique. Quand elle était adolescente, les garçons draguait toujours les filles minces alors elle, avec ses quelques kilos en trop… Mais ça ne l'a jamais réellement tracassée. Elle est sûre et certaine qu'un jour, un homme, l'homme de sa vie, son prince charmant, sa moitié d'orange, la verra et tombera éperdument amoureux d'elle. Ils se marieront, auront une belle maison et des enfants. Et quand Caroline imagine ses enfants, l'aîné a toujours la bouille du petit Enzo.

Le bâtiment est en vue ; la bibliothécaire est malgré tout un peu nerveuse. C'est la première fois qu'elle traverse ce square en pleine nuit. Le quartier n'a pas bonne réputation. Non loin, se découpe la haute silhouette de l'immeuble, surnommé par la police et les habitants de la cité « la tour infernale »… elle s'immobilise.

Là, à quelques pas, un homme avance vers elle. Il a une allure étrange et pousse des grognements non moins étranges. Caroline dévie un peu son trajet et allonge le pas. Aucun doute, il la suit. Caroline court presque à présent. La bibliothèque est juste là, de l'autre côté du petit parking. Sans ralentir, elle plonge la main dans son sac et farfouille à la recherche de son trousseau. Ses doigts se referment sur les clés. Une partie de son cerveau lui affirme qu'elle ne risque rien, que l'homme est juste un clochard, peut-être même ce clochard à qui elle donne parfois une pièce en passant. Une autre partie lui hurle de se mettre à l'abri. Elle n'ose pas regarder derrière elle mais, aux traînements de pieds et aux grognements, elle entend que l'homme n'est plus qu'à quelques pas. Les mains tremblantes, Caroline s'accroupit devant la porte en verre de la bibliothèque pour ouvrir le verrou du bas. Elle se redresse et introduit la clé dans la serrure ; d'un coup d'épaule, elle ouvre la porte et se précipite à l'intérieur, puis dans une brusque volte-face, essaie de refermer derrière elle.

Mais c'est trop tard.

Enzo était toujours avec le vieux sur sa barque quand il a entendu le cliquetis de la clé. Presque immédiatement a suivi un fracas et un cri. Il a aussitôt reconnu la voix de Mlle Louanne et s'est précipité.

Caroline appuie sur la porte de toutes ses forces. De l'autre côté de la paroi de verre, le visage qui la fixe est monstrueux. Du sang couvre tout le tour de la bouche de la créature – car ce n'est pas un homme, de ça, elle est certaine –, ses yeux semblent prêts à jaillir de leurs orbites, sa peau est grisâtre, parsemée de taches noires.

– Mademoiselle Louanne !

L'appel la fait se retourner. C'est une erreur. Le monstre pousse plus fort. Caroline tombe à la renverse. La créature se jette sur elle.

Dans un réflexe dont elle ne se serait pas cru capable, Caroline Louanne a roulé sur elle-même et esquivé son assaillant. La bête pousse un grognement dépité et se redresse lentement. Caroline, toujours assise sur la moquette, recule contre le mur.

– Hé ! crie Enzo en envoyant le livre qu'il avait à la main dans le front de la créature.

Parfaitement bien visé, mais le garçon regrette finalement de n'avoir pas choisi l'exemplaire cartonné d'Oliver Twist, car le petit livre de poche n'a pas causé beaucoup de dégâts. Sauf qu'à présent, la créature l'a remarqué. Elle plisse étrangement le nez, comme si elle reniflait, avant d'émettre un bruit de gorge. Puis, dans une détente, elle bondit vers Enzo. Le gamin n'attend pas pour savoir où elle atterrit et prend ses jambes à son cou. La bête le suit. Enzo court entre les rayonnages, la créature les renverse comme s'il s'agissait d'étagères vides et non remplies de kilos de livres. Les ouvrages se répandent sur le sol dans un craquement de bois. Enzo court, zigzague, mais malgré sa démarche bringuebalante, son poursuivant est plus rapide que lui. Et bientôt, le garçon n'a plus d'endroit où se cacher. Les mains touchant presque le sol, la créature renifle encore. On dirait un animal cherchant à localiser sa proie. Enzo ne peut s'empêcher de penser à *Croc-Blanc*, le premier livre que Mlle Louanne lui a fait lire. Sauf qu'il n'est pas dans le Grand Nord mais dans la bibliothèque de son quartier, le seul lieu où il s'était jamais senti en sécurité. Jusqu'à aujourd'hui. La créature avance vers lui dans un dandinement presque comique. Mais Enzo n'a pas du tout envie de rire.

C'est à cet instant qu'il aperçoit la silhouette de Mlle Louanne derrière le monstre. Elle lui fait signe. Les yeux d'Enzo vont de la créature à la bibliothécaire. Elle a réussi à s'approcher sans bruit et a entrouvert la porte du placard à balais. Oui, s'ils arrivent à s'y enfermer, ils sont sauvés. Enzo ne réfléchit pas, il fonce.

La bête jaillit à sa suite mais trop tard. Mlle Louanne a tiré Enzo vers elle et refermé la porte du placard. Elle s'accroche à la poignée comme à une bouée de sauvetage.

– Enzo, halète-t-elle. Ça va ?

Le garçon hoche la tête. Ils sont dans le noir et Mlle Louanne ne peut pas le voir mais il est incapable de prononcer un mot.

Le premier coup contre la porte les fait sursauter tous les deux. Mlle Louanne laisse échapper un petit cri. Le deuxième coup suit aussitôt. Au troisième, la porte émet un craquement sinistre.

Un calme inattendu envahit Caroline. Elle sait que s'ils restent là, ils sont perdus. Tous les deux. Elle lâche la poignée – manifestement cette créature n'est pas assez intelligente pour savoir s'en servir – et serre Enzo contre elle. Elle respire ses cheveux qui sentent le shampooing à l'abricot et lui murmure à l'oreille.

– J'ai un plan.

– C'est quoi ?

La voix confiante du gamin la fait tressaillir.

– Tu vas faire exactement ce que je te dis et je te promets qu'on va réussir à se débarrasser de cette chose. Quand on l'aura fait sortir, on se dépêchera de barricader l'accès avec les étagères, d'accord ?

Le garçon hoche la tête.

– Après, reprend Caroline, on restera enfermés dans la bibliothèque et on appellera la police. On restera ici jusqu'à ce que les policiers arrivent. Tu as bien compris ? On ne bougera pas, on n'essaiera pas de sortir.

Enzo répond d'un nouveau hochement de tête.

– Tu connais le numéro de la police, Enzo ? reprend Mlle Louanne.

– Le 17.

Les coups contre la porte n'ont pas cessé. Le bois est près de céder.

– Très bien, Enzo, je sais que tu es très courageux. Je vais compter jusqu'à trois et tous les deux, on va pousser de toutes nos forces. Ensuite, on sortira en courant. Un, deux...

La bibliothécaire et le garçon prennent une grande inspiration.

– ... trois !

D'un même mouvement, ils projettent le battant de la porte en avant. La créature est surprise et déséquilibrée. Elle vacille en arrière.

– Cours, Enzo ! hurle Mlle Louanne. Cours vers la porte d'entrée !

Enzo se précipite. La créature a repris ses esprits. Caroline rejoint le garçon. La porte de verre était restée entrebâillée, la bibliothécaire l'ouvre en grand et la bloque contre le mur, emprisonnant Enzo derrière.

– À mon signal, tu refermes, compris ? a-t-elle tout juste le temps de crier avant que la bête ne bondisse dans sa direction.

Caroline Louanne n'a pas un instant d'hésitation, elle franchit le seuil, la créature la suit...

– Ferme la porte ! lance la bibliothécaire. Maint...

Elle ne finit pas sa phrase. La créature l'a renversée au sol et plonge ses dents vers sa gorge. Un jet de sang gicle. Les jambes de Mlle Louanne tressautent une ou deux fois avant de s'immobiliser complètement.

Enzo ne comprend pas ce qui vient de se passer. Pourquoi Mlle Louanne s'est-elle laissé attraper ? Pourquoi… et puis les propos de la jeune femme résonnent dans sa tête. « *Quand on l'aura fait sortir, on se dépêchera de barricader avec les étagères et après on appellera la police et on ne bougera plus de là.* » Elle voulait dire « Tu *te dépêcheras de te barricader et* tu *ne bougeras plus de là.* »

Occupée à se repaître de la bibliothécaire, la bête ne se préoccupe plus du garçon.

Enzo referme la porte. Au moins, il n'entend plus les grognements mêlés aux gargouillements écœurants de la créature. Il ramasse les clés que Mlle Louanne avait fait tomber. Il verrouille la porte.

C'est en pleurant qu'il se dirige vers les étagères cassées afin de les tirer contre la porte.

Quand la créature en aura fini avec Mlle Louanne, elle essaiera sans doute de nouveau d'entrer.

CINQ

Margot court comme une dératée. Sa combinaison la gêne, son masque l'empêche de bien respirer mais son énergie compense. Elle n'a pas besoin de se retourner pour savoir que, derrière elle, la meute s'est mise en branle.

Margot court comme si elle était poursuivie par une horde de monstres sortie tout droit des enfers. Ce qui, autant qu'elle le sache, pourrait bien être le cas.

Mais la horde se rapproche vite et Margot sait qu'elle ne pourra pas courir indéfiniment. Elle bifurque brusquement et, sans ralentir, se dirige vers l'arrière d'un immeuble. Les poubelles. C'est quitte ou double. Margot, à bout de souffle, hésite une seconde. Les grognements se rapprochent. Elle ouvre le conteneur noir, saute à l'intérieur et rabat le couvercle sur sa tête.

L'odeur ignoble la prend à la gorge mais elle se force à s'enfoncer le plus profondément possible entre les sacs éventrés.

Le cœur à l'arrêt, Margot entend les pas et les grognements. Pourvu qu'aucune de ces bestioles n'ait l'idée de regarder dans les poubelles. Elle a l'impression d'être un renard dans son terrier pourchassé par des chiens méchants. Un vieux souvenir de dessin animé sans doute. Dans les dessins animés, les chiens ne trouvent jamais le gentil petit renard...

Et puis, les pas traînants s'éloignent. Les grognements s'éteignent. Margot ne fait pas un mouvement. Après un moment, elle ose enfin. Elle se hisse et se dégage sans bruit des sacs-poubelles. Après chacun de ses gestes, elle s'immobilise et tend l'oreille. Rien. Elle repousse ce qui ressemble à une peau de banane et soulève prudemment le couvercle. Elle scrute les environs. Pas de bête en vue. Qu'est-ce que ça pouvait bien être ? On aurait dit des hommes et des femmes, mais c'était comme s'ils étaient devenus fous. Ça a forcément un lien avec l'épidémie. Est-ce qu'au lieu de tuer les gens, ce virus s'attaque à leur cerveau ? Au point de les faire se comporter comme des animaux sauvages ? C'est horrible.

Quoi qu'il en soit, elle ne peut pas passer la nuit dans ce conteneur. Elle doit aller retrouver Lucas. Maintenant plus que jamais. Et si elle croisait d'autres créatures ? Elle va devoir être prudente. Très prudente. Tout en restant aux aguets, elle s'extirpe de la poubelle. Elle frotte sa combinaison anciennement stérile pour la débarrasser du plus gros des déchets qui s'y sont accrochés. Elle dégage une odeur pestilentielle.

Ce qui va peut-être la servir, en fait.

Margot se rappelle la manière dont le premier homme sur le parking a levé la tête et reniflé. Ces trucs fonctionnent au flair. Son nouveau parfum, « Eau-de-décharge », pourrait bien être sa meilleure protection.

Margot scrute les environs. Elle comptait passer par le centre ville, mais ce n'est sans doute pas la meilleure des idées. D'après les images et les infos sur le Net, beaucoup de gens ont été touchés là-bas. S'ils sont tous devenus comme ceux qu'elle vient de croiser…

C'est donc en rasant les murs, tous les sens en alerte et presque à quatre pattes pour passer d'une rue à autre, que Margot poursuit son chemin. Mais même en empruntant les accès les plus détournés, elle tombe régulièrement sur des créatures, isolées ou en groupe. Elle a l'occasion de les observer plus qu'elle n'aurait voulu. Leur allure simiesque est due à leur dos courbé et leurs bras pendants, leur visage est tavelé de taches sombres, leurs yeux semblent sans vie. Ils avancent droit devant eux ou tournent en rond en émettant des grognements indistincts. Parfois, ils lèvent le nez vers le ciel et reniflent.

Margot n'en est pas certaine mais elle a bien l'impression que le pourtour de leur bouche ainsi que leurs vêtements sont couverts de sang. Quand elle en aperçoit un à quatre pattes, le visage enfoui dans les entrailles d'une femme allongée sur le sol, le doute ne lui est plus permis.

Margot retient un haut-le-cœur.

Au loin, parfois pas si loin, des cris humains retentissent. Des hurlements de détresse, des appels au secours.

Au milieu de ce chaos, le silence des sirènes est assourdissant. Pas une voiture de police, pas une ambulance. Comme si la ville avait été abandonnée à son sort. Margot repousse cette idée. Il doit être trois heures et demie du matin, tout rentrera dans l'ordre à l'aube. C'est sûr et certain.

Elle arrive enfin dans le quartier de Lucas. Habituellement, il lui faut à peine vingt minutes pour faire le trajet depuis chez elle. Là, elle a dû mettre plus d'une heure. Elle est dans un état étrange. Son épuisement physique se mêle à une poussée d'adrénaline, qui lui donne des picotements dans les doigts.

Son angoisse le dispute à l'excitation d'avoir enfin atteint son but.

Soudain un cri déchire la nuit.

C'est la voix de Lucas.

Quand Lucas a vu sa mère dans la rue, il a eu l'impression de recevoir la foudre. Son cerveau s'est immédiatement bloqué, refusant de donner un sens à la situation. Mais ça n'avait aucune importance car ses réflexes ont pris le relais. Il a dévalé les marches et a ouvert la porte d'entrée.

Sa mère et les autres se sont immédiatement tournés vers lui d'un seul mouvement. Lucas s'est immobilisé. Ses lèvres ont formé le mot « maman », mais aucun son n'est sorti de sa bouche. Malgré lui, ses jambes ont descendu les deux marches menant au trottoir. Il a tendu la main.

Ce n'est que quand sa mère, d'une extraordinaire détente, a atterri à deux pas de lui qu'il s'est mis à hurler.

À peine a-t-elle reconnu la voix de Lucas que Margot oublie la prudence dont elle a fait preuve jusqu'à présent. Elle fonce droit devant elle, au beau milieu du petit groupe de créatures attroupées devant la maison. Les monstres, surpris, ont un mouvement de recul. Lucas, éberlué, a les yeux fixés sur la jeune fille masquée, vêtue d'une combinaison parsemée de taches improbables, qui donne des coups de poing, et des coups de pied dans tous les sens. Il est tellement absorbé par cette vision absurde qu'il ne voit pas sa mère qui se jette sur lui toutes dents dehors.

Elle est sur lui. C'est elle. Il la reconnaît et pourtant ce n'est plus elle. Son regard est vide. Mort. Son visage est celui d'un cadavre. Mais sa force est phénoménale. Elle le tient plaqué au sol. Il ne peut plus bouger.

Margot ne réfléchit pas. Tous les sentiments éprouvés ces dernières heures ont fait naître en elle une étrange exaltation qui ne demande qu'à s'exprimer. Elle empoigne la mère de Lucas par les épaules et, avec une puissance qu'elle ne s'était jamais douté posséder, la jette sur le côté. La femme tombe et pousse un rugissement. Margot saisit Lucas par le col, le soulève et le pousse dans l'entrée avant de claquer la porte.

Aussitôt, des coups résonnent contre le bois.

– Va chercher de quoi nous barricader ! crie Margot en poussant les verrous. N'importe quoi ! Des chaises, des tables, tout ce que tu trouves !

Alors que Lucas se précipite, une voix s'élève dans l'escalier.

– Qu'est-ce qui se passe ? C'est quoi tout ce bordel ?

Margot se retourne.

Pauline, sa meilleure amie, se tient à quelques pas d'elle. Seulement vêtue d'une culotte et d'un T-shirt. D'ailleurs, maintenant qu'elle y pense, Lucas est torse nu.

Margot cligne des yeux.

Il y a sûrement une explication.

Il y a forcément une explication.

*

Roger Gallard dort profondément, du sommeil de l'homme satisfait. Ses rêves sont peuplés de choux à la crème et de religieuses au chocolat. Il déambule dans une boutique pimpante, un tablier immaculé lui couvrant l'estomac et reçoit en souriant les compliments de ses fidèles clients. Essentiellement des vieilles dames gourmandes et des mères de famille souhaitant récompenser leurs enfants, parfois un amoureux venant chercher des croissants à midi, des étoiles plein les yeux.

Roger a des raisons d'être aussi content de lui : il a réussi ses mille-feuilles à merveille. Ils sont un régal pour l'œil et le palais. Car, avant d'aller faire un petit somme, Roger n'a pas résisté à l'envie d'en goûter un tout frais. La pâte feuilletée aérienne craquait sous la dent, la crème pâtissière fondait sous la langue, laissant un merveilleux arrière-goût de vanille, le glaçage donnait à l'ensemble la douceur du sucre. Malgré tout, Roger avait eu un pincement au cœur. Il avait suivi une recette pour six et il aurait adoré partager ces mille-feuilles avec quelqu'un. Une personne de sexe féminin, tiens, pourquoi pas ? Mais Roger n'avait pas eu la chance de rencontrer l'âme sœur. Il faut reconnaître que peu de femmes venaient à la boutique et, parmi celles qui se présentaient, aucune n'avait réussi à toucher son cœur.

C'est un fracas qui le sort du sommeil. Il ouvre les yeux et met quelques instants à comprendre où il se trouve. Dans son salon, allongé sur son canapé. Il lui faut encore quelques secondes pour se rappeler pourquoi. Il y a un homme mort allongé sur son lit. Il se redresse. Du bruit à nouveau. Ça vient de sa chambre justement. Comme si quelqu'un essayait de déplacer les meubles. Il se lève, le cerveau encore embrumé et traverse le couloir à pas lents et en se frottant les yeux. Il s'arrête dans l'embrasure de la porte et se frotte à nouveau les paupières. Le lit est vide. Le drap, lui, est toujours en place mais froissé et taché de sang. Cette fois, le raffut vient de la cuisine. La première pensée de Roger va à ses mille-feuilles soigneusement alignés sur la grille et recouverts d'un torchon propre. Mais quand il aperçoit la créature à la respiration rauque qui déambule, les bras ballants, entre sa table de cuisine et son plan de travail, il comprend qu'elle n'est pas à la recherche de crème pâtissière.

Si, au grand désespoir de son père, Roger a toujours été un homme pacifique sans goût aucun pour les armes, il n'est pas du genre à se laisser tuer sans réagir. L'attitude de l'homme – si on peut donner ce nom à la chose en face de lui – ne lui laisse aucun doute sur ses intentions. Dès que Roger est entré dans son périmètre, il a plissé le nez et reniflé. Puis ses lèvres ont découvert ses dents et il a émis un grondement guttural. Cette chose a faim, Roger est prêt à le parier, et c'est de lui qu'il compte faire son goûter. Roger est un homme pragmatique. Il ne prend pas la peine de s'interroger sur la situation : comment un homme qui était mort et bien mort quelques heures auparavant peut-il se retrouver à présent dans sa cuisine prêt à lui sauter à la gorge ? Pour le moment, cette question n'a aucune importance.

Sans quitter la chose des yeux, Roger effectue sa retraite en marche arrière. Il sait exactement où il va.

Dès qu'elle le voit bouger, la bête bondit à pieds joints sur la table de cuisine. Sacré détente ! ne peut s'empêcher de penser l'armurier. Il accélère le mouvement. Sur la gauche, se trouve un petit secrétaire. C'est dans le tiroir de ce meuble que Roger range la clé de la vitrine où est exposée la collection d'armes de son père. Mais il n'a pas le temps d'utiliser cette clé. Toujours à reculons, il s'approche de la vitrine. La bête se déplace par sauts impressionnants, mais elle ne semble pas avoir la maîtrise totale de son corps et ne cesse de se cogner contre les murs de l'étroit couloir. Roger donne un coup de coude dans la vitrine, qui se brise. Il ne peut pas se permettre de quitter la chose des yeux, mais ses doigts reconnaissent parfaitement la crosse lisse en noyer de l'arme qu'il a choisie. C'est un fusil automatique. Celui que son père lui faisait utiliser quand il lui apprenait à tirer. Le jeune garçon détestait ces séances mais, selon Roger Gallard père, un bon armurier doit savoir se servir des armes qu'il entretient, répare et vend. La bête n'est plus qu'à quelques pas. Roger attrape à tâtons quelques cartouches dans la petite boîte en carton sur l'étagère, il en glisse deux dans la chambre et une dans le magasin. C'est du calibre 12, mortel à 40 mètres. Ça devrait faire l'affaire.

Alors que la créature s'apprête à bondir de nouveau, Roger épaule et tire. Trois fois de suite. Le monstre s'écroule dans un râle.

Roger recharge et s'approche prudemment. La chose ne bouge plus. La déflagration a lacéré sa poitrine. Pourtant, c'est sans hésiter que Roger tire trois nouvelles cartouches. Dans la tête, cette fois.

*

Zoltan a commencé par essayer de rejoindre le mess des officiers. Puis il a renoncé. Le nombre de zombies augmentait sans cesse. Il y en avait à présent plein la cour et ils grouillaient dans les couloirs. De plus, Zoltan le savait à présent, les cadavres qui gisaient un peu partout, n'allaient pas tarder à se relever. De toute façon, les appels au haut-parleur n'avaient pas été renouvelés. Le jeune homme n'avait aucune envie de finir comme son compagnon de chambrée, en servant de steak tartare à ces horribles bestioles. Tout ce qu'il voulait, c'était sauver sa peau.

Il a, malgré tout, pris le temps de ramasser quatre ou cinq fusils et toutes les munitions qu'il pouvait caser dans ses poches. Puis en courant, il a franchi le portail du centre, les clôtures barbelées et s'est enfui dans la campagne varoise aux odeurs de pins.

*

Le jour se lève. L'obscurité laisse place à une lumière blafarde.

Margot est assise dans l'escalier de la maison de Lucas, hagarde. Son énergie l'a quittée. Elle se sent vide. Elle jette un coup d'œil à sa montre, la montre de sa mère, mais le verre est cassé et les aiguilles arrêtées.

Les coups ont résonné contre la porte jusqu'à il y a une heure. C'est un miracle que l'enchevêtrement de meubles empilés contre le battant ait tenu.

À présent, la mère de Lucas est partie. Les autres zombies aussi.

C'est Lucas qui a prononcé le mot le premier. Zombie. Pas étonnant. Mais le plus étrange, c'est que Margot ne l'a pas contredit, ne s'est pas moquée de lui. Il se pourrait bien que ces choses soient des zombies. Les trois adolescents ont allumé l'ordinateur et cherché des informations sur Internet. Ils n'ont trouvé que des nouvelles imprécises du genre : « Les autorités sanitaires indiquent que la situation à Bordeaux pourrait être plus grave qu'escompté. L'épidémie semble s'être étendue et on n'a pour le moment aucune idée du nombre de morts. Par ailleurs, il semblerait que d'autres foyers se soient déclarés à Paris, Lyon, Marseille et Toulouse. Quelques cas auraient également été rapportés en banlieue parisienne. »

– Putain, mais c'est quoi ce truc ! s'était exclamé Lucas d'une voix fêlée.

Ils avaient ensuite composé le 17 mais n'avaient obtenu qu'un message préenregistré.

Les forces de l'ordre recommandent aux citoyens de ne pas paniquer en attendant les forces spéciales. Les routes ont été bloquées dans les deux sens. Restez chez vous. Les forces de l'ordre recommandent aux citoyens de ne pas paniquer...

Dans la foulée, Margot avait appelé son père pour lui dire qu'elle était en sécurité. Elle avait ajouté qu'il ne devait sortir sous aucune prétexte. Comme s'il était possible que son père mette un pied hors de l'appartement aujourd'hui, alors qu'il ne l'avait pas fait depuis plus de trois ans !

La tension était palpable entre les trois jeunes gens. Lucas était sous le choc, Pauline énervée et Margot avait été obligée de se retenir pour ne pas hurler et ne pas se jeter sur Pauline en lui demandant ce qu'elle fichait là.

Au lieu de ça, elle avait pris sur elle et décrit aux autres ce qu'elle avait vu en traversant la ville. L'apocalypse. Des zombies partout. Pauline avait secoué la tête, agacée.

– Tu délires ! C'est impossible ce que tu racontes ! C'est juste impossible !

– C'est impossible aussi que la mère de Lucas se soit jetée sur lui pour le tuer ? avait violemment rétorqué Margot.

Assis par terre, le dos contre le mur, le regard fixe, Lucas répétait :

– Merde, merde, merde...

Pauline avait sorti son portable et composé le numéro de chez elle, sans succès. Elle avait alors essayé d'appeler ses parents sur leurs portables. En vain.

Le silence s'était installé.

Au bout d'un moment, Margot avait craqué. Elle avait pris une profonde inspiration et lancé :

– Au fait, Pauline, tu fais quoi chez Lucas en plein milieu de la nuit ?

Et en prononçant ces mots, elle savait qu'elle n'avait aucune envie d'entendre la réponse.

Pauline et Lucas avaient échangé un regard. Margot avait compris. Cette salope d'Ava et ses saletés de copines n'avaient pas menti. Elles avaient bien croisé Lucas avec une autre fille. Et cette fille était tout simplement sa meilleure amie. Si classique, s'était-elle entendue penser. À l'intérieur de sa poitrine, un immeuble s'effondrait, frappé par une boule de démolition.

– Vous avez… avait-elle repris presque malgré elle, en s'efforçant de ne pas fixer la culotte de Pauline.

Une culotte bleue à pois multicolores. Margot la connaissait, elles étaient ensemble quand Pauline l'avait achetée chez Etam avec le soutien-gorge assorti.

C'était comme recevoir un uppercut dans la mâchoire.

Pauline avait lâché un soupir.

– Oui, on a couché ensemble. C'est ce que tu voulais savoir ?

Margot avait tourné la tête vers Lucas, qui fixait ses pieds. C'est pour lui que j'ai risqué ma vie tout à l'heure, s'était-elle dit.

À présent, elle voudrait le voir déchiqueté, lacéré, taillé en pièces. Et ce n'est rien à côté du sort qu'elle aimerait voir réservé à Pauline.

Elle ferme les yeux.

– Dis, lance alors Pauline. C'est toi qui pues comme ça ? Tu pourrais peut-être retirer cette horrible combinaison et prendre une douche, tu crois pas ? On dirait que tu sors d'une poubelle !

*

Enzo a fini par s'endormir.

Après avoir ramené autant d'étagères qu'il le pouvait pour bloquer la porte en verre, il s'est assis par terre, au milieu des livres éparpillés. Il ne savait pas quoi faire d'autre. Il ne pouvait pas s'empêcher de regarder la tête du monstre bouger au-dessus du corps de Mlle Louanne, comme celle d'un chien au-dessus de son écuelle pleine. Puis le monstre est parti. Lentement, en traînant des pieds et en grognant. Enzo a continué de regarder. Il a sursauté quand il a vu la silhouette de Mlle Louanne s'agiter. Il a crié quand elle s'est redressée et jetée contre la porte de la bibliothèque. Elle était couverte de sang et une partie de son visage et de sa gorge était déchirée. Ses yeux étaient entièrement noirs.

Elle se lançait si violemment contre la porte qu'elle a fini par la fissurer. Enzo a alors ramassé quelques livres puis il est parti en courant s'enfermer dans le placard à balais.

Il avait toujours sa lampe de poche miniature et il a ouvert le premier livre qui lui tombait sous la main.

Mais, pour la première fois de sa vie, la magie de la lecture n'a pas opéré. Il a néanmoins gardé les yeux fixés sur les lignes qui dansaient devant ses yeux.

Quand la fatigue l'a emporté, les coups résonnaient encore contre la porte de verre.

DEUXIÈME PARTIE

SURVIE

SIX

Un soleil hivernal et pâle éclaire la ville.

Il est 9 heures du matin.

Dans les rues, règne la désolation. Voitures accidentées, arrêtées au milieu de la chaussée, le plus souvent portières ouvertes. Poubelles renversées, lampadaires étrangement pliés en deux. Vitrines brisées, portes fracassées. Et partout sur le sol, des cadavres égorgés ou éventrés. Du sang devenu sombre. Beaucoup de sang.

Au milieu de ce silencieux chaos, les morts revenus d'entre les morts déambulent à pas lents, émettant parfois des gémissements ou des bruits de gorge. Des morts de tous âges qui marchent, le regard noir et vide. Des femmes vêtues de tailleurs de marque, l'une d'elles a encore une énorme boucle d'oreille en or clippée sur le lobe droit. Sa permanente, en revanche, n'a pas tenu le coup et ses cheveux pendent en mèches sur son cou et son front. Des jeunes aux jeans larges tombant sur les hanches et aux T-shirts informes. Des hommes en costumes, des clochards, des jeunes bimbos, un papy qui hier encore ne pouvait pas se déplacer sans son déambulateur. La plupart ont une partie du visage déchiré, à quelques-uns, il manque de gros morceaux de chair sur les membres ou le torse. Celui-ci doit tenir ses intestins pour qu'ils ne s'échappent pas de son ventre béant.

– C'est franchement dégueulasse, lâche Pauline en tendant les jumelles à Lucas.

Les trois jeunes gens ont fini par dormir. Une heure ou deux, pas plus. Margot a pris une douche et emprunté des vêtements dans la commode de la mère de Lucas. Elle n'en aura plus l'usage. Elle a choisi le plus pratique : un slim élastique, un T-shirt et un sweat. Heureusement que la mère de Lucas n'avait pas que des fringues de vieille. Elle a dû jeter la combinaison, le masque et les gants. Pauline et Lucas, eux, ont fini par se rhabiller, au grand soulagement de Margot qui avait du mal à les voir déambuler l'un torse nu, l'autre en petite culotte. Ils se sont installés dans le salon pour partager un petit déjeuner fait de céréales et de café, sans échanger un mot. Puis Margot a demandé à Lucas :

– T'aurais pas un télescope par hasard ?

– Un télescope. Non, pourquoi j'aurais ça ? Et qu'est-ce que tu veux en faire ? a répondu le garçon d'une voix morne.

– L'idée, ce serait de monter le plus haut possible et d'observer la situation avant d'aviser et de prendre une décision.

Pour ne pas trop penser à Pauline, Lucas et leur trahison, Margot se concentre sur la catastrophe. Et sur comment rentrer chez elle, sans se faire dévorer par une des ces choses.

– Je crois que mon père a des jumelles quelque part, a marmonné Lucas.

Le jeune homme semble toujours sous le choc. Il a quand même été attaqué par sa mère transformée en zombie. Ça peut traumatiser. Pauline affiche une attitude totalement inverse. Affalée sur le canapé, elle mange ses Chocapic, avec un air désinvolte. Mais Margot la connaît bien. Depuis la sixième, Pauline a toujours agi de la sorte : une mauvaise note ? Pff, j'men fiche ! Une fille du collège raconte des trucs sur elle ? Rien à faire ! Un garçon qu'elle aborde l'envoie balader devant tout le monde ? Il ne sait vraiment pas ce qu'il perd, ce crétin ! Pauline a toujours caché son angoisse ou son malaise derrière la fanfaronnade.

Elle fait de même aujourd'hui. Pourtant, Margot la devine dévorée par l'inquiétude. Elle a essayé de joindre ses parents et son frère au moins cent fois, sans succès. Font-ils eux aussi partie de cette horde de non-humains affamés ?

Margot les connaît bien et elle les a toujours appréciés. Même si Pauline passe son temps à leur trouver tous les défauts de la Terre et est en conflit quasi permanent avec eux. De toute façon, le seul membre de sa famille qui trouve grâce aux yeux de Pauline est son petit frère Jérémy. Il a huit ans et il vénère sa sœur comme une déesse descendue sur Terre. Pauline l'envoie régulièrement balader, se plaint constamment qu'il est toujours dans ses pattes, mais elle garde plié dans son portefeuille un dessin qu'il a fait quand il avait cinq ans. Ça ne trompe pas.

À cet instant précis, Margot éprouverait presque de la pitié pour son amie – son ancienne amie – et serait presque tentée de trouver les mots pour la rassurer. Seulement presque. Parce que d'un autre côté, elle serait ravie de voir un mort-vivant lui arracher les yeux et se repaître de son visage avant de l'éventrer.

Margot a fouillé les affaires du père de Lucas et trouvé les jumelles. Elle a demandé son aide à son ex petit ami pour sortir l'échelle escamotable qui mène au grenier et elle est montée. Elle ne leur a rien demandé mais les autres lui ont emboîté le pas.

Il a fallu se jucher sur un tabouret mais la vue est assez bonne. On distingue une partie du centre ville.

Et le spectacle n'est pas rassurant du tout.

– On dirait quand même qu'ils sont moins excités qu'hier, remarque Margot en reprenant les jumelles.

– Tu rigoles ? grince Pauline.

Margot ne daigne pas répondre. Elle continue d'observer, essayant de déterminer le meilleur chemin à emprunter pour rentrer chez elle. Le problème, c'est qu'il y a des zombies partout. Elle réfléchit. L'odeur de poubelle a manifestement pas mal fonctionné cette nuit. Il doit y avoir un moyen de ne pas trop se faire repérer.

Elle se tourne vers Lucas.

– Bon, ils font comment les héros dans tes films pour pas se faire bouffer par les morts-vivants ?

Lucas lève vers elle un regard vide.

– Bon sang, t'es fan de ce genre de films, Lucas ! T'en as vu des centaines ! T'as quand même une idée de ce qu'il faut faire !

Lucas secoue la tête.

– On n'est pas dans un film, Margot. Tu vois pas qu'on n'est pas dans un film. C'est la réalité et on va tous crever.

Il est sur le point d'éclater en sanglots et Margot n'a qu'une envie : le secouer comme un prunier pour qu'il se reprenne.

Elle soupire et reprend son poste.

– À mon avis, lance Pauline, on devrait de nouveau regarder les infos. Si ça se trouve un centre de secours a été mis en place.

Margot dresse l'oreille. Ça lui fait mal de le reconnaître, mais Pauline vient de prononcer des paroles sensées. Elle s'en veut de ne pas y avoir pensé avant. Ils n'ont même pas eu l'idée d'allumer la télé. Ça aurait pourtant dû être un réflexe.

Elle saute du tabouret et descend l'échelle. Les deux autres sont toujours sur ses talons.

Elle dirige la télécommande vers l'écran et appuie. Lucas se laisse tomber sur un fauteuil, Pauline allume l'ordinateur portable et se connecte à Internet.

La ville de Bordeaux et ses environs sont toujours en quarantaine. C'est à présent également le cas de la ville d'Amiens, de Lyon, de Marseille, de Toulouse, de Lille et de trois arrondissements de Paris.

Rien de nouveau donc. La jeune journaliste à la coiffure parfaitement laquée débite l'information comme s'il s'agissait d'une banalité.

Afin d'éviter une panique généralisée, les autorités demandent aux habitants de ces villes ou de ces quartiers de ne pas essayer de partir. Ils doivent se cloîtrer chez eux en attendant de nouvelles instructions qui ne sauraient tarder.

Afin d'éviter une panique généralisée ! Margot est hors d'elle. Cette femme ne peut pas avoir vu ce qui se passe dehors ! On est bien au-delà de la panique généralisée ! Bon sang ! Il y a des morts qui attaquent des vivants et les mangent ! Et de quelles nouvelles instructions s'agit-il ? Et combien de temps doivent-ils attendre ? Et comment sont-ils censés se débrouiller en attendant ? Pourquoi n'envoient-ils pas tout simplement des hélicoptères récupérer les survivants pour les mettre en lieu sûr ? Pourquoi...

– Ils disent pratiquement la même chose partout sur le Net, lance alors Pauline. Il faut attendre sans bouger de chez soi. Des secours ne vont pas tarder à être envoyés.

– Des secours, balbutie Lucas. On va pouvoir se tirer d'ici !

Margot se mord nerveusement l'intérieur de la joue. Un tic qu'elle tient de son père et dont elle essaie de se débarrasser. Elle n'y croit pas. Après tout ce qu'elle a vu hier, elle n'arrive pas à y croire. La situation a dégénéré et est hors de contrôle. Il n'y aura pas de secours…

– C'est cool ! s'exclame Pauline. On a plutôt du bol, la mère de Lucas était du genre à remplir ses placards et elle a fait les courses avant-hier ! On peut attendre ici tranquillement.

Avant-hier. Pauline était déjà là avant-hier et elle a vu la mère de Lucas rentrer des courses. Cette dernière lui a peut-être même offert une limonade, comme elle avait l'habitude de le faire avec Margot. La jeune fille a une nouvelle fois l'impression qu'on lui enfonce un poignard dans le cœur. Lucas n'a jamais été puni par ses parents. Tout ça, c'était des conneries pour pouvoir la tromper. Margot a envie de faire mal. Elle se tourne vers Pauline et lâche :

– Franchement, je t'admire. Tes parents et ton petit frère sont sûrement devenus des morts-vivants affamés. Tu ne les verras plus jamais, tu ne leur parleras plus jamais et tout ce que tu trouves à dire, c'est que c'est cool et que tu vas attendre tranquillement ! Moi qui croyais que tu aimais bien ton petit frère !

Pauline s'est raidie et a pincé les lèvres. Ses yeux sont devenus durs et luisants comme de la pierre polie. Elle semble prête à sauter à la gorge de Margot qui soutient son regard.

– Je t'interdis de parler de mon frère ! siffle Pauline. Je suis sûre qu'il va bien et t'as pas le droit de parler de lui. Tu m'entends ?

– Je parle de qui je veux, rétorque Margot. J'ai sûrement pas de leçon à recevoir d'une salope comme toi !

Les deux jeunes filles se font face, comme deux serpents prêts à mordre. C'est Margot qui abandonne la première.

– De toute façon, je me casse !

Lucas n'a pas bougé de son canapé. Margot monte au premier étage quatre à quatre et s'engouffre dans la salle de bains. Elle ouvre tous les placards et fouille. Voilà ! Elle a trouvé ce qu'il lui fallait. Elle prend également deux petites serviettes pour se couvrir les cheveux et le visage. Puis, elle redescend et déniche une paire de gants de vaisselle dans la cuisine. Pas super pratique mais ça devra faire l'affaire.

Dans l'entrée, la jeune fille commence à s'harnacher. Une fois prête, elle enfile un épais blouson pris au hasard sur la patère. Et enfin la touche finale : elle s'asperge du parfum trouvé dans la salle de bains. Un gros flacon de Chanel N°5. Le but du jeu est de couvrir le plus possible l'odeur de sa peau. De toute façon, la mère de Lucas n'en aura plus besoin. Elle empoche en plus deux bombes de déodorant. Ça peut toujours servir. Après ce qu'elle a vu la nuit précédente, elle est convaincue que les zombies ont du flair.

– Qu'est-ce que tu fous ?

Pauline est figée dans l'encadrement de la porte, son téléphone portable à la main. Elle a les joues et le tour des yeux rouges. Pas comme si elle avait pleuré, plutôt comme si elle se retenait. Margot ne lui répond pas.

– Tu te casses pas vraiment quand même ? insiste Pauline.

Margot se tourne vers elle.

– Et pourquoi pas ?

Sa voix est étouffée par l'épaisseur de la serviette.

– Tu vas où ?

– Rejoindre mon père.

Pauline secoue la tête.

– Je sais que tu le feras pas.

Margot hausse les épaules et commence à tirer les meubles entassés devant la porte. Mais ils étaient trois pour les y mettre. Quand elle saisit le pied d'une des chaises empilées sur la commode, trois autres, enchevêtrées, viennent avec et lui tombent dessus. Peu importe. Elle ôte la serviette de son visage, qui l'empêche de respirer, et la jette un peu plus loin. La commode à présent. Elle est si lourde que Margot ne parvient à la déplacer que de quelques centimètres à chaque poussée. Elle s'arc-boute.

– Tu vas quand même pas nous abandonner ici ? crie alors Pauline, qui vient manifestement de réaliser que Margot a réellement décidé de partir. Si tu ouvres cette porte, les zombies vont rentrer et on va se faire bouffer ! Je te l'interdis.

Pauline s'est approchée de Margot et lui a saisi le bras. Margot se dégage d'un mouvement brusque. Mais Pauline n'a aucune intention de lâcher prise.

– Tu m'as entendue ? hurle-t-elle au bord de l'hystérie. Je t'interdis de bouger ces meubles.

Elle attrape Margot par les cheveux et l'oblige à se tourner vers elle. Margot ne se fait pas prier et lui envoie son poing dans le menton. Pauline vacille et arrache une touffe de cheveux à son ex-amie, qui glapit de douleur.

– Alors ça, tu vas me le payer !

Margot plonge vers son adversaire. Car Pauline n'est plus que ça : une ennemie à abattre. Les deux adolescentes roulent sur le carrelage en mosaïque de l'entrée. Coups de pieds et coups de poings volent. Insultes aussi.

– Salope !
– Connasse !
– Sale pute !
– Pouffiasse !

Le plat de la main de Margot écrase le visage de Pauline. Le genou de Pauline s'enfonce violemment dans le ventre de Margot.

– Hé ! Mais ça va pas non !

Lucas a fait irruption dans le couloir. La scène à laquelle il assiste semble le sortir de sa torpeur. Il s'accroche aux épaules de celle qui est au-dessus. À cet instant, il s'agit de Pauline. Il la tire vers lui de toutes ses forces, l'obligeant à se séparer de sa rivale.

– Arrêtez ça ! Tout de suite !

Pauline se débat un instant avant de se calmer. Margot se relève lentement. La première saigne du nez, une griffure assez profonde balafre le visage de la seconde.

– Qu'est-ce qui vous prend ? beugle le jeune homme. Vous êtes malades ou quoi ?

– Je veux partir et elle a essayé de m'en empêcher, se justifie Margot même si elle sait bien que ce n'est pas la vraie raison de la bagarre. De toute façon, t'as rien à dire, ajoute-t-elle avec un regard méprisant à Lucas.

Ce dernier rougit.

– Margot, je sais que… je suis désolé, bafouille-t-il. Je ne voulais pas…

Pauline lui donne une bourrade.

– Quoi tu voulais pas ? Je t'ai pas forcé, je te rappelle !

– Après tout ce que tu m'as dit, tous tes « je t'aime », reprend Margot, amère. Faire ça derrière mon dos ! Avec ma meilleure amie.

Les deux filles fixent le garçon. Il est exactement dans la situation qu'il voulait éviter.

– Non mais arrêtez ! tente-t-il. Vous vous rendez compte qu'on est coincés dans une maison cernée par les zombies ? Vous croyez vraiment que c'est le moment de parler de tout ça ?

– Tu as parfaitement raison ! acquiesce Margot en retournant vers les meubles devant la porte. Je n'ai pas de temps à perdre avec ces histoires. Aide-moi à déplacer cette commode ! Tu peux au moins faire ça !

Tentative réussie. Enfin presque. Lucas lance un regard inquiet vers Pauline.

– Je t'interdis de l'aider ! menace cette dernière.

– Mais… commence le garçon.

Margot secoue la tête.

– Je comprends pas Polly, pourquoi tu veux m'empêcher de partir ? C'est quoi ton problème au juste ?

Inconsciemment, elle a utilisé le surnom qu'elle donnait à son amie. Avant.

Pauline s'est immobilisée. Loin de l'attendrir, cette marque d'affection involontaire la met encore plus hors d'elle. Voilà, ça c'est tout Margot : on peut lui marcher dessus, l'insulter, lui voler son mec et elle a encore des ressources de tendresse. Du plus loin qu'elle se souvienne, ça l'a toujours horripilée. Margot, la gentille, Margot, la bonne élève, Margot toujours prête à rendre service sans jamais se mettre sur le devant de la scène… Margot et l'histoire tragique de la mort de sa mère qui faisait murmurer aux adultes : Quelle terrible épreuve a dû surmonter cette petite, elle est tellement courageuse… Pauline a dû serrer les dents et il a fallu qu'elle trouve des moyens pour s'imposer alors que tous les projecteurs étaient tout le temps braqués sur sa meilleure amie. Qui d'ailleurs semblait s'en fiche comme de sa première chaussette. On aurait même dit qu'elle faisait son possible pour ne pas se faire remarquer ! Ses propres parents sont tombés dans le panneau. Tu devrais prendre exemple sur Margot... et elle a eu combien à cette interro de math, Margot ? Elle est toujours tellement polie... Et trois semaines plus tôt, sa mère : Tiens, on a croisé Margot au centre commercial, cet après-midi, elle était avec un garçon très mignon ! Ils étaient adorables tous les deux, la main dans la main. Et son père de renchérir : c'est sûr que ce jeune homme avait meilleur genre que ton dernier petit copain, Pauline. Pffff ! Elle ne regrettait pas une seconde d'avoir dragué Lucas et d'être sortie avec lui ! D'ailleurs, elle n'avait pas eu à se donner trop de mal, ce qui était bien la preuve que ses parents avaient eu tout faux ! Très mignon ! Adorable ! Oui, bien sûr, il n'avait pas hésité longtemps à tromper sa copine. On pouvait presque estimer que Pauline avait rendu service à son amie en lui ouvrant les yeux... si elle pouvait démontrer à ses parents à quel point ils s'étaient fourrés le doigt dans l'œil... mais elle ne peut pas et Margot veut se tirer et les abandonner à leur sort alors qu'ils sont cernés par des zombies ! Soudain, Pauline sent un tsunami lui soulever la poitrine et, sans qu'elle puisse se retenir, elle éclate en sanglots.

Margot n'en revient pas. Pauline-la-forte, Pauline-que-rien-n'atteint, Pauline-qui-n'a-peur-de-rien... Pauline, adossée contre le mur, pleure comme une Madeleine.

Lucas prend l'air gêné des garçons qui voient une fille en larmes. Margot soupire.

– Tu comprends, hoquette Pauline malgré elle, j'ai essayé de les joindre je sais pas combien de fois et ça répond jamais ! Je sais pas où ils sont ! J'ai essayé chez ma grand-mère et chez ma tante. J'ai même cherché le numéro d'une copine de ma mère tout à l'heure sur le Net et là non plus ça répond pas !

– Peut-être qu'il y a un problème avec la ligne, énonce Margot.

Pauline arrête de pleurer juste pour lui lancer un regard noir.

– Ça va ! Même toi, t'y crois pas !

Margot se mord l'intérieur de la joue. Satané tic.

– Il faut que j'aille voir à la maison, Margot. Et s'ils ne sont pas là, il faut que je les cherche et que je les trouve ! Et y a que toi qui peux m'aider.

– Pourquoi moi ?

– T'as déjà traversé une partie de la ville cette nuit. Tu sais à quoi on doit s'attendre. Regarde-toi ! T'es déjà prête et t'as pas l'air d'avoir la trouille.

Erreur, songe Margot. *En fait, je suis terrifiée.*

– Au fait, pourquoi tu t'es parfumée ? demande Pauline. C'est quand même pas parce que je t'ai dit que tu puais hier soir ?

Margot soupire intérieurement. Depuis qu'elles sont amies, Pauline a toujours été celle qui mène. Elle est la première à être sortie avec un garçon. La première à avoir couché avec un garçon aussi, apparemment. Mais c'est aussi elle qui choisissait les films qu'elles regardaient, qui décidait des boutiques dans lesquelles elles entraient, elle avait toujours un avis sur tout et un avis tranché. C'est la première fois que Pauline a vraiment besoin d'elle. Et Margot n'a pas l'intention de laisser passer l'occasion.

– OK, acquiesce-t-elle. On va chez toi et on trouve tes parents et ton frère. Après, tu me lâches, d'accord ?

– D'accord, opine Pauline.

– Alors vous allez faire exactement ce que je vous dis, annonce Margot. C'est bien compris ?

Une demi-heure plus tard, les trois adolescents ont passé des parkas, enfilé des gants de vaisselle, couvert leurs têtes et leurs visages de serviettes et se sont mutuellement aspergés de déodorant. Ils ont d'ailleurs fini les bombes mais Lucas a récupéré le désodorisant dans les toilettes et l'a fourré dans ses poches, au cas où.

L'accès à la porte est dégagé.

Margot ouvre et passe prudemment la tête à l'extérieur avant de faire signe à ses compagnons.

Ils sont à présent dans la rue. Pas de zombies en vue.

Pour le moment.

*

Enzo se réveille la tête contre un seau, une serpillière à moitié rabattue sur la joue. Il se redresse et cligne des yeux à plusieurs reprises. Son ventre émet un grondement lancinant. Il a faim. Très faim. Il n'a rien mangé depuis la veille à la cantine et, pas de chance, c'était le jour du poisson accompagné d'épinards et de pommes de terre bouillies. Il se lève et sort de son placard à balais.

La bibliothèque ne ressemble plus au havre de paix qu'il aimait retrouver. Les livres sont éparpillés sur le sol, les étagères brisées. Quelques-unes sont empilées devant la porte vitrée. Une lumière blafarde éclaire les lieux. Dehors, ça semble calme. Pourtant, il n'a aucune envie de sortir. Le visage mort et plein de sang de Mlle Louanne lui revient en mémoire. Il se rappelle aussi ses dernières paroles. « On appellera la police et on restera ici jusqu'à ce que les policiers arrivent. »

Enzo soulève le combiné sur le bureau de Mlle Louanne. Là où elle enregistrait les livres. Il y a une tonalité. Il compose le 17.

Les forces de l'ordre recommandent aux citoyens de ne pas paniquer en attendant les forces spéciales. Les routes ont été bloquées dans les deux sens. Restez chez vous. Les forces de l'ordre recommandent aux citoyens de ne pas paniquer…

Enzo raccroche. Son estomac proteste de nouveau. Il fait le tour du bureau et ouvre les tiroirs. C'est dans le dernier qu'il trouve ce qu'il espérait : la réserve de Mlle Louanne. Elle le faisait discrètement mais il l'avait remarqué. De temps en temps, quand personne ne regardait, elle plongeait la main dans un tiroir et la portait à la bouche. C'est sûrement pour ça qu'elle avait des joues rondes et qu'elle remplissait bien ses robes à fleurs. *Elle était tellement jolie*, pense Enzo, la gorge serrée. Quoi qu'il en soit, il y a là cinq ou six paquets de gâteaux et autant de sachets de bonbons. De quoi tenir quelque temps.

Enzo opte pour les Michoko et des Fingers au chocolat au lait, puis il va se choisir un livre. Il a terminé *Le Vieil Homme et la mer* et la fin lui a plu. Si le vieux n'a pas gagné, il n'a pas perdu non plus. C'est une belle fin.

Après avoir un peu fouillé, il choisit un livre avec des dessins. Habituellement, il n'aime pas trop ça, mais celui-ci lui fait envie. *Le Petit Prince*. Ça parle d'un petit garçon tout seul sur sa planète.

Enzo s'installe dans un coin. Il préfère ne pas retourner dans son placard. Il doit profiter de la lumière du jour pour économiser les piles de sa lampe. Il prend un biscuit et commence à lire. *À mille miles de toute planète habitée…*

*

Thierry Donnette a passé la première partie de la nuit devant la télé. Il n'a ni écouté les paroles, ni regardé les images. De toute façon, les journalistes se contentaient de répéter les mêmes mots vides de sens. Il est resté prostré sur son canapé, incapable de faire un mouvement. Jusqu'à 5 heures du matin, il n'a pas fermé l'œil. Il n'a peut-être même pas cillé. D'ailleurs, il a les paupières gonflées et le blanc des yeux injecté de sang. Il s'est quasiment déchiqueté l'intérieur de la joue à force de se mordre. Il a remarqué que Margot avait ce tic elle aussi. Margot. Sa fille. Sa fille chérie. Il ne veut pas la perdre. Il ne *peut* pas la perdre. Il n'a pas été un père exemplaire ces dernières années, loin s'en faut, mais elle est tout pour lui.

Et il est complètement incapable de la protéger.

Quand le téléphone sonne, il se jette dessus comme un lion affamé sur une gazelle blessée. C'est Margot. Elle lui affirme être en sécurité, mais la situation qu'elle décrit est incroyable. Des morts revenus à la vie ! Ça n'existe que dans les films.

Pourtant, il croit sa fille.

Elle lui demande de ne pas sortir, lui promet qu'elle va revenir, qu'elle le tiendra au courant au fur et à mesure. Il raccroche d'une main tremblante. Il reste immobile un instant, incapable de bouger puis il redresse lentement la tête et regarde autour de lui. Trente secondes plus tard, il est dans la cuisine en train de remplir un grand seau d'eau tiède et de se munir de tous les produits d'entretien qu'il a à sa disposition. Ça fait beaucoup. Il commence par les vitres, qu'il fait briller avec minutie, même si de nuit la tâche est difficile. Il s'attaque ensuite aux étagères, qu'il vide entièrement avant de les frotter avec une lingette javellisée. À vrai dire, tout est déjà parfaitement propre dans l'appartement. Jamais la poussière n'a le temps de se déposer, mais c'est sa manière à lui de se détendre. D'oublier sa peur, ce crabe dont les pinces lui grignotent le thorax, petit bout par petit bout.

Margot a promis qu'elle allait rentrer.

Il ne se rend pas compte, alors que la brosse de l'aspirateur s'applique sur chaque lame de parquet, n'oubliant pas un centimètre carré, que son cerveau a commencé à turbiner en parallèle. Il rassemble des éléments rangés dans les petits tiroirs de sa mémoire. Des petits tiroirs que Thierry Donnette n'a pas ouverts depuis des années. Des tonnes de questions sont liées à ces bribes de souvenirs enfouis.

C'était une grande partie de son boulot dans le temps, de mettre les éléments en relation.

*

Rêveur et néanmoins pragmatique : voilà une excellente définition de Roger Gallard. Après avoir tué le monstre qui s'était rué sur lui, il a sorti les autres armes de la vitrine ainsi que les munitions. Puis il a soigneusement refermé la porte du salon et il est allé prendre une douche. Du sang lui avait éclaboussé le visage et la chemise. Il a bien sûr pensé à l'épidémie et il n'a pas hésité à se frictionner avec de l'eau de Javel diluée. On n'est jamais trop prudent. Ensuite seulement, il est allé jeter un coup d'œil par la fenêtre. La rue Sainte-Catherine était presque aussi bondée qu'un jour normal. Sauf qu'il ne s'agissait pas de Bordelais ou de touristes en train de faire du shopping ou du lèche-vitrines, mais de morts-vivants en train de déambuler à la recherche de nourriture. Car Roger en est persuadé, l'homme qu'il avait allongé sur son lit dans la soirée était bien décédé. Et il est revenu à la vie sous la forme de ce monstre affamé qui s'est jeté sur lui.

Roger n'est pas un grand cinéphile. Il ne va jamais au cinéma et, à la télé, il n'aime que les émissions de voyage et les films d'amour. Il sait que les films de zombies existent bien sûr, mais il n'en a jamais vu et n'a jamais eu envie d'en voir. Malgré tout, il est sûr et certain qu'il a bien été attaqué par un mort-vivant et que ce sont des êtres de la même espèce qui envahissent à présent la plus longue rue piétonne d'Europe. Il a remarqué l'absence des forces de l'ordre et ça ne l'étonne pas. D'ailleurs, il aperçoit plusieurs zombies en uniformes de police ou de pompier. Il y en a également en blouse d'infirmier.

Il a calmement rechargé son fusil Sjögren avant de redescendre dans la boutique. Le rideau de fer tiré d'un tiers empêche la faible lueur du soleil d'éclairer le local mais il se garde bien d'allumer la lumière. Il n'a aucune envie d'attirer l'attention d'une de ces choses. Par chance, sa vitrine a été épargnée. D'après ce qu'il a pu voir un peu plus tôt, ça n'a pas été le cas pour tous les magasins de la ville. Le plus silencieusement possible, Roger collecte toutes les armes qui lui tombent sous la main – une vingtaine environ – ainsi que le maximum de munitions. Il vaut mieux se montrer prudent. Il ferme à clé la porte qui mène à l'escalier et remonte à son appartement. Assis sur une chaise de la cuisine, il nettoie et graisse minutieusement chaque arme, puis les charge. Il pose les fusils et les carabines debout, la crosse sur le sol, le canon appuyé contre le plan de travail, bien rangés et à portée de main.

Il se fait ensuite couler un café, dont l'arôme ne tarde pas à embaumer la petite pièce et à couvrir l'odeur un peu âcre de la graisse à fusils. Il le boit en mangeant un mille-feuilles. Délicieux mais pas tout à fait aussi croustillant et parfumé qu'hier soir ; car il est vrai qu'un mille-feuilles n'est jamais aussi bon que quand il vient d'être fait. Puis il ouvre son livre de pâtisserie et cherche un nouveau défi. Tiens, des paris-brest, quelle bonne idée ! Il a toujours adoré la crème pralinée.

En posant un à un ses ingrédients sur la table qu'il a soigneusement nettoyée, Roger se demande s'il y a un moyen d'entrer en contact avec les autres survivants qui se cachent, comme lui, dans leur appartement ou leur maison.

Car il y a forcément des survivants, non ?

SEPT

Margot marche en tête, Pauline et Lucas juste derrière elle. Le petit groupe avance avec prudence, au beau milieu de la rue pour ne pas risquer d'être surpris par un zombie embusqué. Même si, après les avoir vus à l'œuvre, Margot est presque sûre que ces êtres n'ont pas une intelligence suffisamment développée pour tendre un piège. Partout dans ce quartier résidentiel, dont presque toutes les maisons ont un jardin, les poubelles sont renversées et les ordures jonchent la chaussée, les rambardes de trottoir sont tordues, comme enfoncées par des coups, des panneaux ont été arrachés et certaines maisons ont les portes grandes ouvertes et les vitres cassées. Les autres sont sombres et silencieuses. Margot refuse de penser à ce qui s'est passé ici durant la nuit. Ils doivent se concentrer sur leur but : récupérer la famille de Pauline et se mettre à l'abri. En espérant que l'appartement qu'elle partage avec son père constitue effectivement un abri. À mesure qu'ils avancent, de plus en plus de rues sont occupées et elle doit à chaque fois imaginer un nouvel itinéraire qui ne les éloigne pas trop du quartier de Pauline. Malgré tout, comme Margot l'avait déjà remarqué à travers les jumelles,

les zombies n'ont pas la même attitude que durant la nuit. Ils sont de toute évidence beaucoup moins agressifs. Ils ne sautent pas, ne courent pas, ne poussent pas de cris. Ils se contentent de déambuler en gémissant et en traînant des pieds. Pour autant, Margot n'a aucune envie de s'approcher d'eux. Même quand un chien dort, si on lui agite sa gamelle sous le nez, il y a toutes chances pour qu'il se réveille. Et aujourd'hui, pas de croquettes dans la gamelle, mais trois ados tous frais. Le ciel est bleu, l'air glacial.

Soudain, Pauline souffle dans son dos :

– Je sais pas ce que tu fais, mais à ce rythme-là, on n'est pas arrivés ! On s'éloigne de plus en plus.

Margot ne daigne pas répondre.

– Tu t'en fous, toi, tu sais que ton père est chez toi, bien tranquille. Moi, j'ai aucune nouvelle de mes parents !

Pauline a parlé plus fort cette fois. Margot se retourne et pose son doigt ganté sur la serviette de toilette qui lui couvre la bouche. Pauline lève les yeux au ciel.

– Oh, ça va, hein ! T'as voulu nous faire croire que ce serait difficile de traverser la ville pour faire ton intéressante, Mais maintenant qu'on y est, on voit bien que c'est pas vraiment dangereux.

Margot serre les dents devant tant de mauvaise foi. Pauline oublie d'abord que Margot a sauvé la vie de Lucas et ensuite que c'est elle qui l'a suppliée de ne pas les laisser tomber. Elle s'apprête à rétorquer vertement à Pauline d'aller se faire voir quand Lucas lui pose une main sur l'épaule. Le regard que le jeune homme lui lance signifie : Laisse-tomber, laisse-la parler, continuons d'avancer. Margot ne peut empêcher un frisson de la traverser. Malgré les gants et les épaisseurs protectrices, le simple fait de sentir la paume de Lucas sur son épaule… elle ne s'attendait pas à ça. Elle devrait le détester. D'ailleurs, elle le déteste et pourtant…

Elle pousse un soupir, se remet en position et reprend la marche. Pauline et Lucas la suivent. Pauline n'arrête pas pour autant de râler. Presque malgré elle, Margot accélère. Au loin, leur parviennent des plaintes et des gémissements. Sans doute des zombies… mais si c'était des vivants appelant à l'aide ? Margot résiste à l'envie de se boucher les oreilles. Les groupes de morts-vivants sont de plus en plus denses. La maison de Pauline n'est plus très loin mais pour l'atteindre, ils n'auront pas d'autre choix que de tenter le tout pour le tout. Margot décide d'une autre stratégie. Elle fait signe aux autres de la suivre et se colle à un muret. Elle reprend son avancée, pliée en deux et les épaules rentrées. Devant eux, un attroupement de cadavres bouche presque complètement la rue. Ils tournent en rond, se cognent parfois les uns dans les autres, poussent des grognements. Margot sent sa gorge se serrer. Il va pourtant falloir passer. Elle se tourne vers ses compagnons.

– On va essayer de ne pas se faire remarquer, leur chuchote-t-elle. Je pense que le mieux, c'est d'essayer de nous déplacer comme eux, super lentement…

Pauline secoue la tête.

– Je ne suis pas d'accord. À mon avis, faut foncer dans le tas. Ils ont l'air tellement abrutis qu'ils n'auront pas le temps de réagir.

Margot se mord l'intérieur de la joue.

– Trop risqué, affirme-t-elle au bout d'un moment.

– Je pense que c'est ta tactique qui est trop risquée. Si on y va à deux à l'heure, il y a toutes les chances qu'ils nous attrapent, c'est logique.

Elle fixe Margot puis Lucas, comme pour mettre ce dernier au défi de la contredire. Il se contente de baisser les yeux.

– Alors ? insiste Pauline.

Margot secoue la tête. Décidément, Pauline ne changera jamais. Elle se sent soudain épuisée. Faire des choix, prendre des décisions, elle le fait déjà chez elle à la place de son père et en fait, ça ne l'a jamais amusée. Si Pauline veut reprendre le commandement, grand bien lui fasse. D'ailleurs, elle a peut-être raison. Les zombies ont l'air complètement apathiques, ils ne leur courront sans doute pas après. Elle hausse les épaules.

– OK, on tente.

Derrière la serviette de toilette, les pommettes de Pauline remontent ; un éclat de triomphe brille dans ses yeux. Elle se place ostensiblement devant Margot, puis lève la main et énonce d'une voix assurée :

– À trois, on y va. Vous êtes prêts ? Un, deux…

Dernier coup d'œil aux zombies.

– … trois !

Les adolescents s'élancent comme des flèches. Ils se faufilent entre les morts-vivants, qui réagissent à peine. Un bras se lève ici et là, les grognements se font un peu plus forts, mais il est assez facile d'éviter ces cadavres ambulants. À l'avant, Pauline se montre agile et rapide. Trop rapide peut-être. Elle bouscule une des créatures qui, surprise, tombe à la renverse. Elle ne s'arrête pas, mais le zombie, comme par réflexe, s'est accroché à elle ou plus exactement à la serviette qui lui couvre les cheveux et le visage. Pauline pousse un cri. D'un même mouvement, tous les zombies se tournent vers elle. En moins de deux secondes, elle est encerclée.

Margot et Lucas se sont immobilisés. Les zombies ne leur prêtent aucune attention. Une odeur nauséabonde de déchets et de décomposition flotte dans l'air. Margot est au bord de la nausée. La peur n'y est pas pour rien. Les zombies sont tout autour d'elle. Jusqu'à présent, elle ne les avait vus que de loin ou dans l'obscurité. Elle découvre leur étrange regard entièrement noir et les taches grisâtres sur leur visage. Tous ont les vêtements déchirés, certains plus que d'autres. Le sang séché autour de leur bouche part en croûtes. Margot enregistre tous ces éléments en un quart de seconde. Comme si le temps s'était arrêté. Comme si son cerveau avait appuyé sur le bouton pause, sauf que quand le film repart, une dizaine de morts-vivants sont en train de se jeter sur Pauline.

La jeune fille pousse un hurlement déchirant.

Margot ne réfléchit pas. Elle attrape Lucas par le bras et plonge les mains dans une poche de sa parka pour y récupérer une bombe de désodorisant. *Deliss'air* au vétiver ! Il faudra que ça fasse l'affaire. Lucas semble avoir compris et extirpe lui aussi une bombe. Bouchon mauve, sans doute au lilas. Sans avoir à se consulter du regard, Margot et Lucas courent vers les zombies, l'index appuyé sur le pulvérisateur de leurs aérosols. Les cadavres ambulants sont déjà sur Pauline, qui se débat comme un beau diable, envoyant ses jambes et ses bras autour d'elle avec la force du désespoir. Quand les fines particules parfumées atteignent les narines des zombies, l'effet est immédiat. Le premier émet un hululement et se couvre le visage, les autres l'imitent presque aussitôt. Lucas et Margot aspergent sans relâche, visant les yeux et le nez. Ils parviennent à se dégager un chemin jusqu'à Pauline qui s'est recroquevillée sur le sol. Ensemble, ils la couvrent d'un nuage vétiver-lilas et la prennent chacun par un bras pour la soulever. Pauline a du mal à marcher. Ses jambes tremblent et se dérobent sous elle ; Margot et Lucas doivent presque la traîner. Les zombies sont trop occupés à tousser et gémir pour les en empêcher. Certains sont même tombés à genoux. Margot et Lucas ne ralentissent pas pour savourer leur victoire. Ils galopent droit devant eux, laissant sur leur passage un fumet chimique et écœurant.

– Là ! crie soudain Lucas.

Sur la gauche, la porte d'une petite épicerie est ouverte. Les étals extérieurs ont été renversés et les fruits et légumes sont écrasés sur le trottoir. Lucas entraîne les deux filles. Pauline trébuche et sanglote. L'intérieur de la boutique est sombre, Lucas referme la porte en verre derrière eux.

– Et s'il y en a dedans ? halète Margot.

Lucas s'assoit sur le carrelage, le dos appuyé contre le rayon des boîtes de conserves et, le souffle court, parvient à articuler :

– De toute façon, je ne pouvais pas faire un pas de plus. Pas question de s'arrêter dans la rue et d'attendre qu'ils viennent nous bouffer !

Margot ne répond pas. Que pourrait-elle dire ?

Un moment passe. Le silence n'est entrecoupé que par les hoquets humides de Pauline. Pour une fille qui ne pleurait jamais, ça commence à devenir une habitude. Au bout d'un moment, Lucas glisse vers elle. C'est l'estomac noué que Margot le voit la prendre doucement – tendrement ? – dans ses bras. Pauline se laisse aller contre lui.

– Ça va ? chuchote Lucas. Ils ne t'ont pas fait mal ?

Pauline secoue la tête.

– Non… non, je crois pas…

– Laisse-moi regarder.

Lucas force Pauline à lever le menton. Il étudie attentivement son visage, puis ses bras, ses jambes, son torse, son dos…

– Tu as mal quelque part ?

– Mais non, je te dis que non, proteste Pauline qui commence à s'agacer.

Elle n'est jamais longue à reprendre du poil de la bête, soupire Margot intérieurement pendant que Lucas poursuit son inspection.

– Mais laisse-moi maintenant ! Ça va !

Pauline repousse Lucas sans ménagement. Le garçon la dévisage et cligne deux fois des yeux.

– Il faut qu'on sache si tu as été mordue, lâche-t-il.

– Quoi ? s'écrie Pauline. C'est pour ça que tu me tâtais partout ? Moi qui croyais que tu t'inquiétais pour moi ! Mais tout ce qui t'intéresse, c'est de savoir si je vais me transformer en un de ces trucs, hein ? C'est ça ?

Pauline s'est levée, hors d'elle.

– Et alors, si ça avait été le cas, t'aurais fait quoi, hein ? Tu m'aurais coupé la tête ? Enfoncé un pieu dans cœur ?

– Le pieu dans le cœur, c'est pour les vampires, ne peut s'empêcher de murmurer Lucas.

– Les vampires ! Les zombies ! Qu'est-ce que j'en ai à foutre ? Moi, tout ce que je veux, c'est rentrer chez moi ! Retrouver mon père, ma mère et mon petit frère ! Tu entends, hein ? Vous entendez tous ?

Les cris s'achèvent dans une nouvelle crise de larmes.

Pourquoi, mais pourquoi en fait-elle toujours des tonnes ? se demande Margot.

Elle ne doute pas de l'épuisement nerveux de son ex-meilleure amie mais elle réalise brusquement qu'elle est toujours dans l'excès. Quand elle est contente, le monde entier doit le savoir, quand elle est en colère, c'est l'univers qui est au courant et aujourd'hui qu'elle craque, il faut que ce soit en poussant des cris. Margot a presque envie de l'interrompre en l'informant qu'il n'y a pas de caméras et qu'elle n'obtiendra pas le César pour le rôle de la meilleure hystérique de l'année. Pourtant, elle le mériterait, sans aucun doute.

Un bruit venant de dehors la fait sursauter. Margot tourne la tête vers la vitrine et se jette sur Pauline pour l'obliger à se baisser.

– Chut ! lui intime-t-elle. Y a des zombies plein la rue maintenant. Ils ont sûrement été attirés par ta voix !

Pauline se dégage brusquement mais par bonheur se tait. Les trois adolescents se regroupent derrière le comptoir où trône la caisse enregistreuse à côté d'un panier de barres chocolatées. Pauline fronce les sourcils.

– Mais…

Elle regarde autour d'elle, bouche bée.

– C'est…

Pour une fois, sa voix est à peine audible.

– C'est l'épicerie où ma mère m'envoie quand elle a besoin de quelque chose en urgence… C'est… on est juste en face de chez moi…

Elle tente de se lever de nouveau mais Margot l'en empêche.

– Tu n'as pas entendu ce que je t'ai dit ? Il y a plein de zombies dehors. S'ils te repèrent, on est cuits !

Pauline, les deux mains agrippées au comptoir, lève la tête prudemment. Elle doit regarder. Elle a peut-être une chance d'apercevoir sa maison et, elle n'aura plus qu'à traverser la rue et… Alors que ses yeux atteignent le rebord, elle devient blanche comme un linceul. Margot la voit se planter les dents dans la lèvre inférieure, si fort que quelques gouttes de sang perlent. Machinalement, elle se redresse à son tour et regarde à travers la vitrine.

Ils sont là.

Tous les trois.

Avec une dizaine d'autres, collés à la vitre de l'épicerie.

Le père de Pauline. Sa mère. Et juste à côté, son petit frère, Jérémy.

Tous les trois.

Morts et vivants à la fois.

HUIT

Voilà près d'une heure qu'ils n'ont pas prononcé une parole. Ils sont restés assis sur le carrelage, adossés au comptoir, invisibles pour les zombies agglutinés dans la rue. Pauline n'a pas crié en voyant ses parents et son petit frère. Elle n'a pas pleuré non plus. À présent, ses bras entourent ses jambes et sa tête est posée sur ses genoux. Elle semble sous le choc. Les autres n'ont pas essayé de la réconforter. Pour lui dire quoi ? Ils ont ôté leur attirail de protection, gants et serviettes de toilette. Ils dégagent une forte odeur de désodorisant à W.-C.

Lucas est perdu dans ses pensées. Il songe sans doute à ses propres parents. Margot, elle, se fait du souci pour son père. Elle a sorti son portable mais la batterie est morte. De temps en temps, Lucas attrape une barre chocolatée sur la tête de gondole et la mange. Un petit tas de papiers d'emballages s'amoncelle près de lui. Margot se demande comment il fait. Elle serait incapable d'avaler quoi que ce soit.

C'est elle qui brise le silence.

– On ne peut pas rester là indéfiniment. Il faut qu'on bouge.

– Pourquoi ? lâche Lucas la bouche pleine.

– Parce qu'il lui tarde de devenir un de ces trucs, siffle Pauline sans relever la tête. Elle…

Un claquement venant de l'extérieur l'interrompt et les fait sursauter.

– Qu'est-ce que c'était ? demande Lucas d'une voix blanche.

– On aurait dit un pétard… murmure Pauline.

Margot secoue la tête.

– C'était pas un pétard.

Une autre détonation vient lui donner raison. Puis plusieurs à suivre.

– Ah ah ! J'en ai dégommé trois !

Une voix d'homme.

– On vient nous sauver, souffle Pauline.

Ou pas, songe Margot.

– Vas-y, couvre-moi ! lance une autre voix.

Presque aussitôt, la porte vitrée tremble sous des coups de pied. Lucas fait un mouvement. Margot le retient.

– Ne bouge pas, s'ils te prennent pour un zombie, ils vont te tirer dessus.

Lucas obéit. La porte cède. Pauline se met à crier :

– On n'est pas des zombies, on n'est pas des zombies !

L'homme est entré dans l'épicerie. Les jambes légèrement écartées, son arme à la main, le canon pointé sur les trois adolescents.

– Tirez pas ! Tirez pas, supplie Pauline les mains en l'air.

– Eh ! Killian ! Killian ! Viens voir c'que j'ai trouvé !

Trois autres détonations retentissent avant qu'un visage goguenard apparaisse dans la petite boutique.

– Quoi ?

– Des vrais vivants !

– Ah ouais ?

Pauline, les mains toujours en l'air, entreprend de se lever lentement. Le coup de feu part, une balle siffle à son oreille. Elle pousse un petit cri et se rassoit précipitamment.

– Bouge pas ! aboie le dénommé Killian.

– Putain, Kill, t'aurais pu la tuer.

– Ouais et quoi ? Qu'est-ce ça peut te fout', Micky. C'est ta copine ?

Micky éclate d'un rire gras.

– Ma copine ! Ah, t'es trop marrant, Kill !

En face, Pauline, Margot et Lucas n'osent pas faire un mouvement. Les deux types ont l'air gravement atteints.

– On s'en fout d'eux, reprend Killian. Nous, on est venus chercher de la bibine.

– T'as raison, Kill, approuve Micky.

– Ben alors qu'est-ce t'attends ? Va la chercher la bibine !

Hochant énergiquement la tête, Micky se dirige vers le rayon Boissons. Un cliquetis de verre se fait entendre. Puis Micky revient. Le sac sur son dos est plein à craquer.

– Mission accomplie, Kill ! On peut y aller !

Les deux hommes s'apprêtent à tourner les talons.

– Attendez ! s'écrie Pauline. Attendez, je vous connais. Je vous vois presque tous les jours sur le parking près de l'arrêt de bus.

Les deux hommes hochent la tête.

– Ouais, acquiesce Micky. C'est là qu'on boit nos bières le matin. Et alors ? Qu'est-ce que ça peut t'fout'?

– Vous… vous ne pouvez pas nous laisser là, reprend Pauline d'une voix suppliante. Vous êtes armés. Aidez-nous.

Killian et Micky échangent un regard avant d'éclater de rire.

– Ouais, t'as raison, on va t'aider ! lance Killian avec un sourire idiot.

Il fait deux pas en avant et colle le canon de son arme sur le front de Pauline.

– Dézinguer une poulette, ça va me changer des zombies.

Son rictus de débile s'agrandit alors qu'il appuie sur la détente de son fusil.

*

Il n'y a pas eu de coup de feu, pas de fumée, pas de sang. Juste un craquement. Lucas a pensé au jour où le roulement à billes de son skate a rendu l'âme. Pauline a fermé les yeux.

– Merde ! Qu'est-ce qui se passe ? grogne Killian en redressant le canon de son arme.

Micky s'approche de lui.

– Ça s'est enrayé, j'crois bien, lâche-t-il.

– Ah ouais ?

Killian vise le rayon des conserves et tire. La détonation est assourdissante. Des petits pois volent dans la boutique.

– Ça marche maintenant !

– Ben ouais.

– Oh et puis merde. Rien à foutre, on se casse.

Sur ces mots, les deux hommes sortent de l'épicerie, le sac plein de bouteilles bringuebalant dans le dos de Micky.

Pauline a rouvert les yeux. C'est comme si les deux tarés n'avaient jamais été là. Sauf qu'une odeur de poudre flotte dans l'air et que des petits pois sont collés un peu partout. Margot en a même dans les cheveux. Lucas est le premier à réagir.

– Faut partir d'ici. Avant qu'ils reviennent. Et le bruit risque d'attirer d'autres zombies.

Pauline et Margot ne protestent pas. Elles se lèvent d'un même mouvement. Lucas est déjà à la porte. Des morts-vivants cette fois bien morts, la tête réduite en bouillie, jonchent la rue. Margot n'essaie surtout pas de voir si la famille de Pauline est parmi eux.

– En tout cas, ils nous ont dégagé la route, marmonne Lucas. On y va !

– Attends, le retient Margot avant de se précipiter dans le fond de la boutique.

Elle revient avec trois bombes de désodorisants et en tend une à chacun de ses compagnons.

– On sait jamais, lâche-t-elle sans desserrer les dents.

Les autres s'emparent de ces armes de fortune sans commentaire.

Et, de nouveau, les trois jeunes gens se retrouvent dans la rue.

Mon père doit être mort d'inquiétude, songe Margot en emboîtant le pas de Lucas et Pauline.

*

Thierry Donnette n'est pas mort d'inquiétude. En fait, il ne voit pas le temps passer. Après avoir fait un ménage à fond dans l'appartement, il ne s'est pas assis dans son canapé devant la télé comme il l'aurait fait habituellement. D'ailleurs, l'écran ne diffuse plus qu'une neige grisâtre. Suivant le cours de ses pensées, il est allé dans sa chambre et a ouvert son placard. Sont pendus là des costumes qu'il n'a pas portés depuis des années – il ne s'habille plus que de jeans et de sweat – et derrière les costumes, sont empilés des cartons.

Après la mort de sa femme, Thierry n'a pas vraiment suivi le déroulement des événements, mais il a un vague souvenir de Margot demandant aux déménageurs de ranger ici ses archives. Sous forme de papier, journaux, disquettes, CD, toute la documentation accumulée quand il était journaliste de télé est soigneusement triée, par années.

Thierry a sorti les cartons un à un et les a apportés dans le salon. Puis il les a ouverts et s'est installé devant son ordinateur – qu'il n'utilise depuis des années que pour faire des réussites –, afin de pouvoir consulter les données numériques.

Il y est depuis des heures et ne voit absolument pas le temps passer.

NEUF

Enzo s'est endormi, la tête contre une page du *Petit Prince*. Au moment de la rencontre avec l'allumeur de réverbères. Il est un peu barbouillé à cause de tous les bonbons et des gâteaux qu'il a mangés. Il a tout de même vidé toute la réserve de Mlle Louanne. Son sommeil est agité.

Dans son rêve, sa tignasse noire est remplacée par une chevelure blonde comme des épis de blé. Il voyage de planète en planète à la recherche de celle où il aura envie de vivre. Celle sur laquelle il vient d'arriver est plutôt jolie. Aux arbres poussent des bonbons et des biscuits au chocolat. Et là, un peu plus loin, c'est Mlle Louanne qui lui fait signe. Il s'approche d'elle en souriant mais, alors qu'il n'est plus qu'à quelques pas de la bibliothécaire, le visage de cette dernière se transforme, sa bouche s'ouvre comme une gueule sur des dents acérées...

Enzo se réveille juste au moment où elle allait lui bondir dessus.

Il se sent bizarre. Il a chaud mais grelotte. Et ses cheveux sont trempés de sueur.

*

Margot, Lucas et Pauline ont préféré contourner le centre ville. Ils ont dû éviter des troupeaux de zombies mais aucun incident ne s'est produit. Les créatures n'ont pratiquement pas fait attention à eux. Il faut reconnaître qu'ils se déplacent cette fois plus prudemment. Rapidement mais sans courir. Les sens en alerte. Et sans un bruit.

– On y est, souffle Margot, en arrivant dans le square.

Balançoire, toupie et cage à poule sont tordues et en partie arrachées. Des morts-vivants traînent sur la pelouse, l'air aussi apathique que ceux croisés en ville. Mais les jeunes gens savent d'expérience qu'il ne faut pas grand-chose pour les exciter.

À quelques pas, se dresse l'immeuble où vit Margot. Malgré la lumière grise de cet après-midi d'hiver, aucune fenêtre n'est allumée.

Les trois adolescents se dirigent lentement vers le hall d'entrée.

Rien n'a vraiment changé depuis que Margot est sortie, au milieu de la nuit. Leurs pieds écrasent les morceaux de verre de la porte. Même si elle ne vient pas souvent, Pauline connaît le chemin. Lucas, lui, n'est jamais allé chez Margot. Elle a toujours trouvé des prétextes pour le retrouver ailleurs. Elle préférait qu'il ne croise pas son père ; elle n'avait aucune envie d'expliquer à son petit ami les manies de ce dernier.

À présent, rien de tout cela ne compte plus.

– C'est là, annonce Margot à voix basse en arrivant au sixième.

Elle est soulagée de constater que la porte n'est ni ouverte ni enfoncée. C'est déjà ça. Elle extirpe la clé de sa poche et, en actionnant la serrure, elle prévient :

– Pauline, tu connais mon père. Toi, Lucas, tu ne t'étonnes pas et tu ne poses pas de questions. Tu te contentes de faire ce qu'il te dit.

La porte grince légèrement. Margot attend quelques secondes. Rien. Elle pensait que son père apparaîtrait en brandissant des lingettes javellisées, mais il n'y a pas un bruit dans l'appartement.

Il ne serait pas sorti quand même ? se demande-t-elle, le cœur battant la chamade.

Elle fait un pas dans le couloir, les autres la suivent. Ils arrivent dans le salon sans que le père de Margot ait rien entendu. Parce que, comme le constate Margot avec soulagement, il est bien là. Mais dans une position qu'elle ne lui avait pas vue depuis des années. Assis à la table, l'ordinateur allumé, un stylo coincé entre le pouce et l'index, des feuilles éparpillées autour de lui et les sourcils froncés.

C'était presque toujours comme ça avant.

Quand Margot rentrait de l'école et que son père n'était pas en déplacement, il était à la table de la salle à manger et travaillait sur son prochain reportage, article ou documentaire. Il aurait sans doute été plus tranquille dans la chambre parentale mais il affirmait se concentrer beaucoup mieux au cœur de l'appartement, là où sa femme et sa fille passaient, discutaient et regardaient la télé.

Margot a la soudaine impression d'avoir fait un bond de quatre ans en arrière.

– Papa ?

Thierry Donnette redresse brusquement la tête et sourit.

– Les enfants, lance-t-il d'une voix joyeuse. Vous êtes là !

– Papa, ça va ? Tu te sens bien ?

Voilà les premiers mots qu'a prononcés Margot en retrouvant son père. Il a cligné des yeux deux fois et s'est levé précipitamment comme si, brutalement projeté en dehors de son monde, il retrouvait subitement la mémoire des événements.

– Margot ! s'est-il écrié. Dans quel état tu es ! Et tes amis ! Vous n'êtes pas blessés ? Allez dans la salle de bains vite ! Vous devez vous désinfecter.

Le père de Margot a obligé les trois adolescents à prendre chacun leur tour une douche bouillante et à se frotter entièrement le corps d'eau de Javel, puis de désinfectant. Il leur a donné des vêtements propres auparavant passés à la vapeur. Margot et Pauline font sensiblement la même taille mais Lucas nage un peu dans un jean bleu foncé et un pull à rayures. Ce dernier ne semble pas trouver le père de Margot bizarre. Évidemment, songe Margot, dans ces circonstances, ses phobies deviennent tout à fait logiques.

Ils sont à présent tous assis dans le salon, devant une tasse de thé brûlant. Margot, a raconté ses dernières heures à son père. Elle a volontairement omis le fait qu'elle a surpris Lucas, censé être son petit ami, au saut du lit avec Pauline, censée être sa meilleure amie. En revanche, elle n'hésite pas sur les détails concernant les zombies.

– Je suis certaine qu'ils repèrent les vivants grâce à leur odorat. Tant qu'ils ne sentent pas notre odeur, c'est comme si nous étions invisibles.

– Et comment penses-tu que se propage la contagion ? interroge son père.

– Je dirais par échange de sang… hésite Margot. Si c'était un virus véhiculé par l'air, nous serions contaminés nous aussi. Et si c'était le cas, nous serions sans doute déjà comme eux. La maladie s'est développée très vite depuis hier soir.

Son père hoche la tête. Pauline grimace et murmure entre ses dents.

– J'avais oublié que mademoiselle était une bête en SVT…

Margot lui adresse un sourire narquois.

– Tout le monde ne peut pas être une bête en mensonge et en duperie !

Thierry Donnette ne prête aucune attention à l'échange acide. Il se lève et va farfouiller dans ses papiers étalés sur la table.

– C'est quoi tout ça ? lui demande Margot en le rejoignant.

– Des archives, répond son père d'un air absent. Et depuis ce matin, un souvenir me trotte dans la tête… mais impossible de remettre la main dessus…

Margot hausse les sourcils d'un air dubitatif.

– Et c'est vraiment important que tu le retrouves maintenant ?

La jeune fille soupire. Son père est toujours aussi bizarre. Ils sont au beau milieu de ce qui pourrait bien être la fin du monde et le voilà perdu dans ses souvenirs. C'est bien le moment ! Elle sent soudain que ses yeux piquent et un bâillement involontaire lui décroche la mâchoire. Sur le canapé, Pauline l'imite. A côté d'elle, Lucas est déjà endormi, la tête penchée sur le côté.

– Papa… on est tous fatigués. On a vraiment besoin de dormir…

Sans cesser de soulever ses dossiers, le père de Margot acquiesce :

– Fatigués… Oui, oui, bien sûr… vous avez eu une rude journée… allez vous coucher les enfants, je vais continuer de travailler un peu.

Margot lève les yeux au ciel. À l'entendre, on pourrait croire qu'il s'adresse à des gamins de dix ans qui ont passé la journée à jouer dans le square ! Manifestement, elle va devoir s'occuper de l'organisation des couchages toute seule. Le problème, c'est que l'appartement est petit. Deux chambres pas très grandes, une cuisine minuscule, la salle d'eau, les toilettes, le salon-salle à manger. Il est hors de question qu'elle installe Lucas et Pauline ensemble. Et puis quoi encore ! Mais elle n'a pas plus envie de partager sa chambre avec Pauline-la-traîtresse. Et dans ce cas, où mettre Lucas ? Elle secoue la tête et va dans la chambre de son père prendre un oreiller et une couette. Quand elle revient, Pauline s'est levée du canapé. Margot étend les jambes de Lucas, qui pousse un grognement mais ne se réveille pas. Puis elle étend la couette sur lui.

– Et moi, je dors où ? siffle Pauline.

– Avec moi dans ma chambre, répond sèchement Margot. Je n'ai pas le choix, ajoute-t-elle *in petto*. Et comme ça, je pourrai avoir un œil sur toi.

Pauline ouvre la bouche, sans doute pour protester, puis se ravise. Elle doit bien sentir que ce n'est pas le moment de faire un caprice. Sans un mot, elle suit Margot. Les deux jeunes filles se déshabillent en silence et se glissent sous les draps. Moins d'une minute après que Margot a éteint la lumière, les adolescentes dorment d'un sommeil si profond qu'il ressemble presque à la mort.

Quelques heures plus tard, pourtant, Margot se réveille en sursaut. Il lui faut un moment avant que la journée de la veille lui revienne en mémoire dans toute son horreur. Le corps de Pauline endormie près d'elle lui confirme que tout cela n'est pas qu'un horrible cauchemar. Elle a froid et l'appartement est plongé dans une obscurité totale.

Dans la chambre à côté, son père ronfle. Habituellement, ce bruit l'exaspère mais à l'instant présent, il la rassure et l'apaise. Au moins, une chose n'a pas changé.

Margot se rallonge et essaie de se rendormir. Mais c'est peine perdue. Elle se lève donc et se dirige vers la cuisine. Un verre de lait lui fera peut-être du bien. Elle se souvient que quand elle était petite et qu'elle n'arrivait pas à fermer l'œil, sa mère lui faisait avaler une tasse de lait tiède. Ça marchait plutôt bien.

Le carrelage est gelé sous ses pieds nus. Elle ne veut pas allumer la lumière ; de toute façon, elle connaît l'appartement par cœur.

Mais quand elle ouvre le réfrigérateur, aucune lueur n'illumine la cuisine. L'ampoule du frigo est peut-être grillée. Ses yeux se sont suffisamment habitués à l'obscurité pour qu'elle réussisse à se sortir une tasse à tâtons et à se verser du lait. Elle tire la porte du micro-ondes et là non plus, pas de lumière. Elle vérifie de la main qu'il est bien branché... oui... elle appuie sur l'interrupteur de la cuisine... rien. Une panne de secteur ?

Le père de Margot a baissé tous les stores, y compris celui de la cuisine qu'il ne ferme habituellement jamais. Margot tourne la manivelle et le remonte. Un tout petit peu. D'à peine quelques centimètres.

Dehors, l'obscurité est aussi profonde que dans l'appartement. Aucun lampadaire ne vient percer la nuit de sa lumière orangée. En plissant les yeux, Margot distingue pourtant une grande agitation au pied de l'immeuble. Elle se penche et colle son front à la fenêtre. Des gens ?

Non, ce sont des zombies. Des zombies en grand nombre et surexcités. Ils n'ont plus rien à voir avec les créatures de la journée, ils sautent, courent ; on les croirait remontés comme des jouets mécaniques. Margot en aperçoit d'autres qui essaient d'escalader l'immeuble d'en face. Et soudain, au rez-de-chaussée, des bruits de vitres cassées résonnent. Des cris. Des hurlements.

Les zombies sont passés à l'attaque.

Le sang de Margot se glace. Les poils sur ses bras se dressent. Il restait des survivants juste en bas de chez elle. Elle n'a même pas pris le temps d'aller frapper aux portes pour demander aux gens comment ils allaient. Et à présent…

Elle ne connaît aucun de ses voisins. Elle en croise régulièrement bien sûr, comme la vieille Mme Paillard du troisième, mais elle n'adresse pratiquement jamais la parole à personne. Et tout le monde fait comme elle. C'est comme ça. Pourtant, Margot sent la culpabilité l'envahir. Elle n'a même pas pensé à s'inquiéter des gens qui vivent là, à quelques pas.

Du haut de son sixième étage, elle assiste impuissante et terrifiée à l'assaut des morts-vivants. La plupart de ceux qui gravissent le mur ne montent pas à plus d'un mètre cinquante. Il a plu et les parois sont glissantes. Ils lâchent très vite prise, ce qui ne les empêche pas de recommencer aussitôt. Mais d'autres parviennent à se hisser aux balcons du premier. Ils brisent les baies et pénètrent dans les appartements.

Margot est soudain prise de tremblements.

Peuvent-ils arriver jusqu'ici ?

Soudain, au loin, une lumière s'allume et s'éteint. Il s'agit d'une faible lueur étincelante comme celle d'une étoile. Allumé-éteint. Allumé-éteint. Ou comme celle d'une lampe torche.

Allumé-éteint, allumé-éteint…

Trois coups rapides, trois coups lents.

C'est du morse. Le seul signal de morse connu par tout le monde : SOS.

Un rescapé. Un survivant qui demande de l'aide.

Margot ne réfléchit plus.

Elle sait qu'il serait suicidaire d'aller maintenant porter secours à ses voisins. Comment savoir qui est là, qui est encore vivant, qui est déjà transformé ? Mais là-bas, il y a quelqu'un qui a besoin d'elle. Quelqu'un qui ne passera peut-être pas la nuit. C'est peut-être l'occasion, la seule occasion, de racheter son égoïsme.

Mais les signaux ont cessé.

Margot prend la lampe de poche dans le tiroir de la cuisine. À son tour d'envoyer un message. Elle ne connaît pas le morse, alors elle improvise et trace des traits lumineux dans le noir. Puis elle attend.

Les mêmes traits lui répondent. Et de nouveau la lumière disparaît.

Il doit vouloir économiser ses piles, suppose Margot. Elle essaie d'évaluer la distance. Les signaux venaient d'un espace plutôt dégagé, sinon elle ne les aurait pas repérés. À vue de nez, ça pourrait être le square des Lys.

La jeune fille est soudain prise d'une sorte d'urgence. Elle doit y aller. C'est peut-être idiot, suicidaire même, mais elle doit le faire. Si elle reste là après avoir vu ces signaux, elle ne pourra plus jamais se regarder dans un miroir.

À la lueur de sa lampe de poche, Margot retourne dans sa chambre et s'habille. Mais elle sait qu'elle ne pourra rien toute seule. Elle a besoin d'aide. Elle secoue Pauline, qui grogne, et se dirige dans la chambre de son père qu'elle secoue à son tour.

– Papa ! Papa ! Quelqu'un a besoin de nous. Il faut qu'on y aille !

– Hein ? Quoi ?

Thierry Donnette se dresse sur son lit.

– Lève-toi ! lui ordonne Margot en sortant de la chambre pour aller réveiller Lucas dans le salon.

– Lucas, debout. J'ai besoin de toi. Tu m'entends ?

Lucas s'assoit sur le canapé. Margot dirige le faisceau de la lampe sur son visage.

– Hé ! Mais c'est quoi ça ?

– Excuse-moi, mais on n'a pas le temps de se prélasser. Il faut que tu t'habilles.

– Y a un problème ? marmonne Lucas les yeux plissés de sommeil.

Un problème ? ricane intérieurement Margot. Un problème ? Du genre quoi ? Des zombies partout dans les rues ?

Sans répondre à Lucas, elle retourne dans la cuisine. Il y a des bougies sous l'évier. Pourquoi n'y a-t-elle pas pensé plus tôt ?

Elle en allume une dizaine et commence à les répartir dans l'appartement.

Dans le couloir, son père a enfilé une robe de chambre et se frotte les yeux. Pauline, elle, n'a pas bougé. Margot la secoue de nouveau sans ménagement et lui prend son oreiller pour l'empêcher de se le mettre sur la tête.

– Je t'attends dans cinq secondes dans le salon ! crie-t-elle en ressortant de la chambre.

– Pourquoi y a pas de lumière ? interroge Lucas d'une voix pâteuse.

– Plus d'électricité ! annonce Margot.

Thierry Donnette s'emmitoufle dans son peignoir.

– C'est pour ça qu'il fait si froid, marmonne-t-il.

Margot n'y avait pas pensé, mais oui, bien sûr, c'est pour ça qu'il fait si froid. Sans électricité, la chaudière de l'immeuble ne s'est pas mise en route.

– Bon, c'est quoi ce cirque ? grogne Pauline en faisant son entrée, échevelée.

L'ambiance est étrange. Margot a vérifié à l'horloge de la cuisine, il est 4 heures du matin. En bas, des zombies au comble de leur agressivité s'introduisent dans les appartements. La lumière orangée des bougies donne de drôles de contours aux visages. Margot prend une grande inspiration avant de se lancer :

– Nous n'avons pas de temps à perdre. Les morts-vivants sont déchaînés et j'ai repéré un SOS non loin d'ici.

– Un SOS ? s'exclame Lucas interloqué.

Margot hoche la tête.

– Et qu'est-ce que tu veux dire par « les morts-vivants sont déchaînés » ? s'enquiert Pauline.

– Je n'ai pas le temps de tout vous expliquer, s'impatiente Margot. Il faut qu'on y aille maintenant si on veut avoir une chance de le sauver.

Pauline émet un bruit de gorge agacé.

– Mais de qui tu parles à la fin ? Qui envoie un SOS ?

– Comment veux-tu que je le sache ? rétorque Margot. On le saura quand on y sera !

– T'es pas sérieuse ? marmonne Lucas.

– On ne peut plus sérieuse. Papa, toi, j'ai besoin que tu fasses le guet dans la cuisine. Ne remonte pas trop le store, juste assez pour surveiller la lueur. Quand on sera là-bas, on te fera signe, OK ? Si on se débrouille bien, on n'en a pas pour très longtemps.

Thierry Donnette, habitué au ton autoritaire de sa fille, se contente d'opiner, un peu abasourdi.

– T'es à la masse ! s'exclame Pauline. Y a des zombies partout et tu veux qu'on sorte pour sauver la vie de quelqu'un qu'on ne connaît même pas !

Margot lui lance un regard noir.

– Si tu ne veux pas venir, c'est ton problème. Dans ce cas, tu peux rentrer chez toi ! lui lance sèchement Margot.

Pauline hausse les sourcils et Lucas pousse un soupir. Sans leur accorder un regard, Margot va dans la cuisine ; elle ouvre les placards et les tiroirs, à la recherche d'une arme. Elle rêve d'un hachoir ou d'un immense couteau de cuisine, mais elle sait qu'il n'y a pas ça en magasin. Et puis elle n'a pas très envie d'attendre que les zombies soient à trois centimètres d'elle pour pouvoir se défendre. Rien, il n'y a rien ! Margot déplace la cocotte et deux casseroles pour ne trouver que des boîtes en plastique, une passoire et… oui, ça pourrait faire l'affaire. En tout cas, c'est mieux que rien. C'est presque en courant que Margot va maintenant récupérer des combinaisons stériles dans la salle de bains. Elle prend un sac pour y glisser son arme de fortune. De retour dans le salon, elle tend les combinaisons à ses camarades qui les enfilent sans protester. À l'exception des grognements presque inaudibles de Pauline. Gants, charlottes en papier, un petit coup de bombe désodorisante…

– On est prêts, on y va. Toi, papa, tu restes près de la fenêtre, compris ? Tu allumes la lampe torche toutes les dix minutes. Je te laisse le portable de Pauline. Toi, tu ne m'appelles pas, je te joindrai si j'ai besoin de toi.

– T'es vraiment complètement cinglée ! marmonne Pauline en suivant Margot sur le palier.

Les trois jeunes gens descendent l'escalier sans encombres, mais quand ils arrivent dans le hall, les bruits inhumains qui leur parviennent de dehors les immobilise.

– Je suppose que tu as un plan, murmure Lucas à Margot.

– Absolument pas, répond cette dernière en se mordant l'intérieur de la joue.

*

Tout en soulevant délicatement le pâton avec une cuillère en bois, pour l'empêcher d'attacher au fond de la casserole au bain-marie, Roger a beaucoup réfléchi.

Il a continué en formant du bout des doigts la couronne de son paris-brest.

Et ne s'est pas arrêté en regardant la croûte dorée lever doucement dans le four.

En revanche, la confection de la crème pralinée l'a obligé à une concentration totale.

C'est si facile à rater, une crème pralinée.

Il a bu beaucoup de café en attendant que la pâte à chou refroidisse. Il espérait un peu que ça l'aiderait à s'éclaircir les idées et à trouver des réponses à ses questionnements. Car une pensée ne cesse de le tracasser depuis qu'il a tué la créature ressuscitée.

Roger a toujours été un solitaire. S'il n'évite pas réellement la compagnie des autres, il ne la recherche pas non plus et son rythme de vie a fait de lui un homme sans amis. Mais étrangement, maintenant que la rue Sainte-Catherine s'est transformée en autoroute à morts-vivants, des images d'autres personnes ayant eu comme lui la chance d'échapper à la contamination, se terrant chez eux, épouvantés et démunis, ne cessent de le hanter. À mesure qu'il y songe, il lui semble complètement idiot que chacun reste enfermé sans moyen de s'entraider. En réalité, Roger a toujours imaginé les autres avec des amis, de la famille, une vie bien remplie… Qui se serait soucié d'un armurier pâtissier ? À présent, la donne est changée. Quelque part dans ce chaos, quelqu'un a peut-être besoin de lui.

Cette pensée lui donne curieusement chaud au cœur. Il se sermonne, bien entendu, car il s'en veut de trouver un élément positif à cette terrible catastrophe à laquelle la ville doit faire face.

Mais plus il y réfléchit, plus il se dit que oui, décidément, il devrait sans doute sortir et partir à la recherche de survivants. Sauf qu'en farcissant son paris-brest d'une crème à la consistance parfaite, il se dit qu'il n'a aucune idée de comment s'y prendre. Commencer par un repérage paraît logique.

Roger saupoudre son gâteau de sucre-glace pour la finition et s'en coupe une part.

Parfait, rien à dire. Quel délice, ces minuscules éclats de noisettes grillées qui craquent sous la dent ! Puis il choisit parmi les armes alignées contre le plan de travail. Ce semi-automatique phœnix browning calibre 12 fera l'affaire s'il a besoin de tirer à courte distance. La dispersion de la grenaille occasionnera un maximum de dégâts s'il vise la tête. Pour atteindre une cible plus éloignée, il choisit une carabine 7 mm Remington magnum. Elle appartient – ou appartenait – à M. Duchaussard, un excellent client et grand amateur de chasse au cerf.

En sortant de la cuisine, il jette un coup d'œil vers le salon. La créature est toujours là, la tête explosée. La moquette a absorbé le sang mais quelques parcelles de cervelle et d'os la constellent encore. Roger se dit qu'il faudra qu'il nettoie tout ça. Mais pour le moment, il est investi d'une mission autrement plus importante. Il monte au grenier.

C'est là qu'il a entreposé les affaires de son père après sa mort et il n'y va jamais. Tout est recouvert de poussière. Monté sur une chaise branlante, il ouvre la lucarne. Un vent froid le gifle. Il est 16 heures passées et le ciel est gris. La nuit ne va pas tarder à tomber. Il ne voit pas grand-chose et tente de se hisser un peu plus haut. Les armes qu'il porte en bandoulière le gênent, il les enlève et les cale sur les tuiles du toit avant de retenter l'opération ; les épaules passent en biais, mais malheureusement sa consommation quasi quotidienne de pâtisserie lui a donné un certain embonpoint et sa bedaine a bien du mal à franchir l'obstacle. Il rentre le ventre et retient sa respiration. Il prend appui sur le rebord, il force, il sent son pull qui accroche, qui se déchire, il n'abandonne pas… il est passé.

Rouge pivoine, Roger s'assoit prudemment sur les tuiles et reprend son souffle. Comme la plupart des toits de Bordeaux, celui-ci n'est pas très pentu. Roger récupère son fusil et sa carabine et entreprend de se redresser. Une bouffée d'adrénaline lui monte au cerveau. Qui aurait cru ça, hein ? Lui, Roger Gallard fils, que son père traitait régulièrement de « mou, incapable, fillette », est là sur le toit de la maison familiale, armé et prêt à se battre. Il pivote à 360°. Il a une assez bonne vue d'ici. Des toits, des antennes, les rues en contrebas hantées par ces formes grotesques. Les créatures sont plus calmes, se contentant de se déplacer en poussant des gémissements, qui font frissonner Roger plus encore que la faible température. S'il monte jusqu'à la faîtière, il n'est plus qu'à quelques pas de la terrasse du lycée Montaigne ; il aperçoit un peu plus loin la Garonne et le pont de Pierre, de l'autre côté…

Le mieux serait sans aucun doute de se déplacer en restant en hauteur, hors de portée des créatures. Il pourrait alors s'introduire dans les maisons et aider ceux qui en ont besoin.

Roger ne se demande pas vraiment quelle aide il peut apporter. Le simple fait de s'unir devrait permettre de trouver des solutions. Il ne s'inquiète pas plus de savoir si c'est possible de sauter de toit en toit ou simplement s'il en est capable. Il gonfle la poitrine. Il se sent invincible. Il a l'étrange impression de s'être préparé toute sa vie pour un jour comme celui-là.

Maintenant que sa décision est prise, Roger Gallard ne traîne pas, il repasse non sans mal par la lucarne, s'écorchant le dos au passage, récupère les armes déposées sur le rebord et redescend. Il lui faut penser équipement.

Alors qu'il remplit un Thermos de café, le fracas d'une vitrine qui explose et des éclats de voix retentissent. Pas de doute, ça vient d'en bas, de la boutique. À pas de loup, Roger s'approche de la porte de son appartement et y colle son oreille.

– Enculé ! Tu m'as fait mal !

– Ta gueule !

– Mais t'es con, j'ai failli me couper avec tout ce verre.

– Pauvre chochotte !

Au son de leurs voix, Roger déduit qu'ils sont sans doute jeunes et au moins trois.

Lui qui cherchait des survivants, en voilà qui viennent à lui. Mais ce n'est pas tout à fait comme il l'avait imaginé.

– Putain ! Y a pas une arme !

– Quelqu'un est déjà passé, si ça se trouve.

– Enculé ! J'avais trop envie de faire un carton sur ces putains de zombies ! Ça aurait été trop marrant !

Les intrus ne se contentent pas de fouiller, ils cassent aussi. Ce grand bruit, c'est sans doute la caisse enregistreuse qui vient de tomber.

– Eh les mecs, y a du pognon !

– Qu'est-ce que tu veux qu'on en foute, on peut aller où on veut et prendre tout ce qu'on veut ! Pas besoin de fric !

– Vas-y, dégage ! J'en veux moi !

– Eh, connard ! J'étais là avant !

Il y a des cris, des coups. Roger ne bouge pas.

– Eh et si on foutait le feu ! Avec toutes les cartouches qu'y a ici on pourrait faire une giga explosion ! Ce serait cool !

Cool ! Roger propose un service rare et apprécié de ses clients : ceux qui récupèrent leurs douilles vides les lui rapportent et il les recharge avec une dose parfaite d'explosif et de plomb. Recette familiale bien entendu. Un incendie dans l'armurerie promet de faire flamber le quartier comme une boîte d'allumette géante.

Cette fois, Roger n'hésite plus. Il retourne dans sa cuisine le plus silencieusement possible et prend la première arme qui lui tombe sous la main. Un fusil à pompe Remington calibre 12 magnum à canon court, ça fera parfaitement l'affaire.

Roger ouvre sa porte d'entrée et descend les marches à pas lent, l'arme pointé devant lui.

Quand il arrive dans la boutique, les trois jeunes gens lui tournent le dos. Ils ont découvert la réserve de poudre et en ont vidé une partie sur le sol. Ils se bousculent en ricanant. Par terre, près du comptoir, la caisse enregistreuse est éventrée et quelques billets sont encore éparpillés autour.

– Eh, tiens, prends mon briquet !

– T'es con, j'ai pas envie que tout me saute à la gueule !

– Ben on fait comment alors ?

– On ne fait pas !

La voix profonde de Roger a fait se retourner les gamins. Car il avait raison, ce ne sont que des gamins, entre seize et dix-huit ans ; deux d'entre eux ont le visage grêlé d'acné.

– Eh ! T'es qui toi ? lance le premier à la tignasse en bataille.

Il ne semble pas avoir remarqué l'arme de Roger. Le bruit sec de la culasse le fait sursauter.

– Eh putain ! s'écrie-t-il avec un manque d'à propos caractérisé.

Roger n'a aucune intention de tirer. La situation n'a rien à voir avec celle qu'il a vécue le matin. Ici, il est face à un être humain. Il espère que le gamin ne s'en doute pas. Et il se demande un peu ce qu'aurait fait son père à sa place.

Les trois gamins lèvent les mains. Un mélange d'instinct et d'une grande consommation de films américains.

– Où sont vos parents ? demande Roger.

Malgré le canon pointé sur lui, le plus grand s'esclaffe. Ça y est, il sait qu'il n'a pas à avoir peur. La voix de l'homme est trop douce.

– Qu'est-ce ça peut te foutre ? crache-t-il.

Il plonge la main dans sa poche et, avant que Roger ait le temps de réagir, il a sorti un Zippo qu'il allume.

– On se tire les gars ! crie-t-il en lançant son briquet sur le tas de poudre et en bondissant en arrière.

Ses acolytes l'imitent sans une seconde d'hésitation.

La poudre s'enflamme immédiatement dégageant une fumée âcre.

– Aïe ! Putain ! Merde ! Je saigne !

Derrière le filet de fumée, Roger voit qu'un des gosses s'est accroché le bras à des éclats de verre. Il crie comme un putois.

– Merde ! Les gars ! Venez m'aider ! Je pisse le sang !

Roger serre les mains sur son fusil. Que doit-il faire ? Se porter à son secours ou tenter d'éteindre le feu ? Il pose son fusil sur le comptoir, attrape le mini-extincteur accroché au mur, juste derrière. Il ne l'a pas fait changer depuis au moins dix ans. Combien de temps ça marche ces appareils ? Et surtout *comment* ça marche ? Roger se rappelle vaguement la démonstration du représentant. Il arrache la goupille, dirige le diffuseur vers les flammes qui ont déjà pris de l'ampleur et appuie sur la manette. Une mousse blanche jaillit… et s'arrête. Roger secoue la bonbonne, appuie de nouveau, rien. Pendant ce temps, le gamin n'a pas bougé et n'a pas cessé de hurler. Ses copains se sont carapatés sans lui. Roger ne peut pas le laisser là. Il jette l'extincteur et reprend son fusil avant de se diriger vers le rideau de fumée. Mais alors qu'il allait le traverser, une silhouette apparaît près du gamin. Puis deux de plus et bientôt il ne peut plus les compter. Elles ont la démarche simiesque caractéristique des contaminés. Le hurlement du jeune se transforme soudain en gargouillement. Les créatures l'ont eu.

Les flammes ont à présent envahi les étagères en bois. La chaleur devient insupportable. Roger sait qu'il n'y a plus rien à faire. Et s'il ne veut pas mourir comme Jeanne d'Arc, il n'a pas une minute à perdre. Il remonte à son appartement quatre à quatre, prenant soin de refermer la porte derrière lui pour éviter un appel d'air qui ne ferait qu'augmenter la violence de l'incendie. À toute vitesse, il fourre quelques vêtements chauds dans un sac dont il s'est servi une fois pour se rendre à un colloque d'armurerie en Champagne, retourne à la cuisine et embarque le plus d'armes et de munitions possibles. Un craquement sinistre se fait entendre. Toute la boutique doit s'être embrasée. Le plancher ne va pas tarder à s'effondrer. Roger prend un morceau de gruyère et une pomme dans son frigo ainsi que le Thermos de café sur la table. Après un dernier regard de regret vers son paris-brest, il se précipite dans le couloir. Finalement, il n'aura pas à s'occuper de la créature sur la moquette, le feu s'en chargera.

Cette fois, il ne lui faut pas plus de quelques secondes pour monter sur le toit. La nuit est tombée et, d'en bas, lui parviennent des grognements et des cris à vous faire froid dans le dos. Les zombies qui s'étaient calmés sont de nouveau déchaînés. L'obscurité est à peine éclairée par un croissant de lune pâle. Une fumée opaque s'élève de la boutique. Les flammes ont dû atteindre l'appartement à présent.

C'est là que Roger a vécu toute sa vie. Et son père avant lui. Son grand-père encore avant.

Roger remonte la lanière de son sac sur l'épaule et regarde devant lui.

Va-t-il être capable de sauter de toit en toit ?

Et surtout, va-t-il trouver quelqu'un en pleine nuit, au milieu de ce chaos ?

DIX

Accroupis entre deux conteneurs de poubelle renversés, les fesses dans une flaque, Margot, Pauline et Lucas font une halte. Sortir de l'immeuble s'est révélé moins difficile qu'ils ne l'avaient craint. Occupés pour la plupart à essayer d'escalader les immeubles, les zombies ne se sont pas préoccupés des trois silhouettes blanches qui rasaient les buissons et dégageaient une forte odeur de désodorisant. Le problème, pour le moment, c'est que Margot est un peu perdue.

– Tu rigoles ou quoi ? siffle Pauline à travers le masque qui lui couvre la bouche. C'est ton quartier ici et c'est toi qui nous as entraînés dans cette expédition.

– OK, OK, tente Margot, je suis désolée, ça te va ? Je ne reconnais plus rien. D'abord, je n'ai pas franchement l'habitude de me balader en pleine nuit, surtout sans éclairage, et d'autre part, je ne sais pas… avec ces… bestioles partout, c'est comme si… comme si j'étais sur une autre planète.

Tout en parlant, elle se penche un peu pour essayer de se repérer, dans l'espoir de reconnaître un graph sur le mur d'en face par exemple, ou d'apercevoir le nom de l'allée…

– Aaaaaah !

Le zombie a atterri juste devant elle. Élastique et souple, il n'a rien à voir avec la version lente de la journée. Son visage est à moitié déchiqueté, son œil gauche pend hors de son orbite. Le cri de Margot lui fait tourner la tête. La jeune fille s'est rencognée contre ses camarades. Aucun des trois n'ose plus respirer. La créature courbée en avant tient un objet long à la main. Elle avance en se dandinant, l'objet traîne derrière elle, produisant un grincement métallique et des étincelles sur l'asphalte. C'est un panneau. Un de ces panneaux bleus que la mairie a fait planter dans toute la cité. Grâce à un rayon de lune, Margot déchiffre : *square des lys*.

Le monstre fixe son œil unique entièrement noir vers les trois adolescents immobiles comme des statues, puis tourne la tête, narines frémissantes et bondit sans lâcher son panneau.

– Je… je crois qu'on y est, bafouille Margot.

Elle extirpe son portable de sa poche, en protège l'écran de sa main pour éviter que la lumière attire les zombies, et d'un pouce tremblant, compose un SMS à l'attention de son père.

Tu voi tjrs les signaux ?

La réponse ne se fait pas attendre.

Oui

– Parfait, marmonne Margot avant de demander à ses compagnons : Vous êtes prêts ?

Lucas reste silencieux, Pauline secoue énergiquement la tête.

– Non, moi, je vais pas plus loin. C'est n'importe quoi cette mission de sauvetage !

Margot s'est légèrement redressée et scrute les alentours de leur cachette de fortune.

– Adieu alors, jette-t-elle en s'élançant dans le square.

Lucas lui emboîte le pas. Pauline cligne deux fois des yeux avant de les suivre.

– Eh, attendez-moi !

– Chut, lui souffle Lucas sans prendre la peine de se retourner.

Margot est à découvert au milieu de l'allée. Elle en est sûre à présent, ils sont bien dans le square des Lys. Le rescapé ne devrait pas être loin… Oui, là ! Les signaux !

*

Assis sur la faîtière d'une haute maison, calé contre un conduit de cheminée, Roger a assisté, impuissant, à la destruction du foyer familial. C'est là qu'il avait grandi, que son père l'avait élevé d'une poigne de fer. Depuis la mort de ce dernier, il s'était approprié l'endroit, en faisant son refuge, sa tour d'ivoire. Inconsciemment, il avait toujours considéré ce lieu comme éternel. D'ailleurs, jamais au grand jamais il ne s'était imaginé ailleurs. Une grosse pluie est soudain tombée et a éteint l'incendie, épargnant ainsi le quartier. Une fumée noire à l'odeur de poudre et de bois brûlé empuantit l'atmosphère. Voilà, Roger n'a plus nulle part où aller.

Passer de toit en toit s'est révélé beaucoup plus difficile qu'il ne l'aurait cru. D'abord, malgré les apparences, toutes les maisons ne se touchent pas, la plupart étant séparées par des jardins ou des cours. Et puis, même légère, une pente est une pente, il faut la monter et la redescendre. Sans compter qu'avec la pluie, le zinc entre les tuiles est glissant et que son chargement est lourd, et qu'il n'a plus vingt ans et qu'il n'a de toute façon jamais été très sportif.

Assis sur la faîtière d'une haute maison, Roger regrette la chaleur de sa cuisine, ses livres de pâtisserie, son four à chaleur tournante. Comment a-t-il pu se prendre pour un héros ? Il voulait aider des gens ? Mais quels gens ? Quand il regarde dans la rue ou dans la cour du lycée Montaigne, il doute qu'il reste des survivants. Il n'y a là que des créatures grouillantes, grognantes, gémissantes, dégoûtantes.

C'est lui à présent, le réfugié. C'est lui qui aurait besoin d'aide.

Calé contre un conduit de cheminée, dégoulinant, épuisé physiquement et moralement, Roger ferme les yeux.

*

Quand la nuit est tombée, les créatures se sont mises à s'agiter et Enzo se sentait de plus en plus mal. Il était incapable de lire et avait vomi deux fois sur la moquette bleue de la bibliothèque. Dehors, il entendait les horribles bêtes gronder et taper contre les murs. La porte vitrée était déjà fissurée et il savait qu'elle ne tiendrait pas longtemps, quand les créatures commenceraient à se jeter dessus. Malgré l'obscurité, il n'avait pas allumé sa lampe de poche.

Pour la première fois de sa vie, il avait envie d'être chez lui avec son père, sa mère et sa sœur.

S'il pouvait, si ce n'était pas trop tard, il promettrait à sa mère de ne plus jamais mettre les pieds à la bibliothèque. Il proposerait à sa sœur de lui faire la coupe de cheveux de son choix – oui, une crête si elle voulait – et même une teinture, pourquoi pas ? La dernière fois, elle avait essayé de le convaincre qu'avec une mèche rouge, il cesserait de ressembler à un *looser*. Et tout ça en regardant toutes les émissions de téléréalité qu'elle voulait.

Il regrettait de ne pas l'avoir fait avant.

Parce que maintenant, c'était trop tard, c'était sûr.

La fin du monde était arrivée.

Enzo n'avait qu'une envie : rester là, sans bouger, fermer les yeux et espérer que tout disparaisse et redevienne comme avant.

Pourtant, alors que les bruits extérieurs devenaient de plus en plus forts et sa fièvre de plus en plus dévorante, il a presque rampé sur la moquette. Il est arrivé à la porte surmontée de l'enseigne lumineuse verte « SORTIE DE SECOURS ». Il s'est redressé et a appuyé sur la barre jaune de tout son poids. Sans s'en rendre compte, il serrait son livre contre sa poitrine. Le battant s'est ouvert. Le petit garçon, les jambes flageolantes, s'est retrouvé dans un espace peint en gris, entre une porte qui donnait sans doute sur l'extérieur, là où hurlaient les monstres qui avaient dévoré Mlle Louanne et des marches en béton. Enzo ne savait pas où montait cet escalier mais quand il se tournait dans sa direction, il sentait comme un air frais qui lui faisait du bien.

Alors il est monté.

*

Allume-éteint, allumé-éteint. Ça vient du toit de la bibliothèque.

C'est une petite bibliothèque de quartier. Un cube de béton percé de baies vitrées au milieu du square. Des centaines de zombies sont agglutinés autour. Ils savent qu'il y a là, presque à portée de main, de la chair fraîche. Ils essaient d'escalader les murs. En vain. Du moins, pour le moment. Dans le noir, au milieu des autres, Margot croit repérer la silhouette de la créature au panneau. Elle frissonne. Quoi qu'il en soit, ils sont très occupés. Trop pour faire attention aux trois compagnons.

Allumé-éteint. Allumé-éteint. Le signal ne cesse plus de clignoter à présent.

– Et maintenant, on fait quoi ? siffle Pauline à l'oreille de Margot.

– On pourrait essayer de lui faire savoir qu'on est là, suggère Lucas.

– Et comment ? le rembarre Pauline. On l'appelle ? On lui fait des signes ? Et dans deux minutes, on a toute la troupe de morts-vivants aux fesses ?

– Peut-être qu'en contournant...

– Mais oui, bien sûr, ricane Pauline. Les zombies n'ont pas...

– Il faut faire diversion, l'interrompt Margot.

– Quoi ? s'exclament les deux autres en chœur.

– L'un d'entre nous va détourner l'attention des zombies pendant que les deux autres monteront sur le toit de la bibliothèque, explique-t-elle posément.

Ses compagnons en restent sans voix une seconde. Jusqu'à ce que Pauline lâche sur un ton méprisant :

– T'es complètement frappée, ma pauvre. Tu veux qu'on se sacrifie pour un type qu'on ne connaît même pas ! Pourquoi on ferait ça ?

– Qu'est-ce que ça change qu'on le connaisse ou pas ! rétorque Margot, exaspérée. Un être humain, c'est un être humain, non ? Je ne veux plus laisser personne mourir si je peux l'empêcher. Mais je ne vous demande pas de le faire. C'est moi qui m'occupe des zombies, vous deux, vous montez sur le toit.

Elle est sûre d'elle. C'est comme une évidence. Lucas secoue la tête. Pauline laisse échapper un ricanement. Et la revoilà Margot-la-parfaite ! Margot la Sainte-Nitouche ! Celle à côté de qui les autres ne peuvent passer que pour des égoïstes et des sans-cœur. Cette facette de son amie l'a toujours agacée mais au moins jusqu'à présent Margot ne la ramenait pas. Dans les circonstances actuelles, c'est juste insupportable !

– Ah, si c'est toi qui t'y colles, lance-t-elle méchamment, c'est pas pareil ! Je tiens à dire que je trouve ça super débile quand même. Mais bon, avec un peu de chance, on va sauver un beau gosse et on n'aura pas fait tout ça pour rien.

Lucas lui darde un regard noir mais Pauline ne relève pas.

– Voilà comment on va s'y prendre, explique Margot d'une voix calme. Vous irez vous cacher dans ce buisson là-bas...

Pauline avait décidé de ne plus écouter mais elle ne peut s'empêcher de protester :

– Si près des zombies ?

– Moi, continue Margot, je vais enlever mes protections et j'irai appâter les morts-vivants. Ils me courront après et je filerai. Ils ne se lanceront peut-être pas tous à ma poursuite mais quand ça sera plus calme, toi Lucas, tu feras la courte-échelle à Pauline. Si tu peux la rejoindre, tu le fais, sinon, tu restes en bas. Toi, Pauline, tu iras chercher la personne sur le toit, tu lui donneras la combinaison supplémentaire que j'ai mise dans la poche de ton blouson et tu l'aspergeras de bombe désodorisante avant de la faire descendre.

– Et... et toi, bredouille Lucas, tu vas faire quoi ?

Margot hausse les épaules.

– Je ne sais pas. Essayer de les semer ?

– Tu n'y arriveras jamais. Tu l'as dit toi-même, ils sont déchaînés. Tu as vu les bonds qu'ils font ? J'ai vu aujourd'hui combien tu es courageuse, mais Pauline a raison, c'est du suicide…

Tout en parlant, Lucas a pris la main de Margot. Il la supplie presque. Gnagnagnagnagna, pense Pauline en lâchant un grognement agacé.

– Oh ça va ! Laisse-la jouer les héros si elle en a envie. Tu ne vois pas qu'elle fait ça juste pour t'impressionner ! Pour te récupérer ! Et le pire c'est que ça marche ! Tu as l'air d'oublier qu'entre elle et moi, c'est moi qui ai le plus souffert ! Mes parents…

La voix de Pauline se brise. Lucas a lâché la main de Margot pour prendre Pauline dans ses bras. Elle sanglote. Margot lève les yeux au ciel. Décidément, Pauline ne supporte pas de ne pas être le centre de l'attention. Puis Margot commence à ôter sa combinaison.

Pendant tout ce temps, les signaux n'ont pas cessé. On dirait que mon rescapé n'a plus peur d'user sa pile, se dit Margot. Il doit comprendre qu'elle a des chances d'avoir une vie plus longue que lui. Ça ferait une bonne pub pour des piles, ça, non ? Non. Margot fait une boule de sa combinaison et de sa charlotte et la fourre dans son sac dont elle sort son arme, qui lui semble soudain dérisoire. Elle sent encore assez fort le désodorisant au vétiver mais elle compte sur l'odorat super développé des monstres pour déceler l'odeur du sang qui coule dans ses veines et tape à un rythme de plus en rapide dans ses tempes. Elle est prête. Non, c'est faux mais elle ne le sera de toute façon jamais.

– J'y vais !

Lucas tourne la tête vers elle et écarquille les yeux. On dirait qu'il avait totalement oublié la situation. Margot n'en revient pas. Entre Pauline qui se croit dans *Plus belle la vie* et lui qui déconnecte de la réalité en un clin d'œil, elle est bien entourée !

– J'y vais, répète-t-elle.

– OK, OK, bégaie Lucas.

– Vous vous rappelez le plan ? s'inquiète Margot.

– Oui, oui, le buisson, marmonne le garçon, la courte-échelle, la combinaison…

Margot hoche la tête. Elle n'a pas d'autre choix que de compter sur eux. Elle se dirige à grands pas vers la meute des zombies affamés. Combien peuvent-ils être ? Impossible à dire. Plusieurs dizaines. Les bras tendus, ils se poussent, se bousculent, se marchent dessus pour être le premier à atteindre le mur. Leurs grognements inhumains font complètement oublier qu'ils étaient, hier encore, des femmes, des hommes, des enfants. Margot serre son arme entre ses doigts. Elle a également une bombe de désodorisant dans la poche. Elle aurait préféré un autre genre de bombe. Une qui exploserait et réduirait ces horribles créatures en chair à pâtée.

Aucun des monstres ne l'a encore remarquée. Les jambes légèrement écartées, elle lève les bras en l'air et se met à crier :

– Eh là-haut ! On a vu tes signaux ! On est là pour t'aider !

Déjà plusieurs zombies ont tourné leur face déchiquetée vers elle. Ils semblent décontenancés. Apparemment, c'est la première fois que leur repas vient à eux de son plein gré. Et qu'il dégage une odeur aussi pestilentielle.

– Ohé ! crie encore Margot sans les quitter des yeux. Ohé, là-haut ! On est là pour vous aider ! On…

Margot n'a pas le temps de finir sa phrase, une créature a sauté et atterri à moins d'un mètre d'elle. Les autres s'approchent à leur tour en grognant. Ils sont hideux et dégagent une odeur de pourriture qui prend Margot à la gorge. Elle recule. Du coin de l'œil, elle aperçoit l'ovale d'un visage blanc sur le toit de la bibliothèque. Le rescapé. Une partie de son cerveau enregistre l'image et la traduit – c'est un gosse ! – pendant qu'une autre commande à ses jambes de détaler le plus vite possible.

*

Roger a ouvert les yeux. Combien de temps a-t-il dormi, perché sur ce toit ? Non loin de lui, un chat pelé l'observe d'un œil curieux. Engourdi, Roger se lève en prenant appui contre le conduit de cheminée et fait un peu bouger ses bras et ses jambes. Le chat ne bouge pas. C'est à ce moment qu'il le voit. Un signal lumineux. Lointain, inaccessible. Un humain qui appelle au secours. Roger ne peut pas rester là. Il a besoin d'un but. Celui qu'il s'était fixé au départ est le seul qu'il entrevoit : trouver une autre âme. Un mince filet de fumée gris clair s'élève encore des ruines de sa maison. En bas, les zombies poursuivent leur sarabande. Roger reprend son sac plein d'armes et, tel un roi mage, suivant l'étoile du Nord, décide d'aller à la rencontre de cette lumière clignotante. À bonne distance, le chat lui emboîte le pas.

*

Margot n'avait jamais couru aussi vite de sa vie. Mais les zombies étaient plus rapides qu'elle, plus puissants et plus athlétiques aussi. Et affamés. Elle n'avait aucune chance, elle le savait.

Alors, elle a tenté la ruse. Parce que, manifestement, le cerveau des zombies a pourri en même temps que leurs chairs.

Le quartier a mauvaise réputation. Quand on en parle dans les journaux, il est toujours question de voitures brûlées, de règlements de compte et de drogue. C'est d'ailleurs là qu'habitait Marvin, le garçon de sa classe qui s'est fait arrêter pour trafic de crack. Précisément dans la plus haute tour de la cité, surnommée par les journalistes de faits divers de *Sud-Ouest* « la tour infernale ». Soudain, Margot a repensé à ce qu'elle l'avait entendu raconter au réfectoire... Son arme secrète récupérée dans sa cuisine – un rouleau à pâtisserie – à la main, les créatures sur les talons, elle s'est engouffrée dans le hall de la tour. La porte vitrée était brisée comme chez elle. La porte du local poubelle était intacte et elle l'a ouverte d'un coup d'épaule. Il faisait noir comme dans un four. Les zombies se sont immobilisés dans le hall et ont commencé à gémir. On aurait dit des chiots privés de tétée. Ils ne comprenaient pas où Margot avait disparu. Ce qui laissait à la jeune fille quelques minutes pour trouver cette fameuse sortie de secours percée par les délinquants pour échapper à la police, en espérant que Marvin n'avait pas tout inventé. Sans lampe de poche, pas évident. Elle a passé frénétiquement ses mains à tâtons sur les murs râpeux jusqu'à trouver la fameuse porte. Sauvée. Sauf qu'au même moment, les zombies pénétraient dans le local. Dans l'entrebâillement de la porte, le rouleau à pâtisserie au poing, elle a frappé à l'aveuglette. Frappé et frappé encore avec une force qu'elle ne se connaissait pas. Le rouleau s'abattait sur les membres putréfiés, sur les têtes, les explosant comme des pastèques. La massue improvisée rentrait presque comme dans du beurre, éclatant les chairs et les os. Les corps s'écroulaient autour d'elle dans un râle. C'était immonde. Margot a reculé et refermé la porte derrière elle. Des bras de zombies sont restés coincés, elle a tiré la porte plus fort, est parvenue à la refermer complètement. Et a pris ses jambes à son cou.

Sous le choc, Margot a couru, couru sans s'arrêter jusqu'à ce que son pied trébuche sur un rebord en ciment. Elle s'est écroulée sur un carré d'herbe détrempé et sans doute parsemé de crottes de chiens. Elle avait réussi à semer la meute, mais déjà son odeur de sueur et de panique avait attiré d'autres monstres.

Ils n'étaient plus qu'à quelques pas.

Margot a brandi son rouleau à pâtisserie ensanglanté et s'est mise à hurler.

*

En passant de toit en toit, Roger en a entendu des cris. De douleur, de peur, d'agonie. Des rues en contrebas, lui parvient un fracas incessant de vitres brisées, de portes défoncées, de grognements. Les morts-vivants vont chercher dans les maisons les malheureux qui ne s'étaient pas assez bien barricadés. Parfois, Roger s'arrête, se met en position et tire – il a gardé son fusil à pompe à la main – mais l'obscurité l'empêche de viser correctement. Il est loin de faire mouche à chaque fois.

De toute façon, il ne peut pas se permettre de perdre du temps. Il veut rester concentré sur les signaux lumineux. Pendant un moment, ils se sont accélérés. Roger a pressé le pas. Son équilibre s'est amélioré. Il est encore loin de l'agilité du matou qui continue de le suivre mais il a pris de l'assurance.

À mesure qu'il s'éloigne du centre ville, il remarque que la population zombie devient moins dense. Et ça tombe bien, car le chemin de toitures de Roger s'arrête là. Une boule d'angoisse lui obstrue la gorge. Jusqu'à présent, il ne risquait rien. Une fois en bas, il sera à portée des morts-vivants. Il remonte la bandoulière de son sac sur l'épaule et serre la crosse de son fusil. À la portée des morts-vivants, certes, mais eux ne seront pas tout à fait à égalité avec lui.

Le signal s'est arrêté depuis un certain temps mais Roger ne doit plus être très loin. Avec un peu de chance…

C'est alors qu'il cherche un moyen de rejoindre le sol que Roger entend le cri. Tout près. Il saute sur un muret, manque de tomber, se redresse et saute encore. Aïe ! Il s'est tordu la cheville. Mais Roger ne s'attarde pas sur la douleur. Il a une mission. Il marche vite tout en tirant en l'air. Et puis, il les voit. Une petite dizaine de zombies près de se jeter sur une ombre, il épaule, vise, tire, recharge, épaule à nouveau, vise, tire, recharge.

Les zombies tombent un à un, la tête explosée. L'ombre s'est redressée. Elle a une espèce de massue qu'elle fait voler au-dessus de sa tête et qu'elle abat violemment sur les créatures.

Roger continue de tirer sans cesser d'avancer. Voilà, le dernier monstre s'est effondré en un tas informe à ses pieds. L'ombre, frêle, jette à Roger un regard halluciné. Elle lâche sa massue et lui tombe dans les bras.

Roger écarte doucement les cheveux collés sur le front de la jeune fille. Elle est couverte de sang, d'éclats d'os et de morceaux de cervelle. Elle dégage une drôle d'odeur, un mélange de charogne et de désodorisant.

Roger la serre contre lui.

Enfin, un être humain.

*

Ils ont suivi le plan de Margot à la lettre. Dès que les zombies se sont lancés à ses trousses, ils ont couru vers la bibliothèque. Lucas n'a pas eu besoin de faire la courte-échelle à Pauline, elle s'est aidée de barreaux de fer bétonnés dans le mur pour permettre l'entretien du toit terrasse. Le rescapé était là. Un minot ! Il était grelottant et brûlant de fièvre. Dans une main, il tenait une lampe torche, dans l'autre, un livre. Pauline lui a enfilé la combinaison stérile et l'a pris dans ses bras. En le serrant contre elle, elle pensait à son petit frère. Jérémy était aussi blond que ce gamin est brun mais il avait sensiblement le même âge. Pauline ne veut pas revoir son frère sous les traits déformés du monstre assoiffé de sang collé à la vitrine de cette maudite épicerie.

– Comment tu t'appelles ? souffle-t-elle.

Les lèvres blanches et gercées de l'enfant remuent mais il n'émet aucun son.

Pauline lui passe une main tendre sur la joue.

Ce n'est pas facile de redescendre les bras chargés. Lucas lui tend les bras, en jetant des regards effrayés dans toutes les directions. Mais Pauline refuse de lui passer son fardeau. L'enfant, qui n'avait pas voulu lâcher son livre, avait entouré ses bras maigres autour de son cou et calé sa tête contre sa poitrine.

– On fait quoi maintenant ? chuchote Lucas.

– On rentre.

– Et Margot ?

– Elle va se débrouiller. Notre priorité, c'est ce môme. Il est malade, il a besoin de soins.

Lucas dévisage Pauline.

– T'es infirmière, toi maintenant ? s'enquiert-il sans pouvoir s'empêcher de teinter sa question d'une pointe d'ironie.

Pauline ne daigne pas répondre.

Alors qu'ils reprennent le chemin en sens inverse, le petit garçon ouvre les yeux. Ses iris brun foncé ont un éclat inquiétant.

– Tu es un fantôme ? articule-t-il dans un souffle.

Oui, bien sûr, c'est à cause de la combinaison, de la charlotte et du masque blancs. Pauline sourit. Elle ne se connaissait pas cette faculté d'attendrissement. Ce doit être la fatigue, se rassure-t-elle.

– Non, murmure-t-elle à l'enfant, je suis ta grande sœur.

Un sourire se dessine sur les lèvres du gamin.

– Ça se peut pas ! T'es bien plus jolie que ma grande sœur.

*

Roger a entraîné la jeune fille en terrain moins découvert. Elle a absolument tenu à récupérer sa massue et il s'est aperçu avec une certaine émotion qu'il s'agissait d'un rouleau à pâtisserie. C'est un signe, a-t-il pensé, le cœur gonflé d'une émotion inconnue.

Elle a dit s'appeler Margot. Il l'a assise contre un mur afin de prendre le temps de recharger son arme, puis il l'a hissée sur son dos. Au début, elle a protesté mais Roger n'a pas cédé.

– Tu es épuisée et encore sous le choc, a-t-il affirmé. Si on a besoin de courir, tu en seras incapable.

Alors qu'ils allaient partir, un miaulement a attiré leur attention. Le matou était là, oreilles dressées. Lui aussi était à la recherche de compagnie et il venait manifestement de décider que Roger et Margot feraient l'affaire.

– Mon père va pas être content, a seulement commenté Margot. Il est allergique aux poils de chats.

ONZE

Enzo ouvre les yeux. Il ne comprend pas où il est. Enfin, il voit bien qu'il est allongé dans un lit, que les murs de la chambre sont jaune pâle, que les rayons du soleil passent à travers les rideaux, mais il ne se rappelle pas comment il est arrivé ici.

Il a fait un drôle de rêve.

Un fantôme le sauvait des zombies.

Peut-être que les zombies aussi étaient un rêve.

Non, ça non, Enzo est sûr que les monstres étaient bien réels. L'image de Mlle Louanne transformée en l'un d'entre eux est à jamais incrustée sur sa rétine.

Des voix étouffées lui parviennent de la pièce voisine.

Il s'assoit sur le rebord du lit et essaie de se lever mais ses jambes sont trop faibles. Même s'il parvient à se mettre debout, il ne pourra pas faire plus de deux pas sans s'écrouler. Il a terriblement soif. Sa gorge et ses lèvres sont plus sèches que le désert où l'aviateur a rencontré le Petit Prince.

Soudain la porte de la chambre s'ouvre et une jeune fille apparaît, un verre d'eau à la main. Elle s'assoit à côté de lui et pose une main fraîche sur son front.

– Tu es beaucoup moins chaud ce matin. L'aspirine commence à faire effet. Tu m'as fait peur, tu sais.

Enzo la reconnaît à ses yeux. C'est le fantôme qui lui a sauvé la vie. Il savait qu'elle était belle. C'est peut-être à ça que sa sœur ressemblerait sans maquillage.

– Comment tu t'appelles ? lui demande la fée-fantôme.

– Enzo, répond-il d'une voix enrouée.

– Moi, c'est Pauline, sourit son héroïne. Tu es en sécurité ici avec nous.

Enzo boit une gorgée d'eau fraîche avant de demander.

– C'est qui les autres ?

– Des amis, sourit Pauline.

– Je peux les voir ?

La jeune fille secoue la tête.

– Je vais leur demander de passer te faire coucou si tu veux, mais pour l'instant, tu dois rester bien au chaud et te reposer. Ça va aller.

Enzo hoche la tête et laisse Pauline le recoucher et tirer la couette sur lui. Il est au paradis.

*

– Ça ne va pas être possible, ça ne va pas être possible !

– Papa ! On n'a pas le choix !

– Non, ça ne va pas être possible ! C'est sûr, ça ne va pas être possible !

Thierry Donnette tourne en rond dans la cuisine dont Margot a prudemment fermé la porte.

Elle a passé une sale nuit. Et le pire moment n'a pas été celui où les zombies se sont rués sur elle alors qu'elle était à leur merci, étalée de tout son long sur une pelouse trempée.

En arrivant chez elle, presque sans encombre, – Roger avait quand même dégommé une bonne vingtaine de créatures sur le trajet – elle avait réalisé qu'elle était couverte de sang et de matière cervicale infectée. Sans même se préoccuper de savoir si Lucas et Pauline étaient rentrés avec le rescapé, elle s'était enfermée dans la salle de bains et avait frotté chaque millimètre de son corps à l'eau de Javel.

Se sentant un peu abandonné, Roger avait fini par s'asseoir sur un des fauteuils du salon, son fusil sur les cuisses ; il était emprunté comme un homme des cavernes invité à l'heure du thé. Un homme, sans doute le père de Margot, était allongé sur le canapé et ronflait comme un sonneur. Roger n'osait pas faire un mouvement et regardait autour de lui avec la tête du type qui entre pour la première fois dans un musée. Au bout d'un moment, ne voyant pas revenir la jeune fille, il s'était levé pour aller frapper à la salle de bains.

– Ça va ? avait-il demandé à travers la porte.

– Oui, ça va, lui avait répondu Margot. Mon père est là ?

– Euh… je crois qu'il dort, avait bafouillé Roger.

– Merci pour le soutien psychologique, avait ragé l'adolescente.

Nue – elle avait seulement gardé la montre de sa mère au poignet et les aiguilles immobiles lui donnaient l'impression que le temps s'était arrêté – et frigorifiée, la jeune fille avait continué de scruter avec angoisse son reflet dans le miroir, à la recherche du moindre indice de mutation.

Roger avait attendu un moment, debout dans le couloir, et voyant que rien d'autre ne venait, il avait fini par se rasseoir. Pourtant, il y avait d'autres gens dans l'appartement. Des voix lui parvenaient d'une des chambres. Mais il n'avait pas osé aller se renseigner.

Margot s'était rhabillée – parka comprise à cause du froid – mais était restée enfermée jusqu'aux premières lueurs de l'aube, à se demander ce qu'elle ferait si elle sentait soudain qu'elle se transformait en zombie. Aurait-elle le courage de se jeter par la fenêtre ? Ou d'utiliser le fusil de Roger pour se tirer une balle dans la tête ? Elle avait le souffle court, le bout des doigts qui la picotaient et la tête qui tournait, étaient-ce les premiers signes ? Ou seulement une crise d'angoisse ? Mais elle n'était pas sujette aux crises d'angoisse, ça, c'était son père.

Au petit matin seulement, elle avait commencé à être rassurée. Elle l'avait observé elle-même, la contamination était plus rapide. Elle s'était passé de l'eau sur le visage et était sortie.

Dans sa chambre, elle avait trouvé Pauline en train de veiller sur un petit garçon. Elle aussi avait gardé son blouson. Tout occupée à regarder l'enfant, Pauline avait à peine bronché en la voyant entrer.

– Je suis là, avait dit Margot.

– Je vois, avait répondu Pauline. C'est bien.

Et puis, sans transition, elle avait ajouté :

– Enzo va mieux. Je lui ai donné de l'aspirine et je lui ai appliqué des compresses fraîches sur le front. J'ai vu ma mère faire ça à Jérémy une fois qu'il était malade.

Margot avait cligné des yeux. Un paquet de trucs la perturbaient dans cette scène. Premièrement, Pauline n'avait pas l'air plus impressionnée que ça de voir Margot saine et sauve après l'avoir laissée à la merci de dizaine de zombies. Deuxièmement, elle n'aurait jamais imaginé son ex-meilleure amie dans le rôle de la brave petite infirmière.

Elle était sortie sans faire de commentaires. En jetant un coup d'œil dans la chambre de son père, elle avait aperçu

Lucas dans les bras de Morphée et elle s'était ensuite dirigée vers la cuisine, attirée par une étrange odeur. Étrange mais incroyablement agréable.

Là, elle avait trouvé Roger, débarbouillé, changé, un tablier sur la poitrine, occupé à préparer… des petits gâteaux.

– Des sablés à la vanille et à la cannelle, avait-il précisé dans un sourire.

Margot avait de nouveau cligné des yeux. L'homme qui lui avait sauvé la vie en dézinguant sans sourciller des dizaines de zombies était maintenant en train de jouer les parfaites ménagères.

Décidément, rien ne se passait normalement.

Elle était allée réveiller son père et avait convoqué tout le monde dans le salon. Tout de suite !

Et c'est là que ça avait mal tourné.

Ils avaient fait le point. Roger s'était d'abord présenté et avait ouvert son sac rempli d'armes à feu. Lucas s'était extasié comme un gosse devant ses cadeaux un matin de Noël. Ensuite, Pauline avait parlé d'Enzo, le gamin qu'ils avaient sauvé dans la nuit.

À ce moment-là, le père de Margot avait pété un câble.

– Un enfant malade ? Et tu l'as fait rentrer ici ? Tu es folle ? C'est beaucoup trop dangereux ! Tu imagines tous ces germes ! Tous ces microbes !

Sous les yeux éberlués de tout le monde, sauf ceux de sa fille, il s'était levé en hurlant :

– Tu te rends compte ! Des microbes ! Un enfant malade ! Tout doit déjà être infesté !

Il avait sorti un paquet de lingettes javellisées de sa poche et avait commencé à frotter frénétiquement les surfaces à portée de sa main. C'est ce moment que le chat avait choisi pour sauter sur la table à manger. Le chat. Margot l'avait totalement oublié. Il avait dû passer sa nuit sous le buffet et personne ne l'avait encore remarqué.

Thierry Donnette avait failli s'évanouir. Margot avait dû le prendre par la main et l'entraîner dans la cuisine en lui parlant comme à un gamin de trois ans.

– Je ne peux pas, Margot. Tu dois, comprendre, halète-il. Un enfant malade et un chat ! C'est ce qu'il y a de pire. Ces animaux sont porteurs de tout un tas de maladies transmissibles à l'homme ! Je n'ai aucune idée d'où il a pu se frotter dans l'appartement. Il faut que je nettoie ! Je vais tout passer à la vapeur et ensuite, je javelliserai. À moins que... il doit rester de l'alcool à 90, quelque part ! Je vais passer tout l'appartement à l'alcool à 90. Tu leur as dit de mettre l'enfant et le chat dehors, Margot ? Tu leur as dit ?

Margot est habituée aux crises de son père. Même si elles se sont espacées ces dernières années, un choc ou un stress particulier – une émission médicale à la télé par exemple – peut en déclencher une. Dans ces cas-là, Thierry semble comme possédé par son obsession et il devient imperméable à la réalité. Margot sait que le seul moyen de le gérer est de le laisser s'exciter, puis de lui faire avaler en douce un calmant et enfin de le laisser faire un grand ménage. Mais aujourd'hui, elle est à bout de nerfs.

– Arrête, papa ! Tu m'entends, arrête !

Elle se dirige vers la fenêtre de la cuisine et remonte violemment le store avant d'attraper son père par le coude.

– Regarde dehors, papa ! Tu vois ce qui se passe !

Thierry Donnette jette un regard distrait dans l'allée. Il ne semble pas percuter.

– Il faut que tu leur dises de mettre l'enfant et le chat dehors, répète-t-il.

– Il y a des zombies dehors, papa ! Des morts-vivants qui sont prêts à tout pour nous bouffer ! On ne peut mettre personne dehors ! Je te ferai remarquer que pendant que tu roupillais comme un bienheureux, on a risqué notre vie pour cet enfant que tu veux livrer aux monstres !

La jeune fille saisit son père par les épaules et le secoue comme un prunier. Elle n'a plus envie de le protéger. Le monde autour d'eux s'est écroulé ; il faut qu'il en prenne conscience. Il n'y a plus de place pour sa folie dans ce chaos.

– Quand je suis rentrée, cette nuit, poursuit-elle d'une voix aiguë prête à se briser, j'étais couverte du sang de ces bestioles ! Et toi, tu me dis que tu flippes pour un rhume et trois puces !

Margot éclate en sanglots. Avant le romantisme, elle avait étudié les surréalistes en français et elle se dit que Kafka aurait sûrement su apprécier l'absurdité de cette situation.

Les larmes de sa fille laissent Thierry pantois. Ça ne se passe pas comme ça d'habitude. Il arrive qu'elle se fâche, le gronde mais elle ne pleure jamais. Un pan de brume se lève dans son cerveau obscurci par la phobie. Zombies, Margot a parlé de zombies... cette nuit... les signaux... les morts-vivants... l'interview... le laboratoire pharmaceutique... tout se brouille de nouveau.

– Il faut que tu leur dises de mettre le chat et l'enfant dehors, répète-t-il, comme pour s'accrocher à une réalité finalement moins angoissante que celle qui est en train de lui revenir doucement. Il fait froid, ajoute-t-il soudain.

Margot lève vers lui ses yeux noyés de larmes.

– Il n'y a plus d'électricité, lui rappelle-t-elle.

Thierry se mord nerveusement l'intérieur de la joue.

– Et puis je suis allergique aux poils de chat, marmonne-t-il.

– Tout ça, c'est dans ta tête, papa, souffle Margot plus pour elle que pour lui. Tu n'étais jamais malade avant la mort de maman.

C'est un sujet tabou qui n'a jamais été évoqué entre eux.

– Je... commence Thierry.

Mais il s'arrête. Il appuie le front contre la vitre et se perd dans la contemplation des zombies qui errent en traînant des pieds dans l'allée.

Comme la veille, aux premières lueurs de l'aube, les créatures sont redevenues apathiques. Même d'ici, Margot reconnaît quelques-uns de ses voisins et la culpabilité lui étreint la poitrine. Puis elle repense à Enzo. Ils l'ont sauvé ! Ils ont réussi.

Et à présent, ils doivent s'organiser.

Margot sort de la cuisine. Son père devra apprendre à gérer ses angoisses tout seul, cette fois.

Dans le salon, Roger et Lucas sont en pleine discussion. Lucas sort les armes une par une et pose cent mille questions à Roger. Bizarre, se dit Margot, hier il ressemblait à une marionnette dont on a coupé les fils et ce matin, alors que notre espoir de survie n'a jamais été aussi faible, il s'anime de nouveau.

– Où est Pauline ? demande-t-elle.

– Avec son protégé, répond Lucas sans prendre la peine de se tourner vers elle.

Au même moment, Pauline apparaît, le visage décomposé.

– J'ai essayé tous les robinets de l'appartement, on n'a plus d'eau, déclare-t-elle d'une voix blanche.

Margot s'assoit. Le chat, sorti d'on ne sait où, saute sur ses genoux et se couche en ronronnant. Margot le caresse machinalement. Elle a toujours rêvé d'avoir un chat. Elle l'aurait appelé Ronron. Pas très original, mais ça irait bien à celui-là.

– Il fallait s'y attendre, commente-t-elle. Je ne sais pas exactement comment ça fonctionne, mais je suppose que sans réseau électrique, l'eau ne peut pas être acheminée.

Pauline lui jette un regard noir comme si tout était sa faute.

– Enzo est encore un peu fiévreux. Il a besoin de boire beaucoup. Il me faut de l'eau !

– Nous avons tous besoin d'eau, la rembarre sèchement Margot.

– Ne serait-ce que pour les toilettes, remarque pertinemment Lucas.

Margot n'y avait pas pensé. Ils sont maintenant six dans l'appartement. Plus un chat. Sans eau, sans électricité et avec des provisions limitées.

– On pourrait commencer par aller voir dans les appartements voisins, propose Lucas. Peut-être qu'on trouvera de l'eau en bouteille.

Et des couvertures et de la nourriture, songe Margot.

– Ça peut être dangereux, glisse Roger qui n'avait pas encore pris part à la conversation.

– Si les zombies arrivaient à monter les escaliers, ils auraient déjà envahi l'immeuble, fait remarquer Pauline.

– C'est vrai, approuve Margot, mais je suis sûre que certaines personnes sont rentrées chez elle après avoir été contaminées. Quelques-unes sont sans doute descendues alors qu'elles étaient en pleine mutation. Il suffit de voir les portes défoncées et les traces de sang à chaque palier, mais il peut en rester dans les appartements.

– Vous croyez que c'est partout comme ça ? demande Pauline. Vous croyez qu'il reste des survivants quelque part ?

– Bien sûr que oui, affirme Lucas. Les secours vont sûrement bientôt arriver. Le gouvernement a dû aller se mettre à l'abri. Ils ont forcément des bunkers pour se planquer, des endroits ultra-sécurisés d'où ils peuvent continuer à diriger le pays. L'armée doit déjà être en route. Ça met du temps, c'est tout.

– Ça, ça m'étonnerait !

Toutes les têtes se tournent vers le père de Margot qui vient d'entrer dans le salon. Il semble avoir recouvré son calme et ses esprits.

– Pendant que vous étiez dehors cette nuit, reprend-il, j'ai utilisé l'ordinateur portable de Margot. Il avait encore de la batterie.

En un tout autre temps, Margot se serait insurgée contre ce viol patent de sa vie privée et de sa propriété mais là, elle n'y pense même pas. Elle est bien trop contente de voir que son père a apparemment surmonté sa crise. Elle se demande si ça a quelque chose à voir avec le fait qu'elle ait évoqué sa mère. Peut-être n'aurait-elle pas dû tant le protéger toutes ces années.

– J'ai pris contact avec deux anciens collègues envoyés spéciaux aux États-Unis, reprend Thierry. Ils m'ont appris que le gouvernement français n'avait envoyé aucun communiqué. L'épidémie touche toute l'Europe et d'autres continents, comme l'Amérique, enregistrent les premiers cas. Le trafic aérien mondial a été interrompu, des quarantaines sous bulles sanitaires ont été mises en place dans la plupart des aéroports internationaux mais ils ne sont pas sûrs que ce sera suffisant.

– Et… ils savent d'où ça vient ? demande Margot.

– Plusieurs rumeurs courent. Selon mon confrère de Washington, la plus probable met en cause des recherches menées par l'armée…

– J'en étais sûr, souffle Lucas. C'est comme dans Xfiles !

– Ça ne résout pas le problème de l'eau, lance Pauline au bout d'un moment.

À contrecœur, Margot est bien obligée de reconnaître qu'elle n'a pas tort. C'est bien beau d'en apprendre plus sur l'origine de la catastrophe mais ça ne les empêchera pas de mourir de faim ou de soif. Ou de septicémie s'ils ne trouvent pas de solutions pour les W.-C.

– C'qui faudrait, c'est qu'on fabrique une fusée et qu'on parte sur une autre planète.

Personne n'avait remarqué la petite silhouette emmitouflée dans sa couette, qui s'est silencieusement glissée dans le salon.

Enzo semble aller beaucoup mieux ; sa fièvre était sans doute due au choc et à un coup de froid. Tous les regards sont tournés vers lui mais seul un silence embarrassé répond à sa suggestion.

– Vous inquiétez pas, je suis pas débile, je sais que c'est pas possible ! grimace-t-il en allant naturellement s'asseoir près de Pauline, qui passe aussitôt son bras autour de ses épaules.

– Ce que vient de dire le gamin n'est pas si bête, intervient Roger. On ne peut pas rester ici. Qui dit grande ville dit beaucoup d'habitants, et qui dit beaucoup d'habitants dit beaucoup de zombies.

– On irait où ? demande Lucas.

– Je ne sais pas. À la campagne.

– Je ne suis pas d'accord ! s'écrie Pauline. On sait que les zombies ne savent pas monter les marches et on est au sixième étage. C'est ici qu'on est le plus en sécurité, on devrait…

– Sauf qu'ici on ne peut pas faire de feu pour se réchauffer sans risquer de déclencher un incendie, la coupe Margot.

– Sauf qu'on a aucune idée d'où aller, la rabroue Pauline en montant le ton. Et que dehors on a toutes les chances de se faire bouffer. C'est pas parce que tu as eu une ou deux bonnes idées que tu dois te croire la chef !

Margot sent la moutarde lui monter au nez.

– C'est toi qui te prends pour la chef ! crache-t-elle. Si tu penses que je vais oublier ce que tu as fait, tu te mets le doigt dans l'œil et si t'es pas contente, tu peux aussi te casser !

Pauline s'est levée, rouge comme une crête de coq.

– Ah oui, c'est ça ton truc maintenant ! Nous rappeler qu'on est chez toi ! T'es vraiment minable et si tu crois qu'Enzo et moi on a besoin de toi, tu te goures pas qu'un peu ! Et puis, pour Lucas, tu crois quoi ? Que je l'ai forcé ? T'as qu'à lui demander ! C'est juste que je suis plus marrante et plus sexy que toi ! Faut dire que c'est pas difficile !

Lucas secoue la tête, désespéré. Quand Roger l'interroge du regard, le jeune homme lui répond par un haussement d'épaules.

Évidemment, il savait que c'était super risqué, cette histoire. Il savait qu'il n'aurait pas dû tromper Margot avec sa meilleure amie. Mais comment résister à une jolie fille qui lui fait comprendre qu'elle veut sortir avec lui. Il n'avait pas toujours eu autant de succès. Jusqu'à ses quinze ans, il était dévoré par la timidité. Et puis, un jour, il avait décidé de se prendre en main. Il avait lu des tas d'articles sur le Net sur des techniques de drague et il lui avait suffi de les mettre en pratique. C'était quand même pas sa faute si ça avait trop bien marché ! Et puis, franchement, est-ce que c'était bien le moment de se disputer pour ça ? Avec les zombies dehors et tous les problèmes qu'ils avaient à régler !

Mais les deux filles se sont dangereusement rapprochées l'une de l'autre au point que leurs nez se touchent presque. Dans une seconde, elles vont en venir aux mains.

– Attendez, attendez ! s'exclame alors Lucas, comme frappé par un éclair de génie et surtout prêt à tout pour changer de sujet. Ma tante a une maison de campagne, à côté de Libourne. On pourrait aller se réfugier là-bas.

– Ça m'étonne pas de toi ! siffle Pauline en se tournant brusquement vers lui. Tu te mets de son côté !

Puis elle se laisse retomber sur le canapé. Margot, les narines pincées, se rassoit à son tour.

Roger se racle la gorge avant de prendre la parole :

– De toute façon, on ne peut pas partir sans préparation. Ça nous laisse un peu de temps pour réfléchir.

– C'est vrai, acquiesce Lucas. Il faut faire une liste de ce que nous avons en notre possession et de ce dont nous aurons besoin. Il faut aussi mettre la main sur une carte et tracer un itinéraire et puis décider du meilleur moment pour lever le camp...

– Comment tu sais tout ça ? s'étonne Margot. Tu es la personne la plus désorganisée que j'ai jamais rencontrée !

– C'est juste la check-list de mission dans *Warning Zone 3* ! répond Lucas.

Voilà, songe Margot, un jeu-vidéo. C'est à ça que Lucas passait son temps quand il ne regardait pas de films de zombies.

– Bon, et on s'y prend comment ? soupire Pauline comme si toute la discussion la fatiguait au plus haut point.

– Je crois qu'il faut commencer par explorer cet immeuble ! lance Lucas qui a soudain pris de l'assurance.

C'est vrai quoi ! Ras-le-bol des filles qui passent leur temps à se crier dessus !

– Avec les fusils de Roger, ça va être du gâteau ! ajoute-t-il. Pas vrai, Roger ?

L'armurier hoche la tête.

– D'accord, opine-t-il, mais avant, en parlant de gâteau, j'aimerais que vous goûtiez tous mes sablés vanille-cannelle. Ils doivent avoir refroidi maintenant.

DOUZE

Toute la troupe s'est rassemblée dans la cuisine. Le four à gaz que Roger avait laissé allumé répandait une douce chaleur. Jamais Margot, ni aucun des autres, n'avaient mangé d'aussi délicieux biscuits. Ils en auraient presque oublié l'apocalypse si Roger n'avait pas demandé :

– Lequel d'entre vous a déjà tiré ?

Thierry et Enzo ont pioché un nouveau gâteau sans répondre, les filles ont haussé les sourcils et Lucas a lancé crânement :

– Moi ouais, dans *Ghost squad* sur la Wii. Je m'étais acheté le flingue !

Pour Roger, le garçon aurait aussi bien pu parler chinois.

– Et ça vous dirait d'aller faire un peu d'entraînement sur le balcon ? a-t-il poursuivi sans chercher à comprendre.

– Carrément ! s'est exclamé Lucas.

Pauline et Margot se sont contentées de hocher la tête mais c'est d'un pas décidé qu'elles ont suivi Roger et Lucas.

Réinstallé à la table du salon, Thierry s'est replongé dans ses papiers, non sans avoir essayé trois ou quatre fois d'allumer son ordinateur, avant de se rappeler qu'il n'y avait plus d'électricité.

Enzo a terminé *Le Petit Prince* ; il a donc fouiné dans les étagères du salon et dégotté un exemplaire des *Fourberies de Scapin* de Molière. Mlle Louanne lui avait parlé de cet auteur. Elle lui avait même promis de l'emmener au théâtre un de ces jours. Enzo est tellement émerveillé qu'il en oublierait presque les zombies. Il ne savait pas que des gens pouvaient avoir autant de livres chez eux. C'est presque aussi bien que la bibliothèque ! C'est mieux même parce que quand il s'est calé dans le canapé, Pauline l'a recouvert de sa couette avant de l'embrasser sur le front. Il s'est accroché à son cou et elle l'a serré contre lui une minute. Enzo ne se rappelait pas que quelqu'un lui ait jamais fait un câlin, avant.

– Tu lis ça ? lui a demandé Pauline, surprise en avisant son livre.

– Hmm, a répondu le garçon déjà plongé dans sa lecture.

– C'est drôle, a murmuré Pauline, c'est la pièce qu'on préparait au lycée avant… avant tout ça.

– Hmm, a répété Enzo.

Pauline lui a tendrement passé la main dans les cheveux.

– Tu devrais dormir un peu, lui a-t-elle soufflé.

– Hmm.

Roger a choisi un fusil. Un Baïkal IJ27 magnum double détente. C'est ce qui lui a semblé le mieux pour commencer. Petit calibre, pas trop de recul, un peu lourd peut-être mais solide… C'est celui que son père lui a mis entre les mains quand il avait six ou sept ans. Il ne se rappelait pas l'avoir emporté.

Il l'a chargé lui-même ; l'entretien et le fonctionnement de l'arme fera l'objet d'un autre cours. Aujourd'hui, on se concentre sur le tir à proprement parler.

– Qui veut commencer ? demande-t-il.

– Moi ! s'exclame Lucas en s'emparant du fusil.

Sans attendre, il épaule et ferme un œil. En bas, des zombies déambulent avec lenteur. Lucas prend une longue inspiration et appuie sur la détente. La détonation claque, sèche et brève. Un zombie s'écroule.

– Eh ! Mais t'es malade ou quoi ? s'écrie Margot.

Lucas se tourne vers elle, les yeux écarquillés.

– Quoi ? T'es pas impressionnée ! Hé hé, quand je pense que mes parents disaient que je perdais mon temps sur les jeux vidéo !

Margot n'en revient pas. Attirés par le coup de feu, d'autres zombies arrivent de leur démarche traînante et saccadée.

– T'es malade ! répète Margot. T'as tiré sur...

– J'ai tiré sur un zombie, ouais, rétorque Lucas. C'est quoi ton problème ?

Margot regarde Pauline qui la dévisage d'un air interrogateur ; puis elle se tourne vers Roger.

– On ne peut pas faire ça, souffle-t-elle. Dites-leur.

L'armurier hoche la tête.

– Je n'avais pas l'intention de vous faire prendre les créatures pour cible, marmonne-t-il, mais...

– C'est ça qui te chagrine ? s'exclame Pauline d'une voix dédaigneuse. Qu'on dégomme ces monstres ! Parce que c'est des monstres, je te rappelle !

– Mais... mais avant, c'était des gens...

– Ça t'a pas gêné jusqu'à présent, réplique Pauline avec véhémence.

– C'était pour sauver ma vie ! Parce qu'ils m'attaquaient !

– Et tu crois que ceux-là, s'ils ont l'occasion, ils vont pas essayer de te bouffer ?

Margot secoue la tête. Une nouvelle fois, elle cherche un soutien du côté de Roger. Le gros homme lui pose la main sur l'épaule.

– Je te comprends, Margot. Je pense comme toi, mais... Pauline et Lucas ont raison eux aussi. Ces... créatures ne sont plus humaines.

– C'était mes voisins... marmonne Margot.

– Et moi, c'était mes parents ! Et mon petit frère ! se met à crier Pauline. Mais ils sont morts ! Tu m'entends, ils sont morts !

Les poings serrés, la jeune fille a les larmes aux yeux. Des larmes de tristesse et de colère. Cette fois, Margot ne se dit pas que Pauline joue la comédie. Une évidence la frappe : Pauline a besoin de faire son deuil. Et la seule façon, pour elle, c'est de considérer ces choses comme mortes et bien mortes.

Elle acquiesce et prend lentement le fusil des mains de Lucas pour le tendre à Pauline. Cette dernière le saisit sans mot dire.

Elle se retourne, épaule, ferme un œil... les zombies sont plus nombreux dans le square... elle appuie sur la détente.

Un mort-vivant s'effondre dans un gémissement.

– Dans le mille, lâche Pauline avec hargne.

L'armurier a fait travailler les enfants pendant trois heures d'affilée. Le recul leur a mis l'épaule en compote mais ils se sont beaucoup améliorés. Margot a refusé de tirer sur les zombies. Elle a choisi comme cible les jardinières sur un balcon de l'immeuble d'en face. Contrairement à ses camarades, elle ne s'est pas révélée très douée. Pauline n'a pas cessé de lui envoyer des piques. Au point que Margot, qui avait commencé à ressentir de l'empathie pour elle après leur altercation, a de nouveau envie de lui coller des beignes.

Enzo a insisté pour participer à l'expédition dans les étages. Pauline a mis du temps à accepter. Elle ne s'est laissé fléchir qu'après qu'Enzo l'a suppliée les yeux emplis de larmes.

– Je ne veux pas que tu partes toute seule.

– Je ne serai pas toute seule, Enzo. Roger, Margot et Lucas m'accompagnent.

– Je veux pas que tu partes sans moi.

– On n'en a pas pour longtemps, je te le promets.

– S'il te plaît, Pauline, a gémi le gamin. Je sais ce qui arrive quand on se fait manger par les zombies…

Pauline n'a pas pu résister à cet argument. Elle aussi ne sait que trop bien ce qui se passe quand on se fait manger par un zombie.

Margot a décrété que les combinaisons n'étaient pas nécessaires cette fois. Elle a surtout remarqué que le stock, contrairement à ce qu'elle avait cru au début, n'est pas inépuisable et qu'il fallait commencer à économiser. Seul Enzo a été obligé d'en revêtir une, les autres se contentent de gants et de masques. Juste avant de sortir, Margot est allée voir son père, qui avait toujours le nez plongé dans une marée de documents.

– On y va, papa. Ça va aller ?

– Oui, oui, bien sûr, ma chérie. Amusez-vous bien.

Retenant un soupir d'agacement, Margot est allée rejoindre ses compagnons.

– Prêts ? demande Pauline.

Elle est la seule à être armée, avec Roger. Lucas a beau être vexé à mort, il est obligé de reconnaître que pour le moment, c'est elle qui a touché le plus de cibles mouvantes. Même si elles n'allaient pas très vite.

– J'ouvrirai la marche, a exposé Roger. Pauline la fermera.

– Ce serait un miracle que Pauline la ferme, a marmonné Margot juste assez fort pour n'être entendue que de l'intéressée.

Ce qui lui a, sans surprise, valu de se faire écrabouiller méchamment les orteils.

L'immeuble fait huit étages, il y a trois appartements par palier. Roger essaie d'abord chez les voisins directs de Margot et son père. C'est fermé à clé. Les locataires font sans doute partie de ceux qui ont été touchés pendant leurs heures de travail ou leurs courses ; ils doivent être quelque part en ville, zombifiés. Le petit groupe décide de monter au septième. Là encore, les portes sont fermées. Au huitième, pareil. La troupe redescend au cinquième et là, le spectacle est tout différent.

Des éclaboussures de sang constellent les murs et le sol carrelé. Les trois entrées ont été fracassées. Margot sent son pouls s'accélérer. Ils entrent dans l'appartement 501. C'est un véritable carnage. Après avoir fait le tour de l'appartement, ouvert à coups de pied portes et placards, s'assurant ainsi que le lieu est vide, chacun prend une pièce. Enzo reste accroché à Pauline comme un noyé à une bouée de sauvetage. Aucun mot n'est échangé. Ils ne communiquent que par gestes. Certains se connaissent à peine, d'autres trop, mais une onde s'est créée entre eux, faite de peur, de combativité et d'instinct de survie. Chacun est muni de sacs-poubelles mais tous se font la même réflexion : prendre quelque chose dans cet endroit, c'est potentiellement risquer la contamination. Ils se retrouvent rapidement sur le palier, bredouilles.

– On n’a pas le choix, commence Margot. On doit aller enfoncer les portes là-haut.

– Elle a raison, approuve Pauline, imitée par Enzo.

Sans autre commentaire, la procession se reforme.

Au septième, Roger tire sur les serrures avant de donner un coup de pied dans la porte du 702. Sur la petite table de la cuisine, une tasse avec un fond de café et deux bols qui ont dû contenir des céréales au chocolat. Des miettes de pain. Sur le canapé du salon, des coussins qui portent encore la marque d’une tête. Sur le buffet, des photos d’une femme entourée de deux petits garçons. Une chambre avec des lits superposés, une couette bleue ornée de voitures, une autre verte ornée de motos ; toutes les deux tire-bouchonnées. Dans la salle de bains, une serviette par terre, trois brosses à dents dans un verre.

Toutes marques d’un quotidien, d’une vie en cours, qui ne font que rappeler cruellement que cette femme et ses deux enfants ne reviendront sans doute plus jamais. Et si c’était sur elle que Lucas avait tiré tout à l’heure du haut du balcon ? se dit Margot. Est-ce que ça veut dire que nous sommes en train de perdre toute humanité ? La jeune fille essaie de se reprendre. Pauline a raison. Les zombies sont des gens morts, elle ne peut plus rien faire pour eux.

La collecte est vite faite. Margot récupère tout ce qui pourra tenir chaud. Pauline ajoute des pulls et des pantalons qui semblent de la taille d’Enzo. Lucas et Roger font la razzia des placards.

Même opération dans l’appartement d’à côté.

Une fois chargé, le groupe redescend. Ils ont tous la gorge nouée. Chacun est assailli par des pensées douloureuses. Pauline songe à sa famille, Lucas à la sienne. Roger et Margot essaient de ne pas penser aux familles souriantes sur les photos accrochées aux murs.

Seul Enzo, un sac-poubelle sur l'épaule, la main glissée dans celle de Pauline, se dit que finalement, il est beaucoup mieux là que chez lui.

Chacun aurait aimé se laver mais l'eau doit être économisée. Ils ont récupéré deux packs dans un des appartements mais ça ne fait jamais que douze litres et à six, ils seront vite bus. Margot décide néanmoins de verser le contenu de deux bouteilles dans le nettoyeur vapeur. Il lui semble indispensable que tous ceux qui sont sortis se désinfectent d'une manière ou d'une autre.

Sur le canapé, Pauline et Enzo parlent à voix basse mais avec animation et rient sous cape de temps en temps. Margot a pris un livre et s'est affalée dans le fauteuil. Le chat est venu la rejoindre et s'est couché sur son ventre. Roger a appris à Lucas à nettoyer et charger les fusils ; maintenant, il réfléchit à ce qu'il va préparer à manger. En rentrant, il a constaté que la gazinière ne s'allumait plus mais ça ne l'a pas étonné. Après tout, c'est dans la logique des choses. Si plus personne ne s'occupe de gestion du gaz ou de l'électricité, des systèmes doivent être prévus pour couper la distribution. Par chance, il a trouvé dans un placard du premier appartement un camping-gaz avec deux petites bonbonnes pleines. C'était dans une caisse en plastique avec tout un attirail de camping. Il a tout emporté. Thierry Donnette, lui, n'a pas bougé de toute l'après-midi. Même lorsque la lumière a baissé, il a à peine remarqué que sa fille allumait les bougies. Dehors, les zombies ont commencé à s'agiter. Margot pense que c'est la faim qui les met dans cet état.

Tout le monde a enfilé trois pulls, sauf Thierry qui semble insensible au froid glacial. Il griffonne, soulève des liasses de papiers et grommelle de façon incompréhensible.

Soudain, il lève la tête et s'écrie :

– Van Deleist !

Margot sursaute. Pourquoi son père clame-t-il le nom de famille de cette salope d'Ava ? se demande-t-elle. Elle s'en veut aussitôt. Tout a tellement changé ces derniers jours qu'elle ne peut plus penser de la même façon. Elle revoit Ava, toujours si parfaite, toujours accompagnée de Mélanie et d'Élodie, qui la vénéraient. Que sont-elles devenues ? Ont-elles survécu ou sont-elles en ce moment-même, en train d'errer dans les rues, les chairs en putréfaction et affamées de chair humaine ? Margot réprime un frisson.

– Qu'est-ce qui t'arrive ? demande-t-elle à son père en caressant le chat qui a à peine remué les oreilles.

Thierry agite triomphalement un calepin à spirale.

– Je l'ai retrouvé ! C'est Van Deleist ! clame-t-il.

Margot fronce les sourcils.

– Van Deleist quoi ?

– J'avais fait un reportage pour France 3 sur les plus grandes entreprises de Gironde. J'étais naturellement allé interviewer Mark Van Deleist ! Son laboratoire pharmaceutique venait de déposer le brevet pour un produit antichute de cheveux.

– Et alors ?

– Et alors, je lui avais demandé quels étaient ses projets pour l'avenir et il avait pris un air mystérieux avant de me répondre : ma prochaine quête est celle de la vie éternelle ! Je l'ai même noté ! Tu te rends compte ! Complètement illuminé, le type ! Et le pire, c'est qu'il avait l'air d'y croire ! Dingue, non ?

Margot ne comprend toujours pas où son père veut en venir.

– Et alors ? répète-t-elle.

– Comment ça et alors ? Mais c'est évident, non ? Un laboratoire pharmaceutique avec un illuminé à sa tête et une épidémie de morts-vivants !

– Ah ! lance Margot, dubitative. C'est évident… Tu sais quoi ? Tu me fais penser à Lucas avec ses théories fumeuses d'un grand complot international ! Et tu m'as l'air encore plus illuminé que ton Van Deleist, conclut-elle en se replongeant dans sa lecture.

Sur ses genoux, le chat ronronne. La lueur de la chandelle vacille doucement sur la petite table à côté d'elle.

Thierry Donnette replonge le nez dans ses piles de papiers.

– Pauline et moi, on a une surprise, annonce Enzo en essuyant sa bouche cernée de sauce tomate.

Roger avait préparé un énorme plat de pâtes bolognaise, il a été nettoyé jusqu'à la dernière miette. L'armurier-pâtissier est loin de sa spécialité, c'est certain, mais il s'est octroyé – avec l'accord enthousiaste des autres – le rôle de cuisinier et compte bien le remplir avec honneur. D'ailleurs, à voir le sourire béat de tout le monde, on peut conclure que pour ce soir du moins il a atteint son but.

– Oui, on a une surprise ! renchérit Pauline en se levant. Si vous voulez bien vous asseoir face à la scène !

En un tournemain, le canapé est déplacé, la table couverte de papiers repoussée. Enzo et Pauline prennent place au milieu de la salle à manger. Le premier a coiffé un bonnet arc-en-ciel un peu trop grand, la seconde a noué une nappe autour de ses épaules. Pauline s'incline :

– Mesdames et messieurs, la troupe des Survivants a le grand honneur de vous présenter…

– … un extrait des *Fourberies de Scapin* ! poursuit Enzo. Pauline fera Géronte…

– … et Enzo fera Scapin, finit d'annoncer la jeune fille.

Le garçon tient le livre à la main et il lit la plupart de ses répliques mais ça n'empêche pas les deux acteurs d'être tout à leur rôle. Le public, calé dans le canapé, rit aux éclats quand Géronte, berné par son valet, ne cesse de répéter : « Mais que diable allaient-ils faire dans cette galère ? Que diable allaient-ils faire dans cette galère ? » Et rit plus encore quand le vieil homme enfermé dans un sac se fait battre à coups de bâton – en réalité le manche du balai – par le fourbe Scapin.

La représentation est très applaudie, les comédiens saluent, presque enivrés par leur succès.

La joie est là, elle flotte dans l'air, palpable. Toute l'angoisse a disparu comme par enchantement. Le bonheur tiendrait-il à un bon repas et quelques éclats de rire ? se demande Margot.

Il a été décidé que, pour avoir moins froid, tout le monde se regrouperait dans le salon. Des matelas sont tirés, des couettes et des couvertures empilées, une mini bataille de polochons débute, les bougies sont soufflées une à une.

Sous sa couette, Enzo pose une question à voix basse à Pauline qui lui répond sur un ton rassurant. Lucas tousse. Thierry se retourne. Roger est immobile, allongé sur le dos, tel un gisant. Les yeux de Margot, fixés au plafond, refusent de se fermer.

Elle l'a senti. L'angoisse n'avait pas disparu. Elle était là tapie, cachée, et elle a profité de l'obscurité pour revenir se glisser en chacun d'eux. Malgré les rires et la chaleur des corps.

TREIZE

– Pouah, c'est dégueulasse !

Margot se redresse brusquement dans son lit. À côté d'elle, le chat s'étire de tout son long et bâille.

– Qui a utilisé les toilettes ? continue de hurler Pauline dans le couloir.

Il fait froid. Bien plus froid que la veille. Thierry doit être réveillé depuis un moment ; il est déjà à la table du salon en train de farfouiller dans ses documents. Roger est en train de s'habiller. Enzo se frotte les yeux et Lucas dort encore, la tête sous l'oreiller.

– Ça puuuuue ! crie Pauline.

– Oui, bon, ça va, on a compris ! la rabroue Margot en se levant.

Le chat se frotte à ses jambes en miaulant avant de filer vers la cuisine à la suite de Roger. Enzo enfile son pull à toute vitesse et lui emboîte le pas. Ces deux-là ont compris que le gros homme était celui qui donnait à manger.

Pauline apparaît dans l'encadrement de la porte du salon et se dirige droit sur Lucas, qu'elle secoue sans ménagement. Le garçon se retourne en grognant.

– Quoi, qu'est-ce qu'il y a ?

– Les toilettes, c'est toi, l'agresse Pauline.

Lucas grimace.

– Eh ben quoi ? J'avais envie de… tu crois quand même pas que j'allais me retenir, non ?

– Mais c'est dégeulaaaaasse, hulule Pauline.

– Ouais, ça je crois qu'on avait compris, marmonne Margot.

Mais au fond, elle pense exactement comme son ex-meilleure amie. Personne n'a osé y faire allusion hier, mais aujourd'hui, on ne va pas pouvoir faire autrement.

Pauline n'en a pas terminé :

– Putain, Lucas ! T'aurais quand même pu tirer la chasse !

– Ah ouais ? Et comment ? Je te rappelle qu'on n'a plus d'eau !

– On a rapporté des bouteilles hier ! Si t'en avais versé une dans la cuvette…

– Non, coupe Margot, ça, c'est l'eau pour boire !

Pauline se tourne vers elle et la foudroie du regard. On aurait dit qu'elle n'attendait que ça : une intervention de Margot pour crier encore plus fort.

– Ah oui ! Et on va se vautrer dans la merde, alors ! C'est ça que tu proposes, madame je-sais-tout !

Margot soupire. Elle n'a pas de réponse, mais elle n'a pas non plus envie de commencer la journée de cette manière. Elle a mal dormi, elle a eu froid, elle a peur. Comme tout le monde dans cet appartement, sans doute. Et pour le moment, la seule solution qu'elle entrevoit au problème, c'est de balancer Pauline par le balcon et de la regarder se faire bouffer par les morts-vivants.

Roger pose sur la table basse une cafetière fumante et une casserole de lait chaud. Enzo et le chat le suivent.

– On ne peut pas rester ici, dit l'armurier de sa voix douce. On doit partir. J'ai fait l'inventaire de nos provisions et on n'en aura pas pour très longtemps.

Pauline se laisse tomber sur un fauteuil, les bras croisés, la mine renfrognée.

– Moi, je veux pas sortir, ronchonne-t-elle.

– Alors, tu devras continuer de te vautrer dans la merde, comme tu dis, lui rétorque Margot.

– Pffff !

– Sérieusement, reprend Roger. Je ne vois pas d'autre solution…

– Mais ces trucs dehors ! l'interrompt Pauline au bord des larmes et de l'hystérie. Ces trucs horribles ! On peut pas leur échapper ! C'est trop flippant ! Je veux pas y retourner, vous entendez !

Margot et Lucas échangent un regard. OK, Pauline est en train de craquer. Cool.

Enzo, qui avait la tête dans un immense bol de lait chaud, lève les yeux. Une moustache blanche orne sa lèvre supérieure. Sans un mot, il se dirige vers Pauline et la prend dans ses bras.

Tout a été décidé. Sur une carte, Lucas a indiqué approximativement l'emplacement de la maison de sa tante. C'est peu avant Libourne, dans les environs d'un petit village nommé Faleyrens. Il leur faudra parcourir plus de trente kilomètres. À pied, ça représente au moins six heures de marche. Aucun d'entre eux ne sait s'il en est capable.

– On ne peut pas partir comme ça, expose Roger. Il nous faut plus de provisions et du matériel.

– Et on va trouver ça où ? grimace Lucas.

– Margot m'a dit qu'il y avait un grand supermarché pas loin.

Chacun a la trouille au ventre mais personne n'a osé protester. Même pas Pauline. Ils savent tous que c'est la seule solution. Une nouvelle fois, Enzo a tellement insisté pour venir que Pauline et les autres, au bout de la centième fois, ont fini par céder.

Ils sont prêts.

La descente se passe sans encombre. La traversée du square est plus périlleuse. Les zombies, en phase de digestion, ne sont pas très agressifs mais il faut malgré tout éviter d'attirer leur attention. Tout le monde a revêtu une combinaison stérile et s'est aspergé avec la fin des bombes de désodorisant. Atteindre l'entrée du supermarché se révèle éprouvant. Les morts-vivants pullulent sur le parking. Ils dégagent une odeur pestilentielle de putréfaction. Margot ne peut s'empêcher de remarquer qu'ils sont plus décomposés que le premier jour. Leur peau est verte, tavelée de gris, leurs chairs sont en lambeaux. Leur démarche est désarticulée comme s'ils avaient à peine la maîtrise de leurs membres. Certains ont la mâchoire déboîtée, d'autres des doigts ou une main entière en moins.

Des Caddies traînent entre les voitures ; Roger fait signe à Lucas, Pauline et Margot d'en prendre chacun un. Son fusil collé au corps, il garde le doigt sur la détente, prêt à réagir.

Les portes en verre du supermarché ont été fracassées. Les roues des Caddies résonnent dans l'immense magasin. Les décorations de Noël, guirlandes, boules, pères noël en plastique, bonhomme de neige en polystyrène semblent complètement déplacées. Quelques morts-vivants errent entre les rayons saccagés. Les boîtes de conserve, les biscuits, les paquets de café, les yaourts, tout est par terre, cabossé, éventré, écrasé. Au milieu de l'allée principale, une immense pyramide de rochers Ferrero s'est effondrée. Les petites boules dorées craquent sous les pieds. Assis sur le sol collant du rayon viande, deux zombies lèchent des barquettes de polystyrène en grognant.

– On ne s'attarde pas, murmure Roger. Chacun sait ce qu'il a à prendre. Exécution. Restez quand même sur vos gardes.

Ses petits soldats obéissent au doigt et à l'œil. Tous sont armés, sauf Enzo qui de toute façon ne lâche pas Pauline d'une semelle. Lucas est chargé de l'eau et du désodorisant; Pauline des conserves, des pâtes et des biscuits ; Margot de tout le matériel qui pourrait être utile; Roger, lui, parcourt les allées, fusil en main, prêt à défendre sa nouvelle famille.

Ils ont tout préparé, tout minuté. Ils ne devraient pas en avoir pour très longtemps.

Lucas charge dix packs d'eau les uns au-dessus des autres. Il hésite à prendre aussi du coca mais se raisonne. En revanche... le rayon *high-tech* se trouve au premier étage. Il a fait vite, les autres ne doivent pas encore avoir terminé leur récolte. C'est trop tentant. Il cale son fusil entre les packs et monte quatre à quatre les marches de l'escalator immobile. Ils sont là : des ordinateurs portables, des Wii, des Playstation, des casques, des lecteurs vidéo et surtout... surtout LA tablette numérique de ses rêves. Et tout ça relié à des antivols absolument inefficaces sans électricité.

Cette tablette, il l'a regardée des centaines, non, des milliers de fois sur Internet. Il en connaît toutes les fonctionnalités par cœur. Ultraplate, ultradesign, ultrarapide... Lucas la prend dans les mains... ah oui, ultralégère aussi. Il n'ose pas... mais bon, c'est pas vraiment du vol... la situation est vraiment particulière… et puis, et puis… Lucas se décide. D'un coup sec, il arrache le câble en tire-bouchon de l'antivol. Voilà, elle est à lui.

Soudain, une poigne de fer s'abat sur son épaule. Il n'a pas le temps de se retourner, on lui tord le bras dans le dos. Il ne peut plus faire un mouvement. Un objet froid se pose sur sa gorge. Un objet froid et coupant. Autour de lui, deux hommes et deux femmes. Leurs visages sont fermés, leurs mâchoires serrées et ils sont tous armés de couteaux de cuisine aux lames luisantes et aiguisées.

– Qu'est-ce que tu fous là ? murmure une voix rauque à son oreille.

– Je… je…

– Ta gueule ! Ici, c'est mon secteur.

Ce n'est qu'à ce moment que Lucas remarque les cartons au pied de ses agresseurs, remplis de toutes sortes de produits *high-tech*.

– Je… je… tente à nouveau Lucas.

– Ta gueule ! gronde l'homme en appuyant la lame de son couteau sur son cou. Je vais te saigner comme un porc pour t'apprendre à respecter le bien d'autrui !

Pour trouver le rayon quincaillerie et bricolage, Margot a dû monter au premier étage. Évidemment, à cette époque de l'année, aucun matériel de camping n'est proposé. Il y a quand même des petites bonbonnes de gaz, des allumettes, des lampes de poche, des piles et cette petite hache qui pourrait bien être utile.

Un bruit feutré l'interrompt. Quelqu'un qui parle à voix basse. Puis un cri.

Lucas !

Margot se précipite.

Et s'immobilise devant le rayon informatique. Ils sont cinq. Deux femmes et trois hommes. Elle reconnaît celui qui menace Lucas. Elle le croisait presque tous les matins à l'arrêt de bus avec son costume et son attaché-case. Il est un peu dégarni et habituellement il se plaque soigneusement les cheveux en arrière. Là, il est échevelé et porte une grosse doudoune dont l'étiquette pend encore au col. La pomme d'Adam de Lucas ne cesse de monter et descendre contre la lame plaquée sur sa gorge.

– Qui êtes-vous ? demande Margot, la paume serrée sur la crosse de son fusil.

Oserait-elle s'en servir ? Contre des vivants ? Des êtres de chair et de sang ? Alors qu'elle n'a même pas été capable de tirer sur des zombies la veille ?

– Qui êtes-vous ? répète-t-elle.

– Et toi, t'es qui ? demande l'homme à la doudoune.

– On s'est déjà vus, lance Margot dans l'espoir de l'amadouer. Vous ne me reconnaissez pas ?

– La ferme ! lui ordonne l'homme. Tu la fermes et tu me donnes ton flingue. Doucement.

Margot dévisage ses adversaires un par un. Hirsutes, ils ont le visage hagard mais une expression déterminée. Ils se sont trouvé un chef au milieu de ce chaos et ont bien l'intention de lui obéir.

– Vous habitez par ici ? essaie de nouveau Margot. Vous nous avez peut-être entendus tirer sur les zombies, hier après-midi. On pourrait s'entraider…

– La ferme, je t'ai dit ! hurle l'homme en tirant le bras de Lucas en arrière, arrachant un cri au garçon. Pose ton flingue par terre.

– D'accord, d'accord, se hâte d'acquiescer Margot en s'exécutant. Mais…

– Pas de « mais », aboie l'homme. Ici, c'est mon secteur, t'as compris ? Mon secteur !

Non, Margot ne comprend pas. Elle opine néanmoins.

– Tout ce qui est ici est à moi, reprend l'homme en poussant Lucas devant lui.

Le jeune homme tombe à genoux. Son agresseur adresse un signe bref à une des femmes, qui se précipite pour ramasser le fusil.

– Les autres, lance-t-il sans quitter Margot et Lucas des yeux. On prend le chargement et on se tire. Vous deux, vous bougez pas d'un poil.

L'homme a maintenant le fusil de Margot et, tout en reculant, il le pointe vers elle. En quelques instants et sans oublier leur butin, ils ont disparu. Margot cligne des yeux.

– Je… je peux me relever ? bredouille Lucas.

La jeune fille lui tend la main. Une tache sombre s'étale sur son jean.

– Je… je crois que j'ai pissé dans mon froc… marmonne l'adolescent.

– Qu'est-ce que tu faisais ici ? veut savoir Margot. T'étais pas censé t'occuper de l'eau ? C'est au rez-de-chaussée les boissons !

– Je…

Lucas prend un air coupable en regardant l'objet par terre à ses pieds. C'est un Ipad. L'écran en est fissuré sur toute la diagonale.

– Je… je me suis dit que je pouvais le prendre, bafouille Lucas. Ça fait des mois que j'en veux un… je…

Margot se masse les tempes.

– Mais... mais Lucas, t'es débile ! Y a plus d'électricité ! Y a plus Internet ! Y a plus rien ! Qu'est-ce que tu voulais faire de ça ?

– Je... je sais... bafouille Lucas. C'était... je sais pas... ça va pas durer éternellement ! Un jour, bientôt, des secours vont arriver et tout va redevenir normal. À ce moment-là, j'aurais eu mon Ipad, ni vu ni connu ! C'est vrai quoi, avec tout ce qu'on endure, on mérite quand même d'en retirer quelque chose, non ?

Margot n'en revient pas. Lucas y croit encore. Il a vu sa mère transformée en zombie essayer de le bouffer mais il y croit encore ! Il a été poursuivi par des morts-vivants et il y croit encore ! Il a vu comme eux tout ce qui se passe et... La jeune fille réalise que les pilleurs qui s'en sont pris à lui ont le même espoir. S'ils n'avaient plus la foi, ils ne voleraient pas des ordinateurs. Ils auraient compris que les seules denrées ayant de la valeur aujourd'hui sont la nourriture, les couvertures et... les armes.

– Allez, viens, dit-elle à Lucas. C'est pas la peine de traîner ici sans rien pour se défendre. Au fait, il est où ton fusil ?

La mine de Lucas est plus pitoyable que jamais.

– Je... Je l'ai laissé dans mon Caddie, avoue-t-il.

Margot secoue la tête et réprime un soupir. Lucas regarde une dernière fois sa tablette numérique cassée avant de suivre Margot.

Dans l'allée principale, Roger a commencé à trier le contenu du Caddie de Pauline. En éliminant déjà la plupart des produits périssables. Et les trois-quarts des bonbons récoltés par Enzo.

– On ne part pas en vacances, grommelle-t-il au moment où Margot et Lucas apparaissent.

– On ne devrait pas rester dans le coin, annonce la jeune fille. Je me suis fait piquer mon fusil par des pilleurs. Et ils ont pas l'air cool du tout.

– OK, on s'en va, acquiesce Roger en jetant un regard circulaire. De toute façon, on est assez chargés comme ça.

La petite troupe se met en branle. Margot n'est pas tranquille. Les pilleurs semblent avoir disparu, mais elle a la désagréable impression d'être épiée.

Alors qu'ils s'apprêtent à franchir la porte du supermarché, une détonation retentit.

– Couchez-vous ! crie Roger.

Avant que tous se jettent à terre, un deuxième coup de feu retentit, suivi d'un rire hystérique. Cinq silhouettes apparaissent dans l'immense hall.

– C'est lui, murmure Margot. C'est le taré qui m'a pris mon fusil.

– Je vous avais prévenu que c'était mon secteur ! lance l'homme d'une voix aiguë. Et vous êtes encore là ! Plus nombreux que tout à l'heure !

– Attendez, attendez, crie Roger les mains sur la tête. On s'en allait. On ne reviendra pas, c'est promis.

– Trop tard ! commente l'homme en tirant de nouveau. Maintenant, je vais vous zigouiller.

Troisième coup de feu. Les cinq pilleurs avancent, leur chef en tête. Margot n'aurait jamais imaginé l'homme si sérieux qu'elle croisait chaque matin capable d'agir de cette façon.

– On fait quoi ? murmure-t-elle à Roger. On peut pas rester là. Il est capable de faire ce qu'il dit.

– Je crois que t'as raison, opine Roger. Tout le monde est prêt ? À trois, on part en courant.

– Et si on partait plutôt à deux, suggère Pauline en désignant les pilleurs du menton.

Ils ne sont plus qu'à quelques pas. Le rictus de l'homme à la doudoune est inquiétant. Ses mains crispées sur le fusil, plus encore.

– Un… commence Roger. Deux… trois !

D'un bond, tous se redressent. Margot s'empare de son Caddie. Lucas et Pauline en font autant. Pas question d'abandonner les vivres et le matériel. Ils se mettent à courir, ça y est, ils sont dehors. Le pilleur tire trois coups de feu d'affilée. À cette distance, peu de chances qu'il les atteigne. Mais les zombies ont entendu les détonations et c'est une vingtaine, non une trentaine de monstres, qui s'est regroupée et se dirige vers la petite troupe, bras tendus, lèvres retroussées, bouche béante. Tout à sa panique, Pauline ne voit pas le plot devant la roue de son Caddie. Le choc est rude. Le chariot vacille, Enzo a le réflexe de le rattraper. Pauline se retourne, les pilleurs sont juste derrière elle. Leur chef épaule, Pauline veut fuir mais elle trébuche, tombe. La balle siffle dans l'air, droit sur elle. Pauline le sait, elle va mourir.

– Non ! crie Enzo en se jetant en avant. Non. Aaaah !

Il s'écroule sur Pauline qui le serre contre lui et sent un liquide chaud et gluant sur la paume de sa main.

– Enzo, Enzo !

Pauline ne réfléchit plus. Elle a perdu son petit frère, elle ne perdra pas Enzo. Elle ne le supporterait pas. Elle prend l'enfant dans ses bras et le dépose dans le Caddie avant de saisir son arme. Elle se retourne et tire.

Elle n'a touché personne mais les pilleurs ont stoppé net.

Derrière eux, une meute de zombies vient d'apparaître. Le souffle court, Pauline voit les créatures se jeter sur ses poursuivants. C'est la panique dans leurs rangs. Ils tentent de se défendre mais leurs couteaux ne sont pas suffisants contre les créatures affamées. Un zombie de haute taille avance vers leur chef qui tire et tire encore. Les balles pénètrent dans le torse de la créature provoquant chaque fois un petit soubresaut. Mais le monstre ne ralentit pas. Alors qu'il n'est plus qu'à un pas, il tend la main, saisit la gorge de l'homme et l'arrache d'un coup sec. Le sang gicle.

Pauline empoigne la barre du Caddie et fonce droit devant elle, dégommant des morts-vivants au passage. Mais ils n'ont pas l'intention de la lâcher. Ils semblent avoir compris que, malgré le parfum chimique qu'elle dégage, Pauline est une proie potentielle, plus proche d'eux que les pilleurs. L'odeur du sang d'Enzo leur parvient aux narines et affolent leurs sens.

Dans le Caddie, le petit garçon a perdu connaissance.

Pauline, encerclée, ne peut plus avancer, ni reculer.

Roger, Lucas et Margot ont couru sans s'arrêter. Sans se retourner. Mais ils n'ont pas pris la bonne direction. Avec les Caddies, ils ne parviendront jamais à grimper la butte qui encercle le parking. Des morts-vivants semblent surgir de partout, attirés sans doute par le vacarme. Les jambes de Lucas sont en coton. Il se sent incapable de faire un pas de plus.

– On fait quoi ? halète-t-il.

Roger tourne la tête mais avant qu'il ait pu donner son avis, Margot crie :

– Pauline ! Pauline et Enzo ! Ils sont où ?

Une marée de zombies s'agglutine, se presse sur le parking. Margot ne réfléchit pas. Elle prend le fusil de Lucas, épaule et tire. Un zombie. Elle tire encore. Deux zombies.

Elle ne s'arrête pas de tirer pour aboyer à ses deux compagnons.

– Qu'est-ce que vous attendez ? Ils sont forcément derrière ! Faut les sortir de là.

Des coups de feu répondent à ceux de Margot. Comme un écho. Et une allée se forme devant elle. Une allée de cadavres de morts-vivants. Les créatures s'écroulent une par une, la tête explosée, mortes pour la deuxième fois. Et la dernière, espère la jeune fille.

– Pauline ! crie-t-elle.

– Je suis là ! répond Pauline. Enzo est… Enzo a été touché.

– Essaie de venir vers moi, l'encourage Margot. Je te couvre.

Une voie s'est dégagée devant Pauline. Elle empoigne son Caddie chargé de son précieux fardeau. Le petit garçon n'a pas rouvert les yeux. Une fleur rouge s'est épanouie sur son épaule droite.

Les deux jeunes filles sont maintenant côte à côte. Margot tire encore trois coups avant de crier :

– On y va !

Elles courent droit devant elles. Lucas et Roger ont dégagé un passage dans lequel elles s'engouffrent. Le groupe n'a plus qu'un espoir : la sortie automobile du parking. Les zombies se sont comme réveillés de leur torpeur. S'ils n'ont pas la même énergie que la nuit, ils ont malgré tout considérablement augmenté l'allure.

– On n'y arrivera pas ! gémit Pauline en regardant la tête d'Enzo bringuebaler de gauche et de droite. On n'y arrivera pas.

– Si, on y arrivera, affirme Lucas farouchement.

Ils ont une chance. Au moins une. Ils ne sont plus qu'à quelques mètres du but. S'ils parviennent à dépasser la station service…

Prière d'éteindre les portables et de ne pas fumer quand vous faites le plein. La moindre étincelle constitue un risque d'explosion.

L'écriteau est riveté à une pompe. Lucas ne voit plus que lui.

– Courez ! crie-t-il.

Sans chercher à comprendre, les autres obéissent. Lucas se précipite sur un pistolet et le décroche. Il le tient à bout de bras et appuie sur la manette. L'essence gicle à flots et asperge les morts-vivants. L'odeur les immobilise, du moins momentanément, mais ça ne suffira pas. Hier, dans un appartement, Lucas a empoché une boîte d'allumettes sans réellement savoir pourquoi. En se disant seulement que ça pourrait sans doute lui être utile. Et c'est le moment où jamais. Il laisse tomber le pistolet, le carburant continue de s'écouler avec moins de force. Le garçon craque une allumette et la jette. L'embrasement est immédiat. Lucas, les bras repliés derrière la tête, a fait volte-face et court de toutes ses forces. La chaleur des flammes lui lèche le dos. Déjà, un épais nuage noir s'élève dans le ciel blanc. Il tousse. Margot accourt vers lui et passe son bras sous le sien pour le soutenir.

– On y va ! crie-t-elle.

Derrière eux, l'incendie se propage, énorme, mouvant, incontrôlable.

Derrière eux, dans un grésillement de corps calcinés, le monde tel qu'il le connaissait part en fumée.

QUATORZE

– J'ai… oublié… mon Caddie ! lâche Lucas en s'essuyant la bouche du revers de la main.

Plié en deux, devant le mur du hall de l'immeuble, il vient de vomir ses tripes. Le stress, la peur, la poussée d'adrénaline.

– On s'en fout de ton Caddie ! s'exclame Margot. Tu vas bien ?

– On s'en fout qu'il aille bien, s'égosille Pauline. Enzo est… blessé !

Roger a pris le petit garçon dans ses bras.

– On laisse les chariots ici pour l'instant ! ordonne-t-il. Ce qu'on a récupéré n'intéressera pas les zombies. De toute façon, j'ai comme l'impression que le secteur est plutôt dégagé pour le moment !

En effet, seuls deux ou trois zombies errent dans le square. À croire que la majeure partie s'était rendue sur le parking.

C'est dans un silence seulement entrecoupé par les reniflements de Pauline que l'armurier et les trois jeunes gens remontent jusqu'au sixième. Dans l'appartement, Roger allonge Enzo sur le canapé. Le chat se frotte à ses jambes et renifle la main pendante de l'enfant. Alors que l'armurier examine la plaie, Thierry s'approche, sourcils froncés.

– Vous avez eu un problème ?

Personne ne lui répond. En ce qui concerne Pauline, elle est bien trop occupée à pleurer. Roger ôte avec beaucoup de douceur la combinaison, puis les pulls et le T-shirt du gamin. Ce dernier n'a toujours pas ouvert les yeux.

– Tu es sûre qu'il n'a pas été mordu ? souffle Margot à Pauline.

– Non, répond la jeune fille. C'est une balle. Tirée par ces salauds qui étaient à nos trousses. Je les ai vus se faire bouffer. Ils ont eu que ce qu'ils méritaient.

Enzo est torse nu. Au creux de son épaule, un trou rouge et noir.

Roger soulève l'enfant avec précaution pour découvrir dans son dos une plaie plus large.

– La balle est ressortie, dit-il. Je pense que c'est une bonne chose. Il te reste quoi comme désinfectant ? ajoute-t-il en levant la tête vers Margot. Autre chose que de l'alcool.

– On a de l'eau oxygénée, propose Thierry. Il paraît que ça aide à arrêter les saignements d'une blessure. J'en avais acheté plein après… euh…

Thierry file vers la salle de bains sans terminer sa phrase. Margot se rappelle le carton d'eau oxygénée qui était arrivé peu de temps après leur emménagement dans cet appartement. Elle ne s'était jamais vraiment demandé pourquoi son père avait commandé ça. Ce n'était qu'un élément supplémentaire de sa phobie, de sa folie.

Roger a demandé des torchons propres et les a découpés en lanières. Il a appliqué l'eau oxygénée sur la plaie avec beaucoup de délicatesse. Puis il a bandé l'épaule du garçon du mieux qu'il a pu.

– Je… je ne veux pas qu'il meure, sanglote Pauline.

Margot lui passe maladroitement la main dans le dos. Elle n'avait jamais consolé Pauline jusqu'à maintenant.

– Nous allons le laisser se reposer, annonce Roger en se redressant.

Il ne s'était jamais senti aussi épuisé. Voir ce gamin, les yeux clos, le visage blanc comme un linge, allongé devant lui, lui fait se demander s'il est capable de tenir le coup. Il regrette son appartement, sa petite vie, sa cuisine. Il se rend compte qu'il ne s'était jamais réellement inquiété pour personne avant aujourd'hui.

Il s'assoit ou plutôt se laisse tomber sur un fauteuil et se passe la main sur le visage. Debout, les bras ballants, Lucas et Pauline ont l'air encore plus perdus que lui. Margot jette un coup d'œil en coin à son père, étonnée qu'il n'ait pas encore pété un câble. Personne ne s'est désinfecté en arrivant. Enzo gît sur le canapé, l'épaule en sang, et lui, il reste là, sans aucune trace de panique. Ça ne va sans doute pas durer, car quel que soit l'état de santé d'Enzo, ils vont devoir bouger. Aujourd'hui même. Pas question de rester dans les parages. D'autres pilleurs pourraient venir. Mieux armés. Margot se demande comment son père réagira. Il n'a pas mis le nez dehors depuis... ça fait tellement longtemps que Margot en a perdu le compte.

– Et si on emmenait Enzo dans... dans un hôpital, suggère soudain Pauline en caressant le front du petit garçon. On ne sait jamais, si ça se trouve, ils ont des équipes de sécurité là-bas, qui s'occupent des blessés... on pourrait tenter...

Margot se mord l'intérieur de la joue. Elle est pratiquement certaine que plus rien ne fonctionne nulle part. Elle peut se tromper bien sûr mais elle n'a aucune envie de courir le risque. Elle refuse de se retrouver confrontée à une horde de morts-vivants en blouse blanche.

– Je crois que nous devons nous en tenir à notre première idée, dit-elle. Quitter la ville. Le plus vite possible. Comme par exemple tout de suite.

Roger lève la tête et la dévisage. Petit bout de femme, songe-t-il. Où trouve-t-elle toute cette ressource ?

– Et… Enzo ? s'alarme Pauline.

– On l'enveloppe bien dans une couette et on l'installe dans un Caddie. Roger a dit que la blessure était propre. Avec un peu de chance, il…

– Avec un peu de chance ? C'est ça que tu dis ? Mais tu t'entends parler ? Tu veux dire que…

– Oui Pauline, l'interrompt Margot. C'est ce que je veux dire ! Tu as une meilleure idée ? Je te rappelle que Lucas a dû abandonner son Caddie et que nous n'avons toujours pas d'eau ! On n'a pas trente-six mille solutions ! Il doit être presque 11 heures du matin, la nuit tombe à 17 heures. Ça nous laisse peu de temps !

– Elle a raison, intervient Roger. Nous n'avons pas le choix. La contamination ne s'est peut-être pas étendue en dehors des grandes villes. Nous avons une chance de trouver un médecin, si nous nous éloignons.

– Je… je… je ne comprends pas bien ce que vous dites, bafouille Thierry. Vous ne parlez quand même pas de… de quitter… l'appartement… de… de sortir…

Nous y voilà, soupire Margot intérieurement en serrant les poings.

– Je ne peux pas sortir d'ici, continue Thierry la voix de plus en plus aiguë. Je… ne peux pas. Je n'ai pas… dis-leur Margot, que je ne peux pas sortir…

La jeune fille se tourne vers son père, le visage dur et froid comme du marbre.

– Tu n'as pas le choix, cette fois, papa. Tu vas devoir quitter cet appartement !

– Non ! Non !

Thierry recule jusqu'à se retrouver le dos contre le mur. Il se laisse doucement glisser et, assis par terre, enserre ses genoux dans ses bras. Ses paupières clignent à toute vitesse. On dirait des papillons de nuit en train de se cogner contre une vitre, pense Margot.

– Je ne bougerai pas d'ici. Je ne peux pas ! Je ne peux pas ! C'est... laissez-moi ici ! De toute façon, je ne bougerai pas. Vous ne pourrez pas m'obliger.

Margot réfléchit un instant. Elle s'y attendait. Et c'est vrai, elle ne pourra pas l'obliger à sortir. Il est trop fort pour elle, pour eux tous, et même s'ils parvenaient à le traîner dehors, ses cris attireraient sans aucun doute les zombies et mettraient leurs vies à tous en danger.

La jeune fille adore son père, elle s'occupe de lui depuis tant d'années... mais elle n'a pas le choix.

– D'accord, finit-elle par acquiescer d'une voix douce. D'accord. Nous ne te forcerons pas.

*

Des visages. Qu'il ne reconnaît pas. Ils sont trop nombreux et trop loin. Mais ils se rapprochent. Une femme lui sourit. Elle a de longs cheveux et un visage doux. C'est Margot. Non, Margot a les cheveux courts. Alors... oui, il se rappelle, c'est elle. Sa femme. Elle se met à tousser. Puis elle éternue. Et soudain disparaît au milieu de la foule. Il tend le bras mais c'est comme s'il était au milieu d'un nid de coton, doux, confortable... étouffant. D'autres visages se détachent. Celui d'un homme, l'air sévère, les traits taillés à la serpe, les sourcils expressifs. Il porte un costume d'une coupe parfaite qui a dû lui couter très cher. Il est sûr de lui, arrogant presque. Un gros titre de journal lui barre le visage. Mark Van Deleist jongle avec les millions. Puis l'obscurité totale. Il lutte pour ouvrir les yeux. Ses paupières semblent collées mais... il y est presque... il y a quelque chose derrière ce rideau noir. Des taches de lumière colorée. Et ce nom de nouveau. Van Deleist. Laboratoire Van Deleist.

Laboratoire Van Deleist.

L'enseigne est énorme au-dessus du bâtiment blanc et vitré.

Ils ont mis une heure pour atteindre la zone industrielle. Ils ont choisi cet itinéraire, misant sur le fait qu'il valait mieux éviter les grandes artères. Pari réussi jusqu'à présent. Les rues sont encombrées de voitures collées les unes aux autres. Certaines sont accidentées, d'autres ont encore les portières ouvertes. Roger n'a encore rien dit aux adolescents mais il espère que la quatre-voies sera dégagée. Ils pourront alors prendre un véhicule, n'importe lequel, et rouler afin d'atteindre leur destination avant la nuit. Parce qu'à cette allure... Pour le moment, les zombies sont plutôt rares et peu agressifs. La petite troupe préfère les éviter plutôt que leur tirer dessus. L'expérience sur le parking ce matin leur a appris que le bruit attirait les créatures. Ils se sont comme d'habitude aspergés de désodorisant et, pour le moment, ça semble suffisant.

Enzo a ouvert les yeux. Pauline qui pousse le Caddie dans lequel il se trouve a gardé pour lui la dernière bouteille d'eau de l'appartement et humecte ses lèvres régulièrement. Elle a pensé à lui prendre le livre du *Petit Prince* qu'il avait quand elle l'a trouvé sur le toit de la bibliothèque. Le chat est couché sur lui. Il a suivi de lui-même Margot quand elle est sortie de l'appartement et à peine Enzo avait-il été installé, qu'il avait sauté près de lui. Depuis, il n'a quasiment pas bougé.

Chaque cahot tire une grimace et un cri de douleur à l'enfant et Pauline essaie de faire le plus attention possible. Mais ils ne peuvent pas se permettre d'aller trop lentement.

La marche se fait en silence. Les fusils sont chargés. Chacun est aux aguets.

– Là ! Là !

Le cri les fait tous sursauter. Lucas plus que les autres, car c'est lui qui pour le moment pousse le chariot dans lequel ils ont réussi à caser le père de Margot. Ce dernier était jusqu'à présent recroquevillé à l'intérieur, sans doute assez inconfortablement malgré une couette pliée en guise de matelas et une autre pour lui tenir chaud.

Il s'est dressé brusquement et tend le doigt devant lui.

– Zut ! lâche Margot en se retournant, j'espérais que ça ferait de l'effet plus longtemps.

Après lui avoir promis de ne pas le forcer, Margot était allée à la cuisine lui préparer un sandwich pâté-pain de mie. Dans le pâté, elle avait soigneusement pilé deux Lexomil, les anxiolytiques prescrits par le psychiatre en cas de crise. Elle avait déjà assisté à leur effet sur son père : un endormissement presque immédiat.

Ça n'avait pas été facile de lui faire descendre les six étages. Thierry Donnette mesurait un mètre quatre-vingts et pesait au moins soixante-quinze kilos. Mais ils y étaient parvenus. Toutes les provisions, nourriture et matériel avait été réparties dans les deux Caddies. Certaines choses avaient dû être abandonnées. Margot avait tenu à garder la hache trouvée dans le supermarché.

– On n'aura pas des munitions éternellement, avait-elle murmuré.

– Là ! Là ! continue de s'agiter Thierry Donnette en se redressant tant bien que mal dans le Caddie.

Margot suit son doigt des yeux. L'enseigne du laboratoire, voilà ce que désigne son père.

– Il faut y aller ! s'écrie-t-il en essayant de s'extirper du chariot.

– Papa, calme-toi !

Mais Thierry n'écoute pas, il passe maladroitement une jambe par-dessus l'armature de métal, puis l'autre, mais il est déséquilibré et bascule en avant. Il se rattrape sur les paumes et, comme si de rien n'était, s'extirpe complètement du Caddie. À quatre pattes.

– Van Deleist, répète-t-il en se redressant. On a des chances de trouver des réponses. Il y a peut-être des documents…

– Papa !

Le ton impérieux de sa fille l'immobilise. Il se retourne et semble seulement à cet instant réaliser où il est.

– Mais… qu'est-ce que je fais là ? On était à l'appartement…

– Laisse tomber, papa, je t'expliquerai plus tard. En attendant, reviens près de nous. Puisque tu peux marcher, on va redistribuer les charges. Ça va être plus simple.

Thierry se gratte le front et secoue la tête.

– Non, tu ne comprends pas ! On doit aller là-dedans !

– Dans le laboratoire ? s'agace Margot. Et pour quoi faire ? On doit se dépêcher, il faut…

Thierry n'écoute déjà plus sa fille. D'un pas décidé, il se dirige vers les immenses bâtiments.

– Rattrape-le, s'impatiente Pauline. Il va nous faire repérer.

– C'est quoi en fait, le problème du père de Margot ? lui demande Lucas à voix basse.

Il avait bien remarqué qu'il y avait quelque chose de bizarre, mais jusqu'à présent il ne s'était pas vraiment posé de question. Et il sent obscurément que s'il essaie de se renseigner auprès de Margot, il va se faire envoyer balader. Pas que la réponse qu'il obtient de Pauline soit vraiment très précise : la jeune fille se contente de faire tourner son index sur sa tempe en levant les yeux au ciel. Ouais, le père de Margot n'est pas net, ça il avait compris.

– Papa, crie Margot, d'une voix maintenant désespérée. Attendez-nous, lance-t-elle en se retournant vers les autres avant de se jeter à sa poursuite.

Thierry pousse la porte d'entrée principale. Elle s'ouvre sans difficulté sur un hall immaculé et désert. Aux côtés de son père, Margot garde le doigt appuyé sur la détente de son arme.

– Papa, chuchote-t-elle. On doit s'en aller. On n'a rien à faire ici…

– Mais si ! proteste Thierry. Tu ne te souviens pas ? Je t'en ai parlé hier ! J'ai retrouvé mes notes !

– Quelles notes ? Papa !

Margot ne sait pas quoi faire. La détermination de son père est évidente. Il s'engage dans un des couloirs comme s'il savait parfaitement où il allait. C'est d'ailleurs le cas.

– Je suis déjà venu, explique-t-il à sa fille. C'était il y a longtemps mais ça n'a presque pas changé. Si je me rappelle bien, la porte tout au bout donne sur le bureau de Van Deleist !

– Je ne comprends pas de quoi tu parles, papa. Je t'assure, faut qu'on sorte d'ici. On doit rejoindre les autres dehors…

– Quand il a commencé avec son délire d'immortalité, je n'ai pas pu m'empêcher de lui poser des questions. Je l'aimais pas ce type. Il était super arrogant. En fait, il me faisait penser au super méchant dans un dessin animé que tu regardais à l'époque… je ne me rappelle plus comment ça s'appelait. Tu sais, le type qui voulait devenir maître du monde…

Margot n'a aucune idée de ce à quoi son père fait allusion, mais ça ne semble pas très important. Thierry Donnette continue de soliloquer.

– Du coup, j'ai eu envie de creuser. Voir si je pouvais pas trouver un truc pour le piéger. Et il m'a raconté une histoire incroyable. Deux biologistes lui avaient présenté un projet. Ils pensaient être capables d'isoler le gène de l'immortalité ! Tu te rends compte. Et lui, Van Deleist, avait accepté de financer leurs recherches. Pas tout seul évidemment mais il n'a jamais voulu me dire qui étaient les autres partenaires. L'armée sans doute… je tenais un sujet en or ! J'ai commencé à enquêter, mais deux jours plus tard j'ai reçu de ma direction un ordre de ne pas poursuivre mon investigation dans ce sens. Le soir même, alors que je descendais de la voiture, deux baraqués, genre gardes du corps, m'ont coincé et demandé de tout laisser tomber. Dingue, non ? Mais moi, leurs menaces m'ont juste donné envie d'en savoir plus et… Attends…

Le père de Margot s'interrompt pour ouvrir la lourde porte de bois sombre.

– Ah ! Voilà ! Il n'a pas changé la déco depuis tout ce temps !

Les stores sont tirés sur d'immenses baies mais le soleil passe au travers. Le bureau est massif et fait au moins 4 mètres de large. Derrière, le fauteuil en cuir pourrait accueillir l'arrière-train d'un éléphant. La moquette blanche, les étagères remplies de dossiers, les tableaux d'art contemporain, tout dans la pièce crie : j'ai de l'argent et du pouvoir et je veux que ça se sache.

Ce qui étonne le plus Margot c'est l'absence totale de zombies. Il devait bien y avoir des gens qui travaillaient ici. Ils sont devenus quoi ? Ils auraient tous eu le temps de rentrer chez eux avant d'être contaminés ? Possible. Cette idée fait naître un espoir inattendu chez la jeune fille. C'est la première fois depuis trois jours qu'elle se trouve dans un lieu non infesté.

Thierry avance d'un pas sûr et contourne l'énorme table de travail. Il ouvre tous les tiroirs jusqu'à ce qu'un lui résiste.

– Ah, ah ! jubile-t-il en prenant un trombone.

– Qu'est-ce que tu vas faire ? lui demande Margot.

– Qu'est-ce que tu crois ? rétorque-t-il. Je force la serrure.

La jeune fille est impressionnée, malgré elle. Ça fait si longtemps qu'elle s'occupe de son père comme d'un petit garçon qu'elle en avait presque oublié qu'il avait été un homme énergique, travailleur, perspicace, obstiné.

– Eh eh ! Voilà !

Thierry Donnette brandit plusieurs dossiers et les pose sur le bureau avant de les ouvrir un par un.

– Non, pas ça, pas ça non plus… celui-là…

C'est une énorme chemise vert foncé simplement fermée par des élastiques. Il parcourt les premières pages – des notes retranscrites –, il n'y comprend pas grand-chose mais certains mots lui sautent aux yeux : *centre de recherche de l'armée, tests génétiques, premiers résultats positifs, le réveil après le décès a duré près de trente-deux secondes…* il tourne les pages. Des photos d'hommes nus sanglés sur des tables d'opération, les veines saillantes, les yeux exorbités…

– Margot, je crois qu'on a…

– Chut !

Un bruit bref mais indiscutable a fait dresser l'oreille de la jeune fille. Son pouls s'accélère immédiatement. Elle pose le doigt sur la détente de son fusil.

– Qui est là ? appelle-t-elle.

Encore ce frottement. Comme une personne qui rase les murs… ou un zombie qui traîne les pieds.

– Baisse-toi, papa ! ordonne-t-elle. Derrière le bureau !

Thierry obéit sans cesser de feuilleter le dossier. Margot s'approche du placard, très lentement, sans un bruit. Elle pose la main sur la poignée… et ouvre d'un coup sec. Dans un même élan, elle recule et épaule.

– Non ! Tirez pas ! Eh ! Mais qu'est-ce que tu fais là ? T'es venue avec les secours ?

Abasourdie, Margot baisse le canon de son arme. Devant elle, papillotant des yeux, se trouve Ava. Cette peste d'Ava Van Deleist. Et le pire, c'est que face à Margot, les cheveux sales, la mine défaite, les yeux creusés par la fatigue, elle est absolument parfaite. Ses cheveux blonds sont lisses et brillants, ses ongles faits et elle a même les yeux maquillés.

– Sors de là, aboie Margot.

Les mains sur les hanches, Ava hausse les sourcils.

– Non mais pour qui tu te prends ? Je te ferais remarquer que tu es dans le bureau de mon père. C'est une propriété privée et tu viens de la violer ! Je pourrais très bien appeler la police !

Qu'est-ce qu'elle raconte ? Dans quel monde vit-elle ?

– Tu as essayé de composer le numéro des flics récemment ? ricane Margot.

Ava rejette ses cheveux en arrière dans un mouvement digne d'un spot publicitaire et pousse un soupir.

– Oui, bien sûr ! Mais ça n'empêche ! Et c'est qui ça ?

Thierry vient de se redresser, le dossier toujours à la main. Il se dirige vers une colonne également fermée à clé.

– C'est mon père, répond Margot.

– Et il fait quoi, là ? piaule Ava d'une voix suraiguë.

– Tu crois quoi ? la rembarre Margot. Il force la serrure !

– Mais il n'a pas le droit ! s'égosille l'héritière Van Deleist.

– Essaie de l'empêcher, lance Margot en pointant son fusil vers elle.

L'adolescente est d'un naturel plutôt généreux et altruiste. Tout le monde s'accorde à le dire. Naturellement, elle est plutôt du genre à écouter, aider, comprendre... mais la présence d'Ava ne provoque chez elle qu'un immense agacement.

– Margot ? Margot, t'es là ?

Pauline. Elle est entrée dans le laboratoire à sa recherche.

– Je suis ici ! appelle Margot sans quitter Ava des yeux. Le bureau au bout du couloir.

Des bruits de pas résonnent. Pauline apparaît dans l'encadrement de la porte. Elle a une énorme bonbonne d'eau dans les bras.

– Qu'est-ce que vous fichez ? demande-t-elle. Eh ! Regarde ce que j'ai trouvé, ajoute-t-elle sans attendre la réponse.

Soudain, elle remarque Ava.

– C'est qui celle-là ?

– Je t'expliquerai, répond Margot en se retournant vers son père. Tu as fini ? On doit vraiment y aller là !

Thierry Donnette acquiesce. Il glisse quelques CD dans le dossier vert.

– T'as pas besoin de prendre ça, gronde Margot. Au cas où t'aurais pas remarqué, il n'y a plus d'électricité pour faire fonctionner les ordinateurs.

Thierry hausse les épaules.

– On sait jamais ce qu'on va trouver en chemin. Et j'ai l'intuition qu'il y a du lourd là-dedans.

Margot lève les yeux au ciel. Mais il y a au moins une bonne nouvelle : il est tellement accaparé par sa découverte qu'il en oublie complètement sa phobie de l'extérieur.

– Allez, on y va, dit-elle en sortant de la pièce la première. On a encore un bon bout de chemin à faire.

– Vous allez où ? interroge Ava de sa voix stridente.

Margot et Pauline échangent un regard. Un silence pèse dans la pièce. Pauline le rompt la première.

– Il n'y a pas de morts-vivants, ici ?

Ava grimace mais ne répond pas.

– On pourrait peut-être rester, reprend Pauline. Des bonbonnes comme celle que j'ai à la main, ils en ont tout un tas ! Ça nous résoudrait déjà le problème de l'eau. Et puis, c'est grand ici, il y aurait de la place pour tout le monde.

– Comment ça tout le monde ? Je ne comprends rien ! Je suis coincée ici depuis trois jours, j'attends mon père ou les secours et…

– Ton père doit venir ? demande Margot.

– Oui… enfin… je ne sais pas… Il m'a téléphoné au lycée en me demandant de le rejoindre ici. Mais j'avais prévu de faire du shopping avec les filles et il n'arrêtait pas de m'appeler. Je déteste qu'il me donne des ordres ou qu'il me harcèle alors j'ai coupé mon portable. Après, la prof d'espagnol a eu son malaise écœurant et on est parties en ville plus rapidement que prévu mais on n'a pas pu en profiter longtemps parce que les boutiques ont fermé drôlement tôt. Et puis, il y avait toutes ces sirènes… J'ai compris qu'il se passait quelque chose de grave, du coup, j'ai laissé Mélanie et Élodie et j'ai attrapé un taxi… j'ai eu un mal de chien à en trouver un… mais quand je suis arrivée, il n'y avait plus personne ici et l'hélicoptère de papa était parti…

– Un hélico ? Ton père s'est tiré en hélico sans toi ? s'exclame Pauline.

– À quelle heure t'a-t-il téléphoné la première fois ?

Thierry s'est approché sans que personne ne le remarque. Il a posé sa question d'une voix tranchante. Ava se tourne vers lui avec une moue.

– Je sais pas… Avant le cours d'espagnol… il devait être midi…

– Comment pouvait-il déjà savoir ? murmure Margot.

– À cause de ça ! s'exclame Thierry en brandissant le dossier vert. J'en étais sûr ! Van Deleist est derrière toute cette horreur !

– Non mais, qu'est-ce que vous racontez ? s'insurge Ava. Mon père est un homme extraordinaire. Il a fait deux fois la couverture d'*Investir* et…

– N'empêche qu'il s'est quand même tiré sans toi, remarque Pauline.

Ava lui répond par un reniflement dédaigneux.

– Enfin bref, reprend Pauline, moi je n'ai pas compris tout ce que vous disiez mais je me permets de vous rappeler que Lucas, Enzo et Roger nous attendent dehors. Je pense qu'on pourrait les faire rentrer. L'endroit a l'air sûr.

Margot réfléchit un instant. Pauline n'a pas tort. Et puis, il y a une chance que le père d'Ava revienne chercher sa fille. Dans ce cas, ils pourraient tous profiter de son hélico. S'il existe un camp de réfugiés quelque part, c'est leur meilleure chance d'y arriver.

– OK ! acquiesce-t-elle. On va les chercher.

À peine a-t-elle prononcé ces mots que des détonations parviennent de l'extérieur. D'un même élan, Pauline et Margot se précipitent.

Ne trouvant personne devant le bâtiment, les filles, guidées par les cris, ont fait le tour du laboratoire. Derrière un grillage, des zombies s'agglutinent, se pressent les uns contre les autres, s'écrasent, se marchent dessus, comme une horde de fans à l'affût d'une star de rock. Mais des fans aux visages déchiquetés, à la peau verdâtre, à la chair partant en lambeaux. L'armature de fer est solide mais ils doivent y être depuis longtemps et elle commence à ployer sous la pression incessante.

– Merde ! lâche Pauline devant le spectacle.

Le canon du fusil de Lucas est encore fumant. Enzo, bien réveillé, est assis dans le Caddie.

– Qu'est-ce qui se passe ? crie Margot.

– On se demandait où vous étiez, explique Roger. On a voulu explorer et on est tombés sur... ça.

– Ils doivent venir de l'hôtel, suppose Margot. Ils n'ont pas remarqué qu'il y avait une entrée de l'autre côté...

– On ferait mieux de pas trop traîner, suggère Roger. Ça ne va pas tenir encore très longtemps.

– T'as raison, acquiesce Pauline, une boule dans la gorge.

Elle a un pincement au cœur d'abandonner le refuge qu'elle croyait avoir trouvé. Elle se demande une seconde s'il n'y a pas moyen de se barricader à l'intérieur du labo mais un craquement sinistre la rend à la réalité.

– On se tire ! lance-t-elle.

– Je vais chercher mon père, crie Margot. Je vous rattrape.

En se retournant, elle se cogne dans Ava. Thierry se tient juste à côté d'elle. Le visage d'Ava est blanc comme un linge.

– Mon Dieu ! souffle-t-elle.

Elle se couvre le nez de la main.

– Ce qu'ils puent !

– Ouais, t'as raison, opine Pauline. Mais si c'était le seul problème…

QUINZE

Ils ont pressé le pas pour s'éloigner du laboratoire. Dans son Caddie, Enzo a serré les dents. Margot a récupéré de justesse le chat qui avait sauté du chariot pour se dégourdir les pattes. Ils sont enfin arrivés à la quatre-voies mais l'espoir de Roger « d'emprunter » une voiture s'est envolé en fumée : l'enchevêtrement des véhicules rendait toute tentative de circulation impossible. Deux chars de l'armée émergeaient de ce flot, comme des îles menacées par la marée. Il y avait parfois à peine la place de passer les chariots. Alors ils ont continué de marcher en suivant la barrière de sécurité. Malgré la quantité de voitures, pas de morts-vivants en vue.

– Leur instinct a dû les attirer vers la ville, a estimé Roger. Là où ils étaient sûrs de trouver de quoi se nourrir.

Les talons d'Ava claquent sur le bitume. Après une heure de marche, elle a commencé à s'arrêter de plus en plus souvent pour se frotter les chevilles en soupirant. Voyant qu'hormis Lucas personne ne s'arrête pour l'attendre ou lui demander ce qu'elle a, elle s'empresse chaque fois de rejoindre le groupe en boîtant exagérément.

– Tu as très mal aux pieds ? lui demande Lucas avec sollicitude.

Ava se contente de répondre par une moue. Elle sait qu'elle plaît aux garçons – elle se donne du mal pour ça –, et avec Lucas, elle a mis dans le mille. L'adolescent ne cesse de la regarder avec des yeux comme des soucoupes. Elle serait à peine étonnée de le voir baver. Bien sûr, elle en rajoute un peu, voire beaucoup, s'appuie sur lui, bat des cils, mais elle a vite évalué la carrure de son chevalier servant et elle sait que si elle lui demande de la porter, il n'ira pas bien loin. Elle a une autre idée.

Roger, Margot, Thierry et Lucas s'échangent régulièrement le Caddie contenant le matériel et la nourriture, en revanche Pauline refuse de lâcher celui où Enzo a fini par se rendormir. Ava s'approche de la jeune fille en souriant.

– Salut, glisse-t-elle.

– Hmm, se contente de répondre Pauline.

– C'est ton petit frère ?

– Qu'est-ce que ça peut te faire ?

Ava secoue la tête. Mauvaise approche. Nouvelle tentative.

– Je suis vraiment impressionnée, reprend-elle. Les autres ont tous l'air complètement défaits et toi… je sais pas, t'as la classe.

Pauline la dévisage et hausse un sourcil.

– La classe ?

– Oui, renchérit Ava. Les autres, ça se voit qu'ils n'ont pas vu un peigne depuis plusieurs jours et bonjour l'accoutrement ! Ces espèces de combinaisons blanches ridicules ! Vraiment !

– Je porte la même, je te ferai remarquer !

Ava se mord la lèvre.

– Ah, euh, oui, bien sûr, mais toi, tu la portes avec classe, justement.

Pauline lève les yeux au ciel. Cette fille n'a manifestement pas inventé le fil à couper le beurre.

– Bon, OK, va droit au but, la rembarre-t-elle. Tu veux quoi ?

Ava est prise au dépourvu. La conversation n'était pas censée prendre cette tournure. Toutes les filles aiment les flatteries, non ? Elle pensait qu'en brossant un peu Pauline dans le sens du poil, elle pourrait…

– J'adore tes chaussures, reprend-elle.

Pauline porte des baskets tout ce qu'il y a de plus basique. Même pas des Nike ou des Converse. Juste des baskets.

– Comment tu trouves les miennes ? continue Ava.

Pauline jette un coup d'œil aux bottines de la nouvelle arrivante. Fines, en cuir, chic, avec au moins huit centimètres de talon. Pas étonnant qu'elle ait mal aux pieds.

– Hmmm, se contente-t-elle de grommeler.

– Je suis sûre qu'on fait la même pointure, minaude Ava. Tu veux les essayer ? Elles t'iraient trop bien. C'est évident, tu es faite pour ce genre de look, ça mettrait la…

– Tu me prends vraiment pour une débile, l'interrompt Pauline.

Ava ouvre de grands yeux. Ses sourcils parfaitement épilés forment un arc de cercle et sa bouche imite étonnamment bien le cul de poule. L'image même de la surprise et de la naïveté. C'est du moins ce qu'elle croit. Pauline lève les yeux au ciel avant de lâcher :

– Laisse tomber, je te passerai pas mes baskets !

L'expression d'Ava se ferme aussitôt. Elle renifle et pince les lèvres.

– Tu sais qui est mon père, grince-t-elle. C'est Mark Van Deleist ! Il est très riche et très puissant ! Si…

– Laisse tomber, je te dis, la coupe à nouveau Pauline. On s'en fout de ton père. Je te rappelle qu'il s'est tiré en te laissant au milieu de cette horreur et que jusqu'à preuve du contraire, il a pas essayé de revenir te chercher. Et puis le fric, ces jours-ci, excuse-moi, mais je crois pas que ça serve à grand-chose. Tu vois, on est tous devenus égaux !

– Regardez, ça se dégage ! annonce Roger. Avec un peu de chance, on ne va plus être obligés de marcher très longtemps.

Sur la quatre-voies, les voitures commencent à s'espacer et un peu plus loin, le long ruban d'asphalte se déroule presque sans obstacle. Margot se met à courir et ouvre la portière d'une camionnette blanche.

– Y a pas les clés, crie-t-elle. Quelqu'un sait comment on démarre une voiture sans les clés ?

Les membres du petit groupe échangent un regard mais aucun d'entre eux ne pousse l'exclamation attendue : Oui, moi je sais ! Sur les visages, l'espoir laisse place à la déception.

– Attendez, lance Roger. Y en a peut-être qui sont partis précipitamment et qui ont laissé leurs clés sur le contact. Faut vérifier.

Tous se mettent à chercher. Ouvrent les portières, vérifient, essaient la voiture d'à coté. Tous sauf Ava qui, assise sur la barrière de sécurité, a délacé ses bottines. Elle a des ampoules énormes aux talons et son gros orteil semble avoir doublé de volume.

– J'ai ! s'exclame soudain Pauline triomphalement.

C'est un break, marron foncé. Pas de première jeunesse. La rouille a commencé son œuvre et l'aile droite est cabossée. Sur le pare-brise, un impact.

Les autres accourent.

– Y a pas de sièges à l'arrière, remarque Lucas.

– On s'en fout, déclare Margot. On se tassera, c'est tout.

Elle tend les clés à Roger avant d'aller ouvrir le coffre.

– Pauline, demande-t-elle. Amène Enzo, on va lui faire un couchage à peu près confortable…

Lucas toussote.

– On pourrait pas essayer de trouver un truc un peu plus… un peu moins… enfin, je sais pas moi, mais c'est quand même une poubelle, ce truc…

Le garçon aurait préféré un véhicule plus élégant. Plus rutilant. C'est vrai quoi, maintenant qu'ils ont cette fille avec eux, Ava, ils devraient faire un peu plus attention. Dès qu'il l'a vue, il a été émerveillé. De toute sa vie, il n'avait jamais vu une créature plus classe et plus belle. Elle ressemble à un mannequin. Il n'aurait jamais osé tenter sa chance en temps normal, mais là… il est le seul garçon de son âge à la ronde, alors…

Dans un bel ensemble, Margot et Pauline se tournent toutes les deux vers lui.

– Qu'est-ce que tu crois ? commence Pauline. Tu rêves d'une limousine ou d'une voiture de course ? Tu te crois chez un concessionnaire, là ?

– Non, mais c'est vrai ! renchérit Margot. On n'est pas là pour faire les beaux ! On essaie juste de sauver notre peau, au cas où tu aurais oublié ! Et on a encore un bout de chemin à faire.

Lucas est un peu estomaqué par la violence de la réaction. Évidemment, tout à son admiration pour Ava, il n'a pas remarqué les œillades noires que Margot et Pauline lui lancent depuis qu'ils ont quitté le laboratoire.

Alors que les deux filles sont occupées à aider Enzo à sortir du Caddie, Roger, tripote les clés, l'air gêné.

– Quelque chose ne va pas ? lui souffle Thierry.

– C'est que… je… je ne sais pas conduire, marmonne Roger.

Il pensait avoir parlé à voix basse mais rien n'échappe à l'oreille de lynx de Pauline.

– C'est vrai ?

Roger hausse les épaules et fixe ses chaussures.

– Oui, c'est vrai. Je n'ai jamais eu l'utilité d'une voiture alors…

– C'est pas grave, affirme Margot. Mon père a le permis, lui !

– Moi ! s'écrie Thierry au bord de la panique. Mais ma chérie, tu sais que je n'ai pas conduit depuis…

– Oui, je sais, l'interrompt sèchement la jeune fille. Tu n'as pas voulu reprendre le volant depuis la mort de maman ! Sauf que maintenant, on n'a plus le temps pour tes phobies ! Les seules personnes que tu risques d'écraser sont des zombies, alors pas de discussion !

La couette d'Enzo est étendue dans le coffre et Pauline aide le petit garçon à s'allonger dessus. Margot charge le matériel et la nourriture ; elle garde le sac d'armes et de munitions à portée de main. Les deux jeunes filles font signe à Lucas et Ava de se glisser à l'arrière du break avant de les rejoindre. Roger s'assoit à la place passager et Thierry attend, l'air un peu perdu, son précieux dossier dans une main, les clés dans l'autre.

– Papa ! s'agace Margot. Faut y aller maintenant !

Thierry obéit. Que pourrait-il faire d'autre ? Et à peine s'est-il assis que le chat lui saute sur les genoux.

Bah, au point où il en est…

La voiture démarre au quart de tour.

– On a de la chance, annonce Thierry. Le réservoir est plein.

Les voitures se sont fait de plus en plus rares. À présent, la route est déserte. Le ciel est plus blanc que jamais et dans les champs, les branches nues des arbres sont balancées par le vent. Thierry, hyper concentré, ne quitte pas la route des yeux. À peine cinq minutes après le départ, Roger s'est endormi le front contre la vitre. À l'arrière, les adolescents ne sont pas très confortablement installés mais ils sont tellement contents de ne plus avoir à marcher qu'aucun d'entre eux ne songe à se plaindre. Lucas profite de l'exiguïté du véhicule pour se coller à Ava, qui se laisse faire. Enzo est réveillé et Pauline a essayé de lui chanter des chansons mais le gamin s'est rebellé en affirmant que c'était des comptines pour les bébés.

– Tu as bien parlé de Libourne, Lucas ? demande Thierry en regardant l'adolescent par le biais du rétroviseur.

– Oui, acquiesce le garçon. Enfin, c'est pas très loin, sur la route de Saint-Émilion.

– Bon, je crois que je vais sortir à la prochaine, alors, marmonne le père de Margot.

De chaque côté du véhicule, la campagne défile, calme, normale, rassurante.

– Peut-être que personne n'a été infecté, ici, souffle Pauline.

– On a entendu aux infos que toutes les grandes villes de France étaient contaminées, lui rappelle Margot. Et mon père a dit que toute l'Europe était touchée…

– Oui, opine Pauline, mais peut-être que c'est seulement dans les grandes villes, peut-être que les campagnes ont été épargnées.

Personne ne répond. Mais au fond, tout le monde espère.

Un panneau indicateur apparaît.

Faleyrens 2 km.

– On est sur la bonne route, s'exclame Lucas soudain tout excité. C'est ça. La maison de ma tante est juste avant ce village !

La route s'est beaucoup rétrécie. La vigne s'étend à perte de vue. La luminosité a baissé ; le soir est déjà presque là.

– On y est ! crie Lucas. On y est !

Thierry engage la voiture sur un chemin gravillonné au bout duquel se dresse une haute maison de pierre.

– Tu crois que ta tante sera chez elle ? demande Pauline.

Lucas secoue la tête.

– Je sais pas. Normalement, elle vient tous les week-ends.

– En tout cas, aucune lumière n'est allumée, remarque Margot.

Thierry se gare devant le perron et coupe le contact. Roger a déjà repris son fusil, qu'il avait calé entre ses jambes.

– Il vaut mieux rester prudents, dit-il.

Margot est la première hors de la voiture. Elle tient la petite hache dans une main et le fusil dans l'autre. Le chat s'étire et saute à côté d'elle. Il a passé presque tout le trajet sur ses genoux. Lucas suit Margot et Pauline l'imite en ordonnant à Enzo de ne pas bouger.

– On va d'abord aller faire le tour du propriétaire, lui explique-t-elle. Après, je reviens te chercher.

– J'aime pas que tu me laisses.

– Je sais, mais on n'a pas le choix.

– Je vais rester avec lui, propose Ava. Il se sentira moins seul.

Pauline laisse échapper un ricanement dédaigneux.

– Ouais, t'as raison, essaie de nous faire croire que tu fais ça pour lui et pas parce que t'as la trouille !

– Je… Je crois que je vais rester aussi, balbutie Thierry.

Margot lui tend un fusil.

– Tu sais te servir de ça ?

Son père hausse mollement les épaules.

– Garde-le quand même, on ne sait jamais et surtout, enfermez-vous dans la voiture.

Roger, Lucas, Pauline et Margot vérifient rapidement que leurs armes sont bien chargées, puis montent côte à côte la volée de marches qui mène à la porte d'entrée.

– T'as pas les clés par hasard ? souffle Pauline à Lucas.

– Ben non, répond l'adolescent. En fait, je suis venu que deux fois ici.

– Dans ce cas, on va commencer par frapper, propose Roger.

Il s'exécute. Une fois. Puis une autre un peu plus fort. Pas de réponse. Margot colle l'oreille contre l'épais battant de bois.

– J'entends rien, murmure-t-elle.

– OK, se décide Lucas, alors, on y va franco.

Et sans crier gare, il donne un grand coup de pied dans la porte… qui ne s'ouvre pas.

– Zut ! grogne-t-il. Ça marche tout le temps dans les films !

Pauline lève les yeux au ciel et consulte Roger du regard. Ce dernier hésite un instant avant de lever son arme et de tirer au niveau de la serrure, qui se disloque dans un bruit métallique.

Margot pousse la porte.

Avec prudence, tous les quatre entrent ensemble.

– Combien d'étages ? chuchote Roger.

Il a pensé à prendre une lampe torche, qu'il allume.

– Un seul, répond Lucas.

– Tu connais la maison, alors tu nous guides, reprend l'armurier. On visite chaque pièce une par une.

D'abord, le salon. Roger promène le faisceau de sa lampe dans chaque recoin ; même chose dans la salle à manger. La cuisine est spacieuse et il ne peut s'empêcher de remarquer le piano rutilant. Il a soudain une terrible envie de se mettre aux fourneaux.

L'escalier grince sous leurs pieds. La rampe lisse est parfaitement cirée. La maison sent bon. Un palier dégage sur trois portes. Deux sont fermées, une est entrouverte.

Derrière, un bruit.

La maison n'est pas vide.

Zombie ou vivant ?

Qu'est-ce qui sera le plus dangereux des deux ?

Roger fait signe aux autres d'avancer sans bruit. Ils ont tous le doigt sur la détente de leur arme.

Sous l'impulsion de Roger, la porte s'ouvre. Tout doucement. Sur le palier, les quatre compagnons sont épaule contre épaule, la respiration bloquée.

Rien.

Roger dirige sa lampe de façon à éclairer la pièce. Au milieu de l'obscurité, apparaît un lit recouvert d'un édredon rose, une table de chevet, une armoire et… là près de la fenêtre… une silhouette.

– Attention ! s'écrie Margot en levant son fusil.

Le coup part. La silhouette tombe contre la vitre et la brise. Un miaulement se fait entendre ; un bolide détale entre les jambes de Margot.

La lampe éclaire la fenêtre puis la moquette où un mannequin de couture est couché, une balle dans la poitrine.

– C'était le chat, marmonne Margot, encore sous le choc. Le bruit dans la pièce, c'était le chat.

– Pauline ! Pauline ! Tu vas bien ?

La voix d'Enzo résonne dans l'escalier.

– Oui, lui répond la jeune fille. Je vais bien. Retourne dans la voiture pour le moment.

Lucas se passe la main dans les cheveux.

– Ben, je crois qu'on peut dire que c'est bon. Avec tout le boucan qu'on vient de faire, s'il y avait eu des zombies, ils nous seraient déjà tombés dessus.

Roger acquiesce.

– On jette quand même un coup d'œil dans les autres chambres, articule Margot, les mains encore tremblantes.

Les deux autres pièces inspectées, Roger et les trois jeunes gens redescendent. La maison est vide et bien vide. Et elle est toute à eux. Ils ont enfin trouvé un havre, un refuge.

Dans un tiroir de la cuisine, Roger a dégotté des bougies. Margot en a déjà allumé une dizaine. Lucas a commencé à préparer un feu dans la cheminée d'angle. Il ne peut évidemment s'empêcher de se demander où est sa tante. Il avait espéré qu'elle serait là. Qu'il retrouverait quelqu'un de sa famille… L'image de sa mère surgit dans son cerveau… de sa mère ou plutôt de ce qu'elle est devenue… Non, ce n'est pas bon. Il ne doit pas penser à tout ça. Il doit rester concentré sur le positif : pour ce soir au moins, il est en sécurité. Et il n'est pas seul.

Pauline a poussé devant l'âtre un gros fauteuil pris dans le salon, puis elle est partie chercher Enzo. En la voyant arriver, le petit garçon se jette dans ses bras.

– J'ai eu peur, murmure-t-il.

La jeune fille lui caresse les cheveux.

– C'était rien. Juste Margot qui est un peu nerveuse. Viens maintenant. Il faut que je regarde ta blessure.

– Vous êtes sûrs qu'on ne craint rien ? demande Ava en s'extirpant du véhicule.

Pauline répond d'un haussement d'épaule avant de frapper à la vitre du côté conducteur.

Le père de Margot a ouvert son dossier sur les genoux et il est tellement plongé dans sa lecture qu'il n'a même pas fait attention au coup de feu.

– Monsieur Donnette, l'appelle doucement Pauline. Vous pouvez aller dans la maison maintenant.

Thierry sursaute et lui jette un regard surpris. Comme s'il ne se rappelait plus ni qui elle est, ni où ils sont.

– Ah ! La maison ! Oui, bien sûr, bien sûr ! J'arrive !

En farfouillant un peu partout, Roger a fait quelques découvertes réjouissantes :

– La cuisinière marche au gaz et la bonbonne sous l'évier est quasiment pleine, se réjouit-il. Il y a quelques provisions dans les placards. De quoi bien dîner ce soir en tout cas. J'ai même trouvé du beurre et des œufs dans le réfrigérateur. Bien sûr, il n'y a pas d'électricité, mais il a fait tellement froid ces derniers jours que ça n'a eu aucune incidence. J'ai déjà mis le four à préchauffer et je vais vous préparer une surprise à ma façon.

Dans la cheminée, une flambée crépite. Pauline a trouvé dans la salle de bains de quoi changer le pansement d'Enzo. La plaie est somme toute assez propre et le gamin affirme qu'il ne souffre plus beaucoup. Elle lui a redonné une dose d'ibuprofène. C'est un anti-inflammatoire, ça ne peut pas lui faire de mal. Thierry s'est assis à un bout de la grande table de bois et continue de lire avidement.

C'est en fixant Lucas avec insistance que Pauline déclare qu'elle a vérifié et que chacun va pouvoir se laver. Les robinets des sanitaires semblent être tous reliés au puits situé dans le jardin. La chaudière est au fioul et les douches seront même chaudes. Sans quitter Lucas des yeux, elle ajoute :

– Je précise qu'il y a deux toilettes et que les chasses d'eau marchent !

– Oh, c'est bon, grimace Ava. Tu peux peut-être nous épargner les détails !

– Y a des trucs qu'il vaut mieux énoncer à voix haute, réplique Pauline avec un sourire sardonique à l'attention de Lucas.

L'adolescent rougit. Sans aucun doute, il aurait préféré qu'Ava ne soit pas témoin de cette conversation.

Très vite, les adolescents se mettent à la disposition de Roger. Ava refuse d'éplucher les pommes, mais finit par accepter de verser du sucre dans un saladier. Ce qu'elle fait du bout des doigts et non sans faire remarquer que chez elle, il y a une domestique pour ce genre de corvée. Pauline et Marion échangent un regard entendu. Elles savent qu'elles ressentent exactement la même envie de rabattre son caquet à l'héritière Van Deleist. Ça faisait longtemps qu'elles n'avaient pas été d'accord sur quelque chose. Enzo, qui a tenu à participer, a été nommé goûteur en chef par Roger.

Bientôt, une odeur appétissante flotte dans la cuisine. L'estomac de Lucas gronde. Pauline a aidé Enzo à se laver et tout le monde a pris une douche. Margot a même réussi à sortir son père de son dossier pour qu'il monte à la salle de bains. Lucas a dégoté dans une des chambres un vieux magnétophone à piles et une boîte pleine de cassettes. Une discussion houleuse s'en est suivie : pas facile de choisir entre Michel Sardou, Claude François et Joe Dassin. Pour le moment, aucun consensus n'a encore émergé. Personne n'a demandé son avis à Roger mais lui, il aurait bien opté pour un bon vieux Johnny.

C'est à la surprise générale qu'en redescendant Thierry réclame l'attention. Il a un air grave. Les poings appuyés sur la table, il se racle la gorge avant de prendre la parole et dévisage son auditoire.

Il a presque l'impression de se retrouver en comité de rédaction du journal au moment de dévoiler un scoop. Le frisson qui lui parcourt l'échine est dû en partie au plaisir de l'anticipation et à l'appréhension. Exactement comme au bon vieux temps.

– Vous avez tous dû voir la chemise que j'ai rapportée du laboratoire, commence-t-il.

Chacun acquiesce.

– Eh bien, après en avoir lu, relu et analysé le contenu, reprend Thierry, j'en suis arrivé à la conclusion que Mark Van Deleist est lié à cette catastrophe.

– Quoi ! glapit Ava. Vous parlez de mon père, là !

– Tu vas nous lâcher avec ton père ! la rembarre Pauline.

– Vous voulez parler de ce Van Deleist qu'on voit parfois aux infos ? demande Roger.

– C'est marrant, souffle Lucas à Margot. Ton père, quand il parle comme ça, il a pas l'air aussi cinglé que d'habitude.

Margot lui jette un regard assassin.

Thierry ouvre le dossier et en sort deux feuilles dactylographiées qu'il agite devant lui avant de reprendre :

– Nous avons ici des échanges de mails entre Mark Van Deleist et un chercheur du nom d'Ivan Carrère. Il s'agit essentiellement de rapports médicaux concernant des expériences menées sur des êtres humains.

– C'est pas interdit ça ? s'exclame Margot.

Thierry secoue la tête.

– Non, ça peut être parfaitement légal si les cobayes en question sont consentants et signent une décharge. En l'occurrence, nous avons manifestement affaire à des détenus auxquels un marché a été proposé : leur libération contre quelques mois de leur vie à aider la science. J'ai trouvé la fiche de pas moins de vingt-trois détenus, avec leurs antécédents.

– C'est cool, marmonne Lucas. On se croirait dans un jeu vidéo.

Margot lui pince sans ménagement le gras du bras pour le faire taire.

– Et comment est-ce que tu fais le lien entre ces recherches précisément et ce qui se passe dehors ? demande-t-elle à son père.

Ce dernier hoche la tête. Il a l'expression d'un joueur de poker prêt à abattre un carré d'as.

– Regardez ces photos, lance-t-il en faisant passer des photocopies de clichés A4 autour de la table. Et dites-moi si ça ne vous convainc pas ?

Les têtes se rapprochent les unes des autres. Les photos sont numérotées. Margot y retrouve ce qu'elle avait aperçu dans l'après-midi. Sur la première, un homme sanglé sur une table d'opération. Il est parfaitement immobile. La légende indique : *16 heures 37. Électro-encéphalogramme plat. Décès constaté.* Sur la deuxième, l'homme a ouvert les yeux. Sur le coin gauche est noté : *16 heures 39. Activité cérébrale enregistrée. Pas de pouls.* Troisième photo. *16 heures 41.* L'homme a tourné la tête vers l'objectif. Ses pupilles sont tellement dilatées qu'on ne distingue plus le blanc de ses yeux. *16 heures 43. Mobilité des membres et du cou.*

La quatrième photo montre l'homme le visage en sang. On dirait que les veines de ses tempes ont éclaté. Ses poings sont serrés. *16 heures 45. Décès constaté. Impossible de ranimer le sujet.*

– C'est dingue ! s'exclame Margot.

– Je ne te le fais pas dire, acquiesce son père en lui tendant une épaisse liasse de feuilles reliées. Ça, c'est le rapport complet. Si tu prends la peine de le lire, tu y découvriras que les travaux d'Ivan Carrère sont pour moitié financés par les laboratoires Van Deleist et pour moitié par l'armée. Par la CED plus précisément, la très secrète Communauté européenne de défense qui officiellement n'existe pas. Le but des expériences est d'isoler le gène de l'immortalité ! C'est de ce projet que Van Deleist n'avait pas pu s'empêcher de se vanter, le jour où je l'ai interviewé ! J'étais sûr d'avoir levé un lièvre. Je sentais que ce type était fou. Et on dirait que je ne m'étais pas trompé.

Margot feuillette machinalement le dossier sans le lire. Autour de la table, plus personne n'ose ouvrir la bouche.

– Si ça n'était pas suffisant, reprend Thierry, j'ai également trouvé ça sur le fax de Van Deleist, dans son bureau, pendant que tu étais occupée avec ta copine.

Pauline prend le morceau de papier déchiré et lit à haute voix :

– *Urgent et confidentiel. Fuite probable de virus suite à évasion cobaye. Prenez dispositions.* C'est daté de jeudi dernier, le jour où tout a commencé. À 11 heures 37. Tu nous as dit que ton père t'avait appelée à quelle heure pour te demander de le rejoindre ? demande-t-elle en se tournant vers Ava.

La jeune fille prend un air pincé.

– Je n'ai rien compris à tout ce que vous venez de dire, pépie-t-elle.

– C'est pas grave, ça, grogne Pauline. Dis-nous juste à quelle heure ton père t'a appelée l'autre jour.

– Je sais pas, moi. Midi ou midi moins le quart, un truc comme ça !

– Ça correspond, murmure Margot d'une voix blanche.

– Non, mais j'en ai marre moi ! hurle soudain Ava en tapant du pied. Je ne comprends rien de rien et en plus, tout le monde me parle super mal !

Lucas s'approche d'elle et lui pose une main sur l'épaule.

– C'est vrai, dit-il. Moi aussi, j'ai remarqué que vous étiez pas sympa avec Ava. Surtout toi, Pauline. Et je ne trouve pas ça cool du tout !

Le visage de Pauline devient écarlate.

– Je rêve, éclate-t-elle Le cavalier blanc sauve la princesse ! Non, mais redescendez tous les deux ! C'est plus l'heure des Bisounours, là ! Monsieur Donnette vient de nous révéler que le père de cette fille était responsable des horreurs qui ont tué ma famille ! Et la tienne, Lucas !

Lorsqu'elle se tait, un profond silence s'abat sur la pièce, à peine entrecoupé des sanglots étouffés d'Ava.

Margot a pris le fax des mains de Pauline.

– L'en-tête indique le centre de recherche des armées des Arcs.

– C'est dans le Sud-Est, près de Toulon, précise Thierry.

– On doit y aller ! déclare soudain Margot.

Tous les regards se tournent vers elle.

– On doit y aller, répète la jeune fille. C'est le seul indice que nous ayons. Si des gens sont susceptibles d'avoir prévu un camp retranché, c'est eux. Dans un centre de l'armée, ils ont forcément tout ce qu'il faut. On sera en sécurité là-bas.

– On est déjà en sécurité ici, proteste Lucas.

– On n'en sait rien, lâche Margot. On a pris soin de ne traverser aucune agglomération pour venir. Et puis même. Quand les zombies n'auront plus rien à manger dans les villes, vous croyez qu'ils feront quoi ? Ils commenceront à envahir les zones moins peuplées. Et si on est encore là, ce sera trop tard pour nous !

– J'ai peut-être une chance de retrouver mon père là-bas, glisse Ava d'une toute petite voix.

Pauline la foudroie du regard.

– Ouais peut-être bien, gronde-t-elle. Et tu peux me croire que si je lui mets la main dessus…

– Bon, ça va Pauline, la coupe Lucas. Je crois qu'on a compris le message

– Oh, toi, la ferme ! réplique Pauline. Si tu crois qu'on n'a pas compris ce que tu cherches…

– Quoi ?

– Ho là, ho là, les enfants ! intervient Roger. On devrait plutôt se calmer. On a eu une longue et dure journée. Ce que nous avons appris ce soir est troublant, il faut le reconnaître. On a tous besoin d'une bonne nuit de sommeil pour y réfléchir. Vous êtes d'accord, Thierry ? ajoute-t-il en se tournant vers le père de Margot.

Ce dernier acquiesce.

– Je propose qu'on installe des matelas dans la cuisine, poursuit Roger. C'est là qu'on aura le plus chaud.

Le couchage est prêt. Enzo s'est endormi dans le fauteuil et Pauline a calé un oreiller sous sa tête avant de le recouvrir de l'édredon rose trouvé dans la chambre au mannequin de couture. Alors qu'elle lui caresse doucement les cheveux, le petit garçon sourit dans son sommeil. Margot s'est déjà allongée. Les sourcils froncés, elle lit le rapport que son père lui a tendu un peu plus tôt. Il expose toutes les relations entre le chercheur, l'armée et Van Deleist depuis le début de leurs discussions. Et une coïncidence intrigue Margot. Particulièrement au niveau des dates. Elle se demande si son père a remarqué mais elle préfère ne pas lui en parler. Pas tout de suite. Elle doit d'abord aller au bout de sa lecture.

Ava a passé un long moment dans la salle de bains. Lucas l'intercepte dans le couloir avant qu'elle n'entre dans la cuisine.

– Ava.

La jeune fille le regarde en haussant les sourcils.

– Oui ?

– Je...

Le garçon s'avance vers elle. Il a décidé de tenter sa chance. Il s'est repassé toutes ses techniques de drague lues sur Internet. Il se sent prêt. Même si, au fond de lui, l'ancien Lucas complexé et inhibé est mort de trouille. Mais zut. Après tout, au lycée, les filles le considéraient comme un beau gosse. Et il savait les faire rire aussi. Margot lui est tombée dans les bras, Pauline aussi, alors pourquoi pas Ava ?

– Je suis vraiment désolé de l'attitude des filles. En fait, je crois qu'elles sont juste jalouses.

– Jalouses ? interroge Ava la mine pincée.

Elle est de très mauvaise humeur. D'abord, toutes ces accusations portées contre son père et tout à l'heure, elle a remarqué un bouton en train de pousser sur son front. La cata. Surtout qu'évidemment, le seul fond de teint qu'elle a trouvé dans la salle de bains n'est pas du tout de la bonne nuance. Elle a passé au moins une demi-heure à modifier sa frange pour dissimuler l'horrible pustule.

– Oui, jalouses, reprend Lucas. Tu comprends je suis sorti avec elles et...

Cette information, le jeune homme la donne volontairement. Presque tous les sites étaient d'accord pour affirmer que les filles ont besoin d'avoir de la concurrence.

– Avec toutes les deux ! s'exclame Ava.

Lucas a du mal à savoir si son ton est admiratif ou... dégouté.

– Elles étaient déjà pas bien haut dans mon estime, poursuit Ava, mais là elles baissent encore plus.

On dirait bien que c'était dégouté…

– Je… qu'est-ce que… en fait, Ava, je voulais te… bafouille Lucas.

La jeune fille lui jette un regard ébahi. Elle vient d'assembler les pièces du puzzle. Elle était sûre d'avoir déjà vu ce garçon quelque part et se rappelle maintenant : c'est le petit ami de Margot. Celui que ses copines et elle ont croisé avec une autre fille. Pauline sans doute. C'est à cause de la combinaison qu'elle ne les a pas reconnus. Et maintenant… Il ose…

– Attends ! lui lance-t-elle.

– Attends ! lui lance-t-elle. Tu ne t'apprêtes quand même pas à me demander de sortir avec toi ?

– Je… euh…

Lucas ne sait plus où se mettre.

– Non mais redescends sur Terre ! Tu crois que moi, Ava Van Deleist, je sors avec le premier mec qui me drague ! Mais mon pauvre, tu n'imagines pas à quel niveau tu es dans la liste de mes possibilités. Je t'informe que j'ai Justin Bieber sur mon Facebook.

Justin Bieber ! Lucas est estomaqué. C'est pas le chanteur le plus ringard de la Terre, ça ?

– Ça t'en bouche un coin, hein ? assène Ava d'un ton de défi. Mais bon, ajoute-t-elle indulgente, je ne peux t'en vouloir d'avoir rêvé, tu n'es pas le premier. Et puis, tu t'es sans doute dit que, dans les circonstances actuelles, tu avais peut-être ta chance… et je peux le comprendre, mais vraiment Lucas, redescend sur Terre. Toi et moi, c'est… juste pas possible.

Sur ces mots, la jeune fille contourne Lucas et disparaît dans la cuisine. Le garçon, médusé, ne fait pas un mouvement. Il est toujours dans la même position quand, quelques secondes plus tard, Pauline apparaît près de lui.

– Désolée, souffle-t-elle, j'ai pas fait exprès mais j'ai tout entendu… ça, c'est ce qu'on appelle le vent du siècle !

Et à son tour, elle s'éclipse dans la cuisine, laissant passer un rayon de lumière orangée et un courant d'air chaud dans le couloir glacial.

Lucas est dépité.

Mais il n'a pas dit son dernier mot.

SEIZE

Avant de se coucher, Roger avait préparé de la pâte à brioche et l'avait mise à monter près de la cheminée. Il s'est levé avant tout le monde pour l'enfourner et une douce odeur s'est répandue dans les rêves de chacun. Avec parfois des résultats inattendus. Lucas, par exemple, était en train de combattre un zombie à coups de hache quand ce dernier lui a tendu un plateau de petit déjeuner.

Margot avait eu un sommeil agité et malgré le parfum qui flottait dans la cuisine, elle se réveillait avec une angoisse au creux du ventre et dans l'incapacité totale de se rappeler ce qui l'avait à ce point perturbé. Elle savait seulement qu'il s'agissait de sa mère. Ça faisait pourtant des années que la jeune fille n'avait plus rêvé d'elle.

Enzo s'était levé avant Pauline et il avait fait le tour de la maison pour dégotter quelques romans. Après avoir découvert la pile de Harlequin de la tante de Lucas – *La Captive du séducteur, La Trahison du prince, Un désir indomptable*... – il avait enfin fini par tomber sur des Agatha Christie et s'était aussitôt mis à dévorer *Le Crime de l'Orient-Express*. D'autre part, il était affamé, ce qui, d'après Roger, était un signe d'excellente santé.

Ava a été la seule à ne pas goûter la brioche. « Il n'y a pas plutôt un fruit et un yaourt sans sucre », a-t-elle demandé, déclenchant le ricanement moqueur de Pauline ainsi que ce commentaire acide : « Et tu veux pas non plus qu'on s'habille en domestique et qu'on t'apporte ton petit déj'au lit, non ? » Vexée, Ava est partie s'enfermer dans la salle de bains.

Thierry, au bout de la table, a repris le dossier et en annote furieusement les marges. Il est si occupé qu'il n'a même pas remarqué le chat, venu s'installer sur ses genoux. Il faut croire qu'il commence à en prendre l'habitude. Au temps pour sa soi-disant allergie.

Dehors, un soleil pâle éclaire le jardin. Un rouge-gorge sautille dans l'allée. Enzo lui jette des miettes de brioche et le volatile s'empresse de s'empiffrer.

– On dirait un jour normal, lance le garçon en revenant dans la maison.

C'est vrai. Margot s'est fait la même réflexion. Un jour normal. Pourtant…

– Eh, vous devinerez jamais ce que j'ai trouvé dans le garage ! annonce Lucas d'une voix triomphante.

Aussitôt son petit déjeuner avalé, il avait décidé d'aller faire un tour dans la maison. Difficile de dire si c'était pour éviter les regards moqueurs de Pauline ou la totale indifférence d'Ava.

– Dans le garage ? répète Pauline. Je sais pas moi, une voiture ?

– Comment t'as deviné ? s'exclame Lucas, sincèrement impressionné.

– Franchement, c'est dommage qu'Ava t'ait jeté, lui murmure la jeune fille. Vous auriez fait un super couple. Vous êtes presque aussi bêtes l'un que l'autre.

– Ne l'écoute pas, Lucas, essaie de le rassurer Roger qui sent bien la tension entre les adolescents. C'est une excellente nouvelle ! Si elle pouvait être un peu plus confortable que celle d'hier ! Je viens voir avec toi.

Le gros homme a fait la vaisselle et rangé ses ustensiles de pâtisserie en sifflotant ; puis il s'est occupé de nettoyer les armes. Il range son attirail avant de suivre Lucas.

Il s'agit d'un long véhicule noir avec deux banquettes à l'arrière et un coffre immense isolé du reste du véhicule par un grillage.

– Ouah, c'est bizarre, commente Margot qui a accompagné Roger et Lucas. Qui aurait cru qu'une femme qui écoute encore des cassettes pouvait avoir une voiture aussi luxueuse. Et à quoi ça sert, la grille à l'arrière ?

– Ma tante fait partie d'un club d'agility, explique Lucas. Elle a deux scottish terriers et elle les entraîne dans un club pour leur faire faire des parcours de sauts d'obstacles. Elle vient de Bordeaux presque chaque week-end pour participer à des concours. Elle a gagné des tas de médailles.

Margot se mord la lèvre et se dit que ce n'est pas plus mal que Pauline soit restée à l'étage avec Enzo car elle n'aurait sûrement pas pu s'empêcher d'éclater de rire. Il faut reconnaître qu'imaginer la petite dame boulotte à cheveux gris et à lunettes qu'ils ont vue sur les photos hier en train de faire passer un chien à travers un cerceau est plutôt comique.

Roger s'est assis à la place du conducteur. Lucas lui a passé les clés qui étaient accrochées à un clou dans le garage.

– Elle est d'un naturel confiant, ta tante, a commenté Margot.

Lucas s'est contenté d'un haussement d'épaules. Roger tourne la clé dans le contact, juste assez pour vérifier la jauge.

– On a presque un plein, déclare-t-il satisfait.

– Est-ce que ça veut dire qu'on est tous d'accord pour aller jusqu'au centre militaire de Toulon comme je le proposais hier ? s'enquiert Margot.

Roger gratte sa barbe naissante. La veille, après sa douche, il n'a pas trouvé de quoi se raser mais cette ombre sur son visage le fait ressembler à un baroudeur et il aime plutôt bien.

– Il vaudrait mieux que l'on remonte en discuter tous ensemble, propose-t-il en sortant du véhicule.

Le groupe est de nouveau réuni autour de la table. Margot a réexposé les faits et chacun est plongé dans une profonde réflexion. Sauf Ava, qui a trouvé du vernis dans un tiroir de la salle de bains et qui est en train de se faire les ongles. Et Thierry, qui n'a pas levé la tête de sa lecture.

– Alors vous en dites quoi ? demande Margot.

Pauline prend une grande inspiration.

– On n'est pas sûrs de trouver du secours là-bas, n'est-ce pas ? Si ça se trouve, les militaires qui ont envoyé ce fax, ils y sont passés eux aussi !

– C'est vrai, acquiesce Margot. Mais c'est la seule piste que nous ayons.

– Dans ce cas, suggère Pauline, on devrait d'abord aller faire un tour au village à côté. D'après les panneaux qu'on a vus hier, c'est à moins de deux kilomètres. On y rencontrera sûrement des gens. On pourra avoir des nouvelles. Et ce serait quand même bien qu'un médecin regarde la plaie d'Enzo. Ça n'a pas l'air de s'infecter mais je préfèrerais m'en assurer.

Margot dévisage ses compagnons les uns après les autres.

– Vous en pensez quoi ? finit-elle par demander.

– Je dirais que ça me semble raisonnable, opine Lucas très sérieusement. Mais il y a une chose qu'il ne faut pas oublier…

Le jeune homme a décidé qu'il en avait assez d'obéir aux filles. Margot et Pauline le traitent comme s'il était le dernier des crétins. Elles ont l'air d'oublier que c'est lui qui a sauvé la vie de tout le monde sur le parking ! C'était quand même une idée de génie le coup de la pompe à essence ! Et qui leur a indiqué cette maison ? Et qui a découvert la super voiture dans le garage ? Et il a eu quoi comme remerciements : des moqueries et des sarcasmes ! Ah, si Ava était consciente de sa valeur dans le groupe, elle ne l'aurait sûrement pas envoyé balader hier soir ! Parce qu'après tout, si on réfléchit bien, c'est grand même grâce à lui qu'ils sont encore tous en vie ! Mais bon, peu importe. À partir de maintenant, il reprend tout à zéro.

– Il ne faut pas oublier, reprend-il en fronçant les sourcils, qu'on n'a aucune idée de ce qu'on va trouver au village. Cette expédition peut se révéler très dangereuse et on doit être prêt à tout. J'y ai beaucoup réfléchi et… je propose un plan d'action.

Pauline hausse un sourcil.

– Ah, oui ? Tu proposes un plan d'action ? lance-t-elle.

Toujours ce ton sarcastique !

– Oui, parfaitement, réplique Lucas, agacé. Je suggère que…

– Moi, je suggère qu'on commence à lever le camp, l'interrompt Margot. On a des tas de choses à préparer. On ne sait jamais : peut-être qu'on ne pourra pas repasser par ici. Et puis il est déjà presque neuf heures et on a intérêt à être à l'abri quand la nuit tombera.

– Mais… bafouille Lucas. Mon plan d'action ?

– Tu nous exposeras ça pendant le trajet, lance négligemment Margot en se levant de table. Papa, poursuit-elle en haussant la voix, papa !

– Hein ? Quoi ? Oui ! sursaute Thierry.

– Il faut combien de temps pour aller jusqu'à Toulon ?

– Eh bien… je ne sais pas… sept heures par l'autoroute, je dirais, huit peut-être, ça dépend de la circulation…

De la circulation ! Margot lève les yeux au ciel. Décidément, son père a du mal à garder un pied dans la réalité très longtemps.

– Nous devons prendre en compte que la route sera peut-être bloquée, observe Roger. C'était le cas de la quatre-voies à l'entrée de la ville, hier.

– Exact, acquiesce Margot, mais après, c'était dégagé tout du long. La contagion a commencé à Bordeaux et les gens ont voulu fuir. Peut-être qu'ailleurs, c'est différent. Mais c'est vrai que nous ne devons pas traîner.

– Et puis si ça se trouve, intervient Pauline, on va tomber sur des tas de gens en bonne santé dans ce village et on n'aura pas besoin d'aller jusqu'à Toulon !

– Oui, peut-être, acquiesce Margot en tentant d'ignorer l'angoisse sourde qui lui vrille l'estomac.

Le coffre de la voiture est rempli assez rapidement, de couvertures et de provisions. Les deux adultes prennent place à l'avant, les quatre adolescents juste derrière ; Enzo est allongé avec le chat sur la deuxième banquette. Ce qui ne va pas sans quelques récriminations, car Ava trouve qu'ils sont trop serrés. Lucas, lui, a pris soin de se mettre à côté d'elle et il est pour sa part ravi que sa cuisse touche celle de la râleuse, à qui d'ailleurs personne ne prête attention. Le jeune homme a été un peu vexé de se faire une nouvelle fois voler la vedette par Pauline et Margot, et s'il espère que tout se passera bien au village, il compte quand même sur un peu d'action. Car dans le sac qu'il a délicatement posé à ses pieds, il a prévu de quoi impressionner sa dulcinée ; quand elle l'aura vu à l'œuvre, elle ne lui résistera plus.

Après avoir vérifié les armes, Roger les a redistribuées. Ava a refusé avec une mine dégoûtée. En plus de son fusil, Margot a gardé sa hache à portée de main.

La voiture démarre avec un ronronnement qui arrache une exclamation de satisfaction à Thierry. Margot sourit. Elle ne se doutait pas que son père éprouverait un jour de nouveau du plaisir à conduire. Quelque chose a changé en lui, ces derniers jours. Comme si son cerveau avait trouvé une occupation qui reléguait ses phobies au second plan.

Enfin, la plupart du temps, ajoute-t-elle *in petto* en le voyant passer une lingette javellisée sur le volant.

Alors qu'ils dépassent le panneau d'entrée du village de Faleyrens, la jeune fille sent son espoir renaître. Des guirlandes d'ampoules multicolores relient les maisons et rappellent que Noël approche. Au-dessus d'une toiture plus basse que les autres, apparaît la cime d'un immense sapin, sans doute exposé sur la place centrale. Ils vont arriver, ce sera peut-être jour de marché. Les gens les écouteront raconter leur histoire et leur ouvriront leur porte, comme à des réfugiés. Puis on apprendra bientôt que tout est rentré dans l'ordre, que l'armée a nettoyé les villes et que tout le monde peut rentrer chez soi. Oh, bien sûr, rien ne sera jamais plus comme avant. Chacun devra reconstruire sa vie, faire le deuil des proches qu'il a perdus, mais, petit à petit, on reprendra le dessus…

– Pas un chat, souffle Pauline qui, la main en visière au-dessus de son front, observe les alentours. Personne dans les rues.

– Peut-être que les gens sont tous chez eux, émet Enzo, une note d'espoir dans la voix.

– Hmm, possible, lui répond Pauline, sans conviction.

Mais le doute n'est pas permis. Alors qu'ils approchent du centre du village, le chaos devient évident : vitrines brisées, jardinières renversées, voitures cabossées, poteaux indicateurs pliés...

– C'est venu jusqu'ici, constate Ava d'une voix blanche.

– Oui, mais pourquoi n'y en a-t-il pas un seul dans les rues ? interroge Margot.

– C'est vrai ça, renchérit Pauline. Il devrait y en avoir partout...

Thierry roule au pas. Un nuage obscurcit le soleil, qui jusque-là baignait les rues. Bien que le chauffage de la voiture soit en marche, Margot réprime un frisson.

– Ça veut dire que tout le monde est mort ? demande Enzo.

Personne n'a le courage de lui répondre.

– On fait quoi ? se renseigne Thierry. On s'en va ?

– Et si les gens s'étaient tout simplement barricadés dans leurs maisons pour se protéger de la contagion ? conjecture Pauline.

Margot se mord sauvagement l'intérieur de la joue. Il faut prendre une décision.

– Moi, je dis qu'il faut aller voir ! déclare Lucas. On ne risque rien à aller frapper à quelques portes. Si on part maintenant, on ne saura jamais s'il reste encore des gens en vie ici.

Roger opine. L'idée de quitter les lieux sans s'enquérir d'éventuels survivants lui semble inhumaine.

Thierry pose le pied sur la pédale de frein.

– Je me gare, alors ?

– Je crois que tout le monde est d'accord, acquiesce Margot.

Thierry tourne le volant et effectue la manœuvre. Il s'est arrêté dans la rue principale, près d'une maison assez haute aux volets gris perle.

– On va essayer de prendre un minimum de risque, annonce Margot. On sort ensemble, prêts à tirer. Ava et Enzo, vous ne bougez pas de la voiture. Papa, tu veilles sur eux.

– Hein ? crie Enzo. Je veux y aller moi ! Je veux un fusil et aller avec vous. Je veux…

Pauline le fait taire d'un simple regard.

– Tu fais ce qu'on te dit, Enzo. C'est bien compris ?

Les trois adolescents et Roger ôtent les sécurités de leurs armes. Lucas passe la bandoulière de son sac sur son épaule, provoquant un étrange cliquetis. Les autres sont trop concentrés pour y prêter attention. La main appuyée sur la poignée, Pauline prend une grande inspiration et fait signe à Roger. D'un même mouvement, ils ouvrent leur portière. Avant de s'extirper du véhicule à la suite de son amie, Margot se retourne vers son père :

– Tu refermes à clé derrière nous !

Ils sont dans la rue. Sans que personne ne s'en aperçoive, le chat s'est faufilé près d'eux. Une envie pressante, sans doute. Une bise glaciale s'est levée et fait voltiger un papier gras sur la chaussée. Roger se dirige le premier vers la porte de la maison aux huisseries grises. Pauline, Margot et Lucas lui emboîtent le pas.

– J'entends du bruit, murmure l'armurier.

Pauline colle à son tour l'oreille contre le bois.

– Oui, moi aussi, j'entends ! souffle-t-elle, le visage soudain illuminé. Il y a des gens ! Eh ! Vous pouvez nous ouvrir ! crie-t-elle en frappant à la porte. On n'est pas malades ! On est comme vous ! On…

Le bruit d'une vitre qui se brise l'interrompt. Au même moment, Margot comprend ce qui cloche : la plupart des volets ne sont pas tirés. Si les gens avaient voulu se barricader, ils auraient fermé les volets !

– Faut qu'on se tire ! hurle-t-elle. C'est une embuscade.

À peine a-t-elle prononcé le mot que les zombies sortent de partout, vomis par les fenêtres et les vitrines. Loin de l'apathie habituelle des créatures en plein jour, ceux là sont déchaînés. Ils courent, bondissent, jaillissent de part et d'autre de la rue. C'est une véritable horde affamée, dont le nombre augmente à chaque seconde. En un instant, Roger et les trois jeunes gens sont cernés.

Dans la voiture, Thierry a mis de la musique et s'est replongé dans sa lecture, Ava dans la contemplation de ses ongles. Aucun des deux ne remarque rien avant qu'Enzo se mette à crier :

– Ils ont un problème ! Ils ont problème !

Dans le rétroviseur, Thierry visualise une partie de la scène ; instinctivement, il tourne la clé de contact. Le véhicule recule à toute vitesse, écrasant au passage quelques morts-vivants dans un choc sourd.

– Où ils sont, putain ? Où ils sont ? jure-t-il en essayant de voir quelque chose derrière la marée mouvante de zombies.

– Juste derrière, près de la porte, lui répond Enzo, hystérique, au moment où une première déflagration retentit.

– Merde ! C'est quoi ça ! hurle Pauline en tirant dans le tas.

La première balle atteint un des monstres en pleine tête. Les autres ne ralentissent pas. Bras tendus, bouche béante, ils avancent en poussant des grognements sinistres. Roger atteint sa cible à chaque fois, Lucas également, mais ça ne semble pas changer grand-chose. Les créatures sont trop nombreuses. Les mains de Margot tremblent et elle ne parvient pas à appuyer sur la détente. Les zombies vont bientôt l'engloutir. Une poussée d'adrénaline forme un voile rouge devant ses yeux, ses doigts trouvent la hache à son côté, elle la brandit et frappe, tranche, taille. La lame mal affutée fend les chairs mortes, le sang gicle sur son visage mais elle n'en a cure. Peu importe l'infection ! Elle ne pense plus qu'à une chose : tuer du zombie.

La voix de Lucas lui parvient comme de très loin.

– Faut qu'on arrive à se sortir de là ! Pauline, tu peux me dégager un périmètre ?

– Pour quoi faire ? crie la jeune fille sans s'arrêter de tirer.

Dos à dos, Roger et Pauline ont le même visage concentré, tendu, où ne s'inscrit aucune émotion. Ils font ce qu'ils ont à faire et ils continueront tant qu'ils auront des munitions. Après…

– Pose pas de question ! réplique Lucas. Fais ce que je te dis !

– OK !

Pauline change de technique ; elle était en mode défensif, elle passe à l'attaque. Elle continue de tirer, mais cette fois elle avance vers les monstres. Roger l'imite.

Lucas a ouvert son sac. Il en sort une bouteille de verre remplie d'un liquide incolore. Un chiffon est noué autour du goulot.

– Je sais pas ce que tu fous, Lucas, mais dépêche-toi ! hurle Pauline.

La poussée des zombies a obligé la jeune fille et l'armurier à reculer. Juste à côté, Margot continue de faire tournoyer sa hache mais déjà son bras faiblit. Un zombie tend la main vers Pauline, elle le met en joue, appuie sur la détente, mais cette fois seul un cliquetis mat lui répond. Suivi presque aussitôt d'une détonation. Roger a pris le relais. La tête du mort vivant a éclaté comme une pastèque. Il prend l'arme de Pauline et lui donne la sienne.

– Continue ! crie-t-il. J'ai des munitions, je recharge !

– Lucaaaaaas ! vocifère Pauline.

– C'est bon, c'est bon ! marmonne l'adolescent en extirpant un briquet de sa poche.

D'une main, il tient la bouteille, de l'autre il enflamme le chiffon, puis, d'un mouvement vif, il jette son projectile sur les créatures. La bouteille se casse sur le crâne d'une d'entre elles, le liquide se répand et s'embrase. Le zombie agite les bras. Il est en feu. Les flammes gagnent ceux qui étaient près de lui. Lucas saisit deux autres bouteilles et les fait passer à Pauline et Roger. Margot est top loin de lui et, de toute façon, elle semble enfermée dans sa frénésie. Les cocktails Molotov volent. En feu, les zombies entament une danse étrange ; ils lèvent les bras, se croisent, tournent sur eux-mêmes jusqu'à ce que noircis, carbonisés, ils se recroquevillent et s'écroulent.

– Foncez dans le tas, foncez dans le tas ! s'égosille Enzo dans la voiture.

– Je ne peux pas faire ça, gamin ! aboie Thierry. Je ne vois pas Roger et les enfants ! Je risque de les écraser avec !

Les mains sur la tête, Ava s'est mise en boule sur le sol de la voiture. Enzo a sauté par-dessus la banquette pour s'asseoir à la place passager.

– Je vais sortir de la voiture et monter sur le toit! crie-t-il. Comme ça, je pourrai vous guider !

– Hors de question ! le rabroue Thierry. C'est du suicide !

La rue est envahie de zombies. Thierry et l'enfant échangent un regard. Roger a laissé le sac de fusils. Enzo en tend un au père de Margot et en prend un pour lui. Il a attentivement regardé comment les autres faisaient, ça n'est pas si compliqué. Il descend sa vitre et tire.

Il va falloir qu'il fasse mieux que ça. Beaucoup mieux.

Thierry, lui, ne se débrouille pas trop mal. L'idée de sa fille, sa petite fille, sa grande fille, au milieu de cette meute, donne étrangement de la stabilité à son bras.

Mais il voit bien que ça ne sert à rien. L'ennemi est trop nombreux.

Soudain, une flamme. Puis une autre. Un incendie se propage au milieu de la nuée. Un tronc de fumée noire et nauséabonde s'élève vers le ciel. Les zombies en feu s'écartent.

Et il les aperçoit. Lucas, Roger, Pauline… Où est Margot ?

Où est Margot ?

Roger a repéré la voiture. Par la vitre ouverte, Enzo hurle :

– Vite ! Venez ! Venez !

Lucas ouvre la marche en jetant encore une bombe incendiaire sur le côté. Pauline est derrière lui, les cheveux roussis, et enfin Roger.

Il soutient une Margot couverte de sang.

Enzo s'est précipité à l'arrière pour faire coulisser la portière juste au moment où ils arrivaient. Margot a un regard halluciné. Elle se retourne vers la horde de zombies en feu, quelque chose a attiré son regard. Elle essaie de se défaire de l'étreinte de Roger qui la retient. La jeune fille le repousse violemment et se met à courir vers les morts-vivants.

– Mais qu'est-ce qu'elle fait ? crie Thierry. Margot !

La jeune fille ne l'entend pas. Juste devant un zombie, elle se penche puis se redresse avant de faire volte-face. La créature tend le bras, Margot court et se jette dans la voiture.

– On avait oublié le chat, halète-t-elle, le félin dans les bras.

À peine est-elle montée que Thierry écrase l'accélérateur. Quelques zombies sont projetés sur le trottoir.

Accroché au volant, Thierry fonce droit devant lui, loin de cette ville, le plus loin possible de ce cauchemar.

TROISIÈME PARTIE

ZONE Z

DIX-SEPT

Le mistral de la veille l'a obligé à consolider son abri.

Il ne s'en était pas rendu compte tout de suite, mais il l'avait fait ressembler à la cabane dans les arbres que son père lui avait fabriquée quand il était petit.

Ce qui l'avait bien aidé – on pourrait même dire : ce qui l'avait sauvé –, c'était de ne pas s'être trop éloigné de la base militaire. Évidemment, son premier réflexe après son échappée belle avait été de courir et courir encore, de mettre le plus de distance possible entre lui et ce qu'il venait de vivre, mais il avait bien dû s'arrêter pour la nuit qui n'avait pas tardé à tomber. Et puis il y avait le froid aussi. Et il fallait qu'il réfléchisse. Ça n'avait jamais été vraiment son genre, de fuir droit devant lui sans se poser de questions. Zoltan avait toujours été un cérébral. C'est ce qui faisait dire à son oncle qu'il avait de l'avenir dans le milieu. En attendant, ça ne lui avait pas permis d'éviter la prison. Il faut reconnaître que son oncle le mettait toujours sur les coups les plus pourris. Sous prétexte qu'il était mineur et que du coup il risquait soi-disant moins ! Sauf qu'après avoir été arrêté un certain nombre de fois pour petite délinquance, il avait fini par se faire serrer sur un braquage. Et, comme un con, il avait une arme sur lui. Le juge n'avait pas hésité : ç'avait été direct l'EPM d'Orvault. Au départ, il s'était dit que c'était pas plus mal. Au moins, il n'avait plus son oncle sur le dos... mais il n'avait pas tardé à se rendre compte que la majorité de ses compagnons de détention étaient encore plus violents et bornés que tonton Max. Quand il avait eu cette opportunité d'être transféré dans un centre de l'armée, il s'était dit qu'enfin la chance tournait. L'administration avait insisté sur le fait que personne ne devait être au courant de cet intermède. C'était même écrit noir sur blanc sur le contrat ultraconfidentiel dont évidemment l'armée conservait les deux exemplaires. Quand les « volontaires » étaient libérés, après ces six mois de bons et loyaux services pour la défense de la Patrie, l'explication officielle était une conduite exemplaire. Zoltan avait pensé que c'était une occasion en or d'échapper à l'oncle Max. Il aurait dix-huit ans en sortant, il lui suffirait de se faire la belle assez loin de Toulon et Marseille et de se fabriquer une nouvelle vie. Il aurait évidemment été obligé d'enfreindre la loi de temps en temps pour gagner un peu de blé, mais il n'aurait choisi que des plans subtils et astucieux. En tout cas pas aussi foireux que ceux de l'oncle Max.

Autrement dit, il était quasiment tiré d'affaire. Et voilà que ce truc de fous lui était tombé dessus. Et qu'il se retrouvait fugitif malgré lui.

Zoltan commençait à se dire qu'il avait vraiment la poisse.

Cette première nuit, il l'avait passée dans une grange près d'une ferme, à une dizaine de kilomètres du centre. Le lendemain matin, il avait vu la petite famille qui habitait là partir en voiture : un homme d'une quarantaine d'années et une femme un peu plus jeune, qui portait un bébé. Ils n'étaient jamais revenus. En revanche, un voisin avait fait irruption dans l'après-midi. La faim avait attiré Zoltan dans la maison. Il n'avait pas l'intention d'abîmer quoi que ce soit, il avait même crocheté la porte d'entrée très proprement. C'est alors que ce type était apparu. Attiré par la faim lui aussi, il avait dû renifler Zoltan. Le jeune homme n'avait même pas essayé de se battre, il avait pris ses jambes à son cou.

Manque de bol – encore ! – au bout de deux kilomètres, il s'était méchamment tordu la cheville. Heureusement, le voisin ne l'avait pas coursé. Zoltan avait compris que même si la créature s'était montrée beaucoup moins vive que les monstres qu'il avait affrontés dans le centre, il avait eu affaire au même phénomène.

Le garçon avait alors décidé de rejoindre le village le plus proche – en l'occurrence Puget-sur-Argens. Il avait parcouru six kilomètres dans la campagne en traînant la patte. Un peu avant d'atteindre sa destination, il avait compris que ça ne tournait pas rond. D'une butte, il avait observé la situation et en était resté sur le cul : c'était l'apocalypse. Des zombies – il fallait bien appeler les choses par leur nom – partout. Le bordel total.

À ce moment, Zoltan avait pas mal hésité. Et il avait choisi de retourner là d'où il venait. Vivre près de la base militaire serait dangereux, certes, mais de toute façon potentiellement pas plus dangereux que de continuer à avancer vers le chaos total. Au moins, là-bas, même si ce ne serait pas facile à récupérer, il était sûr de trouver des couvertures, des vêtements chauds, des munitions – et quelque chose lui disait qu'il pourrait bien en avoir besoin. Il voulait aussi une radio. Il avait la ferme intention de capter des informations et de prévenir les autres militaires, qui allaient forcément finir par débarquer, qu'il avait dû quitter la base contre son gré et dans l'unique but de sauver sa peau.

Rien ne s'était déroulé comme prévu.

La première étape avait été de se trouver un abri pas trop loin de la base, mais pas trop près non plus. Il avait dégotté un arbre idéal, en lisière d'un petit bois, et il avait décidé de se construire cette cabane.

Jusqu'à l'âge de sept ans, il avait vécu à la campagne avec ses parents. Et puis son père était mort. Une histoire louche dont on ne lui avait jamais raconté tous les détails. Sa mère était alors allée vivre à Amiens auprès de son frère, Max. Elle était morte, elle aussi, quelques années plus tard. Overdose. Mais à ce moment-là, la vie de Zoltan était déjà devenue un sacré merdier.

N'empêche qu'il se rappelait assez bien cette cabane que son père lui avait construite.

La deuxième étape avait été l'expédition jusqu'à la base, pour récupérer le nécessaire. Là-bas, il s'était rendu compte que les zombies s'étaient pas mal calmés. Il avait été obligé d'en descendre un bon paquet quand même, mais il avait pu ramener des tas de trucs. Il avait même trouvé des outils et des plaques de tôles pour lui servir de murs. Et une bâche pour le toit. Il lui avait fallu plusieurs voyages pour rapporter tout cet attirail. Une fois installé, il avait essayé de faire marcher la radio. En vain. Il n'avait capté que des grésillements. Est-ce que ça voulait dire que la situation était encore plus grave qu'elle en avait l'air ? Il s'était endormi, enroulé dans un des sacs de couchage haute-performance de l'armée, après avoir avalé deux boîtes de cassoulet froid. Pas terrible mais il avait connu pire. Dans la nuit, un drôle de bruit l'avait réveillé. Comme une trompette, mais plus rauque. Ça lui rappelait vaguement quelque chose mais impossible de remettre le doigt dessus. En toute logique, il s'était dit que ça devait être une sirène quelconque. Comme ça venait du côté de la base, ça signifiait sans doute que les secours étaient enfin arrivés. Il avait sorti la tête et, avec les jumelles à infrarouge piquées à la base, il avait jeté un coup d'œil. Et il n'en était pas revenu.

Un éléphant. Super balèze. Au milieu du champ, la trompe en l'air, en train de barrir. Dingue. Avec ses grandes oreilles et tout. Et pas super loin, deux zèbres. Et… une girafe. Immense. Comme à la télé. Enfin, encore plus grande. Zoltan s'était frotté les paupières avant de recoller les yeux aux jumelles. Non, il ne rêvait pas, il y avait bien là, à quelques centaines de mètres, des animaux venus tout droit de la savane africaine.

Et puis il avait compris.

Il avait entendu des soldats parler du parc zoologique de Fréjus qui se trouvait à quelques kilomètres de là. Ils avaient l'intention d'y emmener leur petite famille lors de leur prochaine permission. Manifestement, les animaux en avaient eu assez d'attendre et ils avaient décidé de se déplacer eux-mêmes jusqu'à la base.

En réalité, ils s'étaient sans doute échappés. Zoltan n'avait aucune peine à imaginer la scène. Il était bien placé pour savoir les dégâts que les zombies étaient capables d'engendrer. Il avait suffi qu'ils bousillent quelques enclos, quelques cages et hop !

C'est à ce moment que l'idée l'avait frappé de plein fouet : s'il y avait des zèbres et des éléphants, il y avait aussi sûrement des singes et… des fauves. OK. Il allait devoir faire doublement gaffe maintenant : aux zombies et aux tigres. Cool !

Depuis deux jours, Zoltan n'a pas fait grand-chose d'autre que d'essayer de capter des voix humaines à la radio – en faisant quand même attention de ne pas user toute la batterie – et regarder les animaux. En haut de son arbre, il se sent à peu près en sécurité et le spectacle est extraordinaire. Il n'a pas encore vu de tigre mais il a pu observer un lion. Ça n'est pas comme dans les documentaires animaliers, genre, le fauve tapi à l'affût de sa proie, puis la course poursuite et la fin inéluctable de la pauvre antilope. Il y a bien des antilopes ou des trucs qui y ressemblent avec des pattes fines et des grandes cornes, mais le lion les regarde nonchalamment et ne fait même pas mine de les attaquer. Peut-être qu'il n'a pas encore assez faim, se dit Zoltan. Ce qui n'est pas son cas à lui. Le temps s'est sacrément refroidi et, après le mistral de la nuit précédente, le ciel blanc promet de la neige. Il a rafistolé son toit de bâche et rejointé ses murs de tôle, mais il se dit qu'il ferait mieux de retourner faire quelques courses à la base.

En faisant gaffe de ne pas se faire dévorer par le lion au passage.

DIX-HUIT

Ils roulent depuis plus de deux heures maintenant.

Les zombies les ont suivis jusqu'à la sortie du village, l'un d'entre eux a réussi à sauter sur le toit de la voiture. Le choc sourd a arraché un cri à Ava. Thierry a accéléré en donnant un coup de volant. Le monstre est tombé pour se relever aussitôt. Mais le véhicule était tout de même trop rapide pour les créatures qui ont disparu après le premier virage.

Dans les bras de Roger, Margot ne cessait de trembler. Le chat s'était réfugié sur les genoux d'Enzo, qui essayait de le rassurer du mieux qu'il pouvait. Pauline a eu un mal de chien à faire lâcher sa hache à son amie. Elle a ensuite attrapé une bouteille d'eau dans le coffre et déchiré un T-shirt pour la nettoyer. La voiture tressautait en passant dans les nombreux nids-de-poule de la petite route.

– Qu'est-ce qu'elle a ? Qu'est-ce qu'elle a ? ne cessait de répéter Thierry entre ses dents.

– Elle est juste sous le choc, a affirmé Pauline.

Personne n'a fait de commentaire. Tout le monde pensait à la même chose. Tout ce sang. Et si elle était contaminée ? Et si elle était en train de tous les contaminer ? Si, soudain, ses yeux se révulsaient, si elle se mettait à vomir du sang ?

Que feraient-ils alors ?

Pauline essaie de ne pas penser. Elle serre Margot contre elle de toutes ses forces, tout en passant délicatement le linge humide sur son visage.

Ava n'a relevé la tête qu'après un long moment pour demander d'une voix frêle :

– Ça y est ? On ne risque plus rien ?

Lucas l'a aidée à se rasseoir. Il était un peu déçu qu'elle n'ait rien vu de son exploit, mais il comptait bien le lui raconter un peu plus tard.

Enzo s'était assis près de Roger et lui tenait la main. Le gros homme aurait voulu lui sourire mais il en était incapable.

C'est alors que le premier flocon est tombé.

Du ciel blanc qui annonçait la neige depuis déjà plusieurs jours, ont commencé à dégringoler des dizaines, puis des centaines de minuscules et légères perles cotonneuses. Doucement, la route et les champs se sont couverts d'un tapis blanc.

– C'est bientôt Noël, a murmuré Enzo.

Margot a fini par s'endormir. Ses traits se sont détendus et elle s'est laissé aller dans les bras de Pauline. Peu de mots ont été échangés pendant les deux heures qui ont suivi. La neige a cessé mais l'asphalte glissant a obligé Thierry à ralentir l'allure. Sans consulter les autres, il a bifurqué dès qu'il a pu vers l'autoroute du Sud. Tout autour, la campagne est déserte.

– Quand avais-tu préparé ces cocktails Molotov ? finit par chuchoter Pauline à Lucas.

– Ce matin, chez ma tante. J'ai trouvé des bouteilles dans le conteneur et de l'alcool à brûler près du barbecue rangé dans le garage. Ça m'a donné l'idée. J'avais lu comment les fabriquer un jour en surfant sur le Net.

Pauline hoche la tête.

– C’était une bonne idée. Tu nous as sauvé la vie.

Lucas réprime un sourire de satisfaction. C’est exactement ce qu’il avait envie d’entendre. Il jette un coup d’œil vers Ava. Il est sûr et certain que la jeune fille a déjà changé son regard sur lui.

– J’ai soif, articule soudain Margot.

Ses yeux sont entrouverts, elle passe une langue sèche sur ses lèvres gercées.

– Eh Ava, lance Pauline. Rends-toi un peu utile et fais passer la bouteille d’eau.

Ava s’exécute, la mine renfrognée.

Thierry se retourne à demi.

– Margot, ma chérie, tu vas bien ? Dis-moi que tu te sens bien.

L’adolescente se redresse, un peu surprise en se rendant compte que les cuisses de Pauline lui servent d’oreiller.

– Oui… oui, ça va… Je crois.

Elle boit une longue lampée d’eau à même le goulot avant de reprendre :

– C’est… juste que… je ne me rappelle pas grand-chose…

– Tu te souviens de moi, quand même ? interroge Pauline seulement à moitié pour rire.

– Oui, comment aurais-je pu vous oublier toi et ta grande bouche ? rétorque Margot avec une grimace.

– Yes ! s’écrie Lucas. Si t’envoies des piques à Pauline, c’est la preuve que tu vas bien.

– On est où ? demande Margot en regardant par la fenêtre.

– Pas très loin de Toulouse, répond Thierry. En espérant que les abords de la ville ne soient pas bloqués. Je préférerais rester sur l’autoroute au maximum et éviter de traverser des villages.

– Ouais, bonne idée, approuve Pauline.

Margot se redresse complètement.

– Et il est quelle heure ?

Thierry jette un coup d'œil sur l'horloge de la voiture.

– Quinze heures et douze minutes.

– Déjà ! s'alarme Margot. On n'arrivera jamais à Toulon avant la nuit !

– Sans doute pas, confirme son père d'une voix neutre. Et il y a une autre mauvaise nouvelle : on va devoir s'arrêter prendre de l'essence.

L'information est accablante. S'arrêter, ça veut dire risquer de nouveau de se retrouver confronté à des zombies. Et personne ne s'en sent le courage.

La route se poursuit. Thierry lève le pied quand il croise des stations-services mais à chaque fois, Lucas, Pauline ou Enzo aperçoit un ou plusieurs zombies, errant autour de la boutique, sur le parking ou en train de bondir sur le toit des voitures.

– Pourquoi ils sont comme ça ? demande soudain Enzo.

– On ne sait pas vraiment, explique Margot. C'est peut-être une maladie, un virus…

– Non, non l'interrompt le petit garçon. Je veux dire pourquoi ils sautent alors qu'on est en plein jour. Normalement, c'est que la nuit.

– C'est vrai, renchérit Lucas. Je me suis posé la même question.

Margot pousse un soupir.

– Moi aussi, je me suis posé la question et je crois que c'est parce qu'ils ont faim.

Roger, intéressé, se penche en avant.

– Comment ça ?

– L'épidémie a commencé à se développer en fin de journée, expose Margot, qui a beaucoup réfléchi au phénomène. Ils ont passé cette première nuit à se nourrir et le jour suivant à digérer. C'est ce qui les rend léthargiques, la digestion. Le soir, ils ont à nouveau faim et ils retrouvent leurs instincts de chasse.

– Hmm, acquiesce pensivement Thierry. C'est plausible.

– Mais ça ne nous dit pas pourquoi ceux du village étaient comme ça ! rappelle Lucas.

Margot hoche la tête.

– Si. Ils avaient faim eux aussi. L'épidémie a démarré il y a quatre jours. Combien y avait-il d'habitants dans ce village ? Mille ? Deux mille ? Ils ont dû tous être… transformés la première nuit et depuis… ils n'ont plus rien à manger.

Le silence est revenu dans la voiture. Chacun s'abîme dans ses pensées. Personne n'ose évoquer à voix haute cette crainte qu'ils partagent pourtant : et si on était les derniers survivants ?

À mesure qu'ils avancent, la neige se fait plus rare. Aux abords de Narbonne, Thierry allume les phares. Ils viennent de dépasser un panneau indiquant Béziers quand Thierry annonce :

– On va vraiment devoir s'arrêter prendre de l'essence, cette fois.

– C'est quoi ça ? demande soudain Enzo, le nez collé à la vitre.

Au loin, le ciel déjà presque noir est illuminé d'une lumière orangée. Parfois un faisceau vert la traverse.

– C'est un signal, souffle Lucas.

– Je croyais qu'il n'y avait plus d'électricité nulle part, énonce Pauline la voix pleine d'espoir.

– Ça veut dire qu'il y a des gens là-bas ! s'écrie Enzo. Des gens vivants qui savent faire marcher l'électricité.

– Il faut y aller ! décrète Ava.

Thierry a ralenti. Dans le rétroviseur, il consulte Roger du regard. L'armurier passe une main sur sa joue rêche.

– Je... je ne sais pas, murmure-t-il.

– Mais pourquoi vous hésitez ? s'exclame Pauline. C'est peut-être notre seule chance ! C'est la preuve que tout le monde n'est pas mort ! Vous avez vu les zombies comme nous ! Vous savez très bien qu'ils ne sont pas capables d'appuyer sur un interrupteur ou de faire fonctionner une machine !

– Ils ont quand même réussi à nous tendre une embuscade, émet Roger.

Margot secoue la tête.

– Non, je ne crois pas. Je pense comme Pauline : ces créatures n'ont pas une once d'intelligence. Ce n'était pas vraiment une embuscade, ils ont seulement fonctionné par instinct...

– Et l'instinct ne peut pas te faire dessiner des signaux dans le ciel, achève Pauline.

– On ne sait même pas où c'est, observe Thierry.

– Il suffit de suivre la lumière, rétorque Enzo. Ça doit pas être si loin.

– Il a raison, acquiesce Margot. Prends la prochaine sortie, papa !

Thierry n'est pas sûr des raisons de son hésitation. Un mauvais pressentiment peut-être... mais que vaut un mauvais pressentiment face à l'espoir de quatre ados et un gamin ?

– OK, finit-il par acquiescer. On y va !

Pauline, Lucas, Ava, Margot et Enzo gardent les yeux rivés vers les lumières dans le ciel et guident Thierry.

– On s'approche ! s'excite Enzo.

Un panneau indique la proximité d'une ville ou d'un village. Des coups sourds semblent résonner à un rythme régulier.

– C'est quoi ça ? s'interroge Lucas.

– Peut-être qu'ils tirent sur les zombies avec des canons ! lance Enzo.

– Non... écoutez c'est... c'est de la musique !

Tous dressent l'oreille ; Margot a raison. C'est de la musique, genre techno.

– On se croirait en boîte ! commence Lucas avant de s'interrompre brusquement.

Ils sont arrivés.

Devant une fête foraine.

La lumière orangée provient des centaines de spots clignotants sur les attractions, le faisceau vert de l'enseigne d'une maison fantôme. La musique est à fond. Tous les manèges ou presque fonctionnent. La grande roue, les montagnes russes, l'étoile, le magic dance, le spin ball, le dragon volant, le petit train... tout ce qui tourne, roule, balance, secoue...

– Comment... comment c'est possible ? balbutie Lucas.

– Un générateur, explique Thierry. Les forains utilisent toujours un générateur pour produire leur propre électricité, sans utiliser les ressources de la ville où ils s'installent. Personne ne l'a coupé, c'est pour ça qu'il continue de fonctionner. Il s'arrêtera quand il n'y aura plus d'essence.

– Et... et vous avez vu ça ?

Thierry acquiesce à l'interrogation de Pauline. Oui, ils ont vu. Ils ont tous vu. La vision est apocalyptique. Dans les allées de la foire, des zombies déambulent, voûtés, les bras le long du corps, le regard vide, comme hypnotisés par la musique et les lumières. Dans les manèges, d'autres sont brinquebalés dans un mouvement perpétuel étourdissant.

– C'est monstrueux ! articule Ava d'une voix blanche.

– On se tire d'ici ! lance Lucas.

Thierry fait reculer le véhicule en secouant la tête. La musique assourdissante s'atténue à peine.

– On ne va pas pouvoir aller bien loin, dit-il. Ça fait cent kilomètres que je suis sur la réserve.

– On peut pas rester là, on peut pas rester là, se met à hurler Ava, hystérique.

– Ça va, on a compris ! la tance Pauline en lui assénant un coup sur l'épaule.

– Aïe !

– Pauline ! proteste Lucas.

La jeune fille l'ignore.

– OK, demande-t-elle en s'adressant à Thierry, on peut encore aller jusqu'où ?

– Maximum quinze kilomètres. Peut-être pas plus de dix.

– Je sais que personne n'en a envie et moi pas plus que vous, croyez-moi, reprend Pauline, mais le mieux, c'est de se rapprocher d'une agglomération pour trouver de l'essence. En fait, on n'a pas le choix. Ce serait bien pire de se retrouver au milieu de nulle part sans moyen de locomotion.

– Eh mais attendez, intervient Lucas. Pas besoin d'une station-service ! Des bagnoles, y en a des tas, ici, sur le parking de la fête foraine.

Roger fronce les sourcils.

– Tu veux qu'on change de véhicule ? Aucun d'entre nous ne sait démarrer une voiture sans les clés !

– Non ! Je me disais qu'on pouvait siphonner un réservoir !

– Mais bien sûr ! s'exclame Thierry. C'est une idée géniale ! Pourquoi on n'y a pas pensé plus tôt ?

Lucas rougit de plaisir. Il a eu une idée « géniale » ! Il jette un coup d'œil vers Ava. Elle n'a pas l'air spécialement impressionnée, mais bon, ce n'est qu'un début.

– Je m'y colle ! se propose-t-il.

– Tu saurais faire ça ? lui demande Pauline sceptique.

Lucas hausse les épaules.

– Évidemment !

– Et où est-ce que t'as appris ? Me répond pas « dans un jeu-vidéo » parce que là, je ne te croirai pas.

Lucas rougit de nouveau, mais cette fois, c'est parce qu'il est un peu gêné. Il aurait aimé une explication plus classe, mais bon…

– J'avais un aquarium quand j'étais petit. Pour le vider, fallait le siphonner, je suppose que c'est pareil pour un réservoir de voiture, non ?

– Je suppose aussi, acquiesce Thierry. Faut juste qu'on se procure un tube flexible…

– Et on est censé trouver ça où ? s'enquiert Margot.

– Ben…

Lucas, cette fois, reste sans voix. Thierry grimace.

– C'est sûr, j'avais pas pensé à ça…

Margot ferme les paupières et expire lentement.

– D'accord, les garçons ! On va laisser tomber vos idées « géniales », OK ? On va s'en tenir au plan le plus simple : trouver une station ! Et Pauline a raison, on a plus de chances vers le village. Tout à l'heure, juste avant de tourner pour arriver ici, j'ai aperçu un panneau indiquant un petit supermarché à cinq minutes. Un pictogramme indiquait une pompe. On fait ça ?

Thierry a déjà capitulé et s'engage de nouveau sur la route, tournant le dos à la fête foraine. Lucas se rencogne dans son siège, bras croisés, vexé.

– C'est toujours vous les filles qui commandez, grommelle-t-il.

– Qu'est-ce que tu marmonnes ? lui demande Pauline.

– Rien, laisse tomber !

Le supermarché est parfaitement indiqué et ils y arrivent en moins de dix minutes. Quelques zombies traînent sur le parking. Roger redistribue les armes.

– Je vais m'occuper de faire le plein, annonce-t-il. Vous, vous me couvrez.

La portière coulisse presque sans bruit. Roger sort le premier, Pauline et Margot sur ses talons. Enzo surveille les mouvements des morts-vivants sur le côté, prêt à donner l'alarme. Thierry laisse le moteur ronronner. Une fois de plus, Lucas se sent laissé-pour-compte. Il est un héros ! Et Ava doit s'en rendre compte ! Il doit le lui prouver !

Soudain, il a une idée.

L'entrée du supermarché est à quelques pas. Les zombies ne sont pas très nombreux et ils sont assez loin. Il se penche sur Ava, qui est recroquevillée sur elle-même.

– Hé, Ava, souffle-t-il.

La jeune fille le regarde en papillotant des yeux. Les dernières heures l'ont profondément secouée. Mais elle est toujours aussi canon, se dit Lucas en se retenant de la prendre dans ses bras.

– Eh, reprend-il à voix basse, est-ce qu'il y a un truc qui te ferait plaisir ?

Ava, les yeux écarquillés, le dévisage sans répondre.

– Est-ce que tu veux que j'aille te chercher quelque chose au supermarché ? précise Lucas.

– Mais c'est trop dangereux, chuchote Ava.

Lucas s'autorise un sourire plein d'assurance.

– Pff, tu parles. Si tu crois que quelques zombies me fichent la trouille…

Pour la première fois, Ava a l'air intéressée.

– C'est vrai ?

– Sûr. Dis-moi juste ce que tu veux.

– Mais les autres, les filles, elles vont rien dire ? s'inquiète Ava.

– Eh, je suis pas à leurs ordres, proteste Lucas. C'est moi qui leur ai sauvé la vie tout à l'heure !

Ava hoche plusieurs fois la tête. Une étincelle s'est allumée dans son regard.

– En fait, j'ai besoin de plein de choses : du vernis par exemple, mais pas n'importe quoi, hein. Il me faut du Chanel « rose inattendu »…

– « Rose inattendu », répète Lucas en surveillant Roger du coin de l'œil.

L'armurier ne va plus en avoir pour très longtemps, Lucas va devoir faire vite. Il pose déjà la main sur la poignée de la portière du côté d'Ava.

– Oui, acquiesce la jeune fille, si tu trouves pas, tu peux prendre du…

Mais Lucas n'écoute plus ; il a ouvert la portière, sauté dehors et refermé derrière lui d'un même élan.

– Hé, mais j'avais pas fini ma liste, geint Ava en le regardant s'éloigner courbé en deux sur son arme.

– Eh ! appelle soudain Margot. Lucas ! Qu'est-ce que tu fais ? Tu vas où ?

Lucas prend le temps de se retourner pour lui adresser un signe avant de reprendre sa course.

Un claquement indique que le réservoir de la voiture est plein. Roger raccroche le pistolet.

– On a un problème, annonce Margot. Lucas est parti.

– Quoi ? s'écrie Pauline en essayant de ne pas hausser la voix.

– Vers le supermarché. J'ai aucune idée de ce qui lui est passé par la tête.

– Quel con ! murmure Pauline. On fait quoi ?

Un vacarme empêche Margot de répondre. Comme une pile de boîte de conserve qui s'écroule. Roger se retourne brusquement, le doigt sur la détente. Une détonation résonne. À l'autre bout du parking, les zombies ont levé la tête.

– Merde, chuchote Margot. Qu'est-ce qu'il fout ?

– Je crois qu'il faut qu'on aille l'aider…

À peine Pauline a-t-elle prononcé ces mots que l'ombre de Lucas réapparaît. Il lève un bras.

– Il va bien ! souffle Pauline.

Le garçon court vers elles. Roger s'est placé sur le côté, prêt à tirer sur les zombies qui auraient l'idée de suivre le jeune homme.

– Dépêche-toi, crétin, le sermonne Pauline. Qu'est-ce que t'étais allé…

– Je suis là, je suis là, halète Lucas. Je suis là, mais j'ai pas trouvé… j'ai pas trouvé…

Ce n'est que quand il n'est plus qu'à quelques pas que Pauline et Margot comprennent que quelque chose cloche. Le jeune homme titube, trébuche sur ses propres pieds et tombe dans les bras de Margot.

– Il est plein de sang ! hurle la jeune fille.

– Merde !

Roger se précipite et aide l'adolescente à soutenir son ami. Les zombies ont formé une masse compacte et marchent à présent vers eux.

– Dans la voiture ! Dans la voiture ! crie Pauline.

Roger et Margot tirent Lucas à l'intérieur du véhicule. Pauline monte et ferme la porte derrière eux. Thierry démarre en trombe.

– Des tissus, vite ! Des chiffons ! N'importe quoi pour l'empêcher de saigner.

Enzo attrape un drap et le passe à Margot. La jeune fille l'applique sur le cou déchiqueté de Lucas. Le tissu blanc devient presque immédiatement écarlate.

– Qu'est-ce qu'il a ? panique Enzo.

– C'est sa carotide, sanglote Margot. C'est pour ça qu'il perd autant de sang !

– Ava… articule Lucas d'une voix rauque.

La jeune fille ne bouge pas. Elle a vu le sang. Elle ne veut pas en voir plus.

– J'ai… j'ai pas trouvé ton vernis, continue Lucas dans un gargouillement, mais j'ai eu le zombie qui m'est tombé dessus. J'ai tiré mais…

– Tais-toi, arrête de parler, murmure Margot, les mains pleines de sang et le visage couvert de larmes.

– Mais… reprend le garçon, je crois qu'il m'a eu !

Sa phrase s'achève dans un borborygme humide.

Puis plus rien.

Margot le serre contre elle, la poitrine secouée de hoquets.

– Margot, souffle Pauline. Margot, il n'est pas…

– Si, bien sûr que si ! hurle la jeune fille. Il est mort !

DIX-NEUF

Pauline ne quitte pas Lucas des yeux. Il n'a pas fermé les paupières. C'est comme s'il fixait le plafond de la voiture. Elle avance la main, lentement, et lui caresse les cheveux.

Lucas est mort.

Sur les joues de Margot, les larmes se sont figées. On dirait qu'elles ont gelé.

Tout est devenu immobile. Aussi immobile que Lucas.

Jusqu'au moment où une des ses paupières tressaille.

– Il… balbutie-t-elle, il…

Lucas bouge le cou à présent. Puis la main.

– Il n'est pas mort, parvient à articuler Pauline.

Le jeune homme se redresse. Il est maintenant assis à côté de Margot. Le drap qui couvrait sa plaie tombe. La blessure a pris une teinte sombre. La chair béante laisse voir les veines et les artères arrachées.

Ses pupilles sont tellement dilatées qu'on ne voit plus la moindre parcelle de blanc dans ses yeux.

– Il est contaminé ! crie Pauline.

Sa voix est couverte par celle de Roger.

– Pousse-toi, Margot.

L'armurier a brandi son arme et la pointe sur Lucas.

– Non ! glapit Margot en se jetant sur lui.

Thierry pile dans un crissement aigu. Le coup de frein projette tout le monde contre les sièges. Roger est le premier à reprendre ses esprits. Il se jette sur la portière et pousse Lucas dehors.

– Lucas ! crie Margot.

Roger la saisit à bras le corps.

– Lâchez-moi ! Lâchez-moi !

– C'est un zombie ! vocifère Roger. Lucas est mort ! Cette chose va seulement vouloir te manger !

Thierry est passé entre les sièges et a violemment refermé la voiture. Lucas, la chose qu'il est devenu, cogne sur la carrosserie.

Margot cesse de se débattre et se laisse aller dans les bras de Roger.

– On ne peut pas le laisser comme ça, hoquette-t-elle.

Pauline pleure elle aussi. Enzo lui prend la main. Dans son coin, Ava n'ose plus faire un mouvement. Dehors, Lucas s'est mis à pousser des grognements.

– On ne peut pas le laisser comme ça, répète Margot, d'une voix plus calme.

– Et qu'est-ce que tu veux qu'on fasse ? gémit Ava.

– Toi, la ferme ! aboie Pauline en se tournant vers elle.

– Je veux qu'on l'amène avec nous ! déclare Margot.

– Quoi ? éructe son père.

– Elle est folle, marmonne Ava.

Cette fois, Pauline se jette sur elle. Elle l'attrape par le col et la secoue comme si elle voulait lui décoller le cerveau.

– T'as pas entendu ce que je t'ai dit ! braille-t-elle. Je veux que tu la fermes ! Tout ça, c'est de ta faute ! Qu'est-ce qu'il voulait dire tout à l'heure, Lucas ? Qu'est-ce qu'il n'avait pas trouvé ? Qu'est-ce que tu lui avais demandé de te rapporter ?

– Rien ! Rien ! bégaie Ava. Je te jure, c'est lui qui...

Pauline, soudain épuisée, la laisse tomber.

– Je suis d'accord avec Margot, lâche-t-elle. On doit emmener Lucas. D'après ce que j'ai compris, les responsables de ce truc sont là où on va. Si ça se trouve, ils ont trouvé un antidote ! Il nous reste peut-être une chance de sauver Lucas ! En ce qui concerne la contagion, je crois que si ce virus était transmissible par le sang, Margot serait une zombie depuis longtemps, ajoute-t-elle en désignant la parka déchirée et couverte d'hémoglobine de son amie.

Thierry ouvre la bouche et la referme aussitôt.

– D'accord, finit-il par acquiescer. On va l'emmener. Mais on va prendre toutes les précautions.

Il a d'abord fallu l'immobiliser et la tâche ne s'est pas révélée aisée. Si Lucas avait été plutôt lent à son réveil, il était à présent dans une phase pour le moins énergique. La faim, sans aucun doute. Enfermés dans le véhicule, Roger, Thierry, Pauline et Margot avait préparé leur arme ; en l'occurrence, un drap. Tous les quatre étaient sortis de la voiture par l'autre côté et Margot s'était avancée pour attirer l'attention de Lucas. À peine l'avait-il vue, que le garçon – si ce mot avait encore un sens – s'était précipité sur elle. Pauline était passée devant lui en tenant une extrémité du drap. Thierry tenait l'autre bout. Roger pointait son fusil au cas où l'opération tournerait mal. Lucas avait foncé dans le drap tendu et aussitôt Thierry et Pauline lui avaient enroulé le pan de tissu autour du torse, emprisonnant ses bras. Ils avaient bien serré et Lucas était tombé par terre, incapable de faire un mouvement. Le zombie se tortillait au sol comme un ver géant, donnant des coups de menton à droite et à gauche pour essayer de mordre. Roger lui avait alors immobilisé la tête, pendant que les deux filles lui collaient du scotch extra fort sur la bouche. Ils l'avaient ensuite ligoté bien serré avec de la ficelle, puis chargé dans le coffre de la voiture. Il était séparé des autres par le grillage qui avait – dans un autre monde – servi aux scottish terriers de sa propre tante.

Thierry avait redémarré.

Lucas s'agitait et donnait des coups autant qu'il le pouvait contre les parois du véhicule. Le scotch ne faisait qu'étouffer ses grognements incessants.

C'est accompagné de ces bruits sinistres que Thierry, Roger, Pauline, Margot, Ava et Enzo ont continué leur route vers un espoir hautement improbable.

Au petit matin, pas un n'avait fermé l'œil.

Thierry était sorti de l'autoroute. La campagne était déserte ; un voile de brume s'accrochait au bitume et s'enroulait autour des poteaux indicateurs.

Les Arcs 1,2 km

Puis plus loin : *Base militaire, 0,8 km.*

– Regardez là ! s'est alors écrié Enzo.

Tous ont tourné la tête vers l'incroyable spectacle. Le cou émergeant des nappes cotonneuses, une girafe broutait paisiblement le haut d'un arbre. Non loin, un grand oiseau se posait majestueusement sur le piquet d'une clôture. Il était pourvu d'un long bec, aussi sombre que l'extrémité de ses ailes immenses. Son dos était d'un blanc immaculé.

– On est en Afrique ? a demandé Enzo.

Aucune réponse n'est venue. Peut-être que tout le monde se posait la même question.

Au détour d'un virage, la base est apparue. Thierry a coupé le moteur et s'est tourné vers ses compagnons. Ses yeux étaient gonflés et rouges, son début de barbe, broussailleux.

– On fait quoi maintenant ?

VINGT

Du haut de son perchoir, Zoltan voit la voiture remonter la route, ralentir, repartir, puis s'arrêter. Son cœur martèle sa poitrine. L'espoir ?

Il prend ses jumelles au moment où le véhicule redémarre. Ça ne ressemble en rien à un convoi militaire. La voiture est cabossée et sale. Et à l'intérieur… malgré ses efforts, Zoltan ne distingue pas les passagers.

Sans quitter les nouveaux arrivants des yeux, il charge deux FAMAS et en passe les bandoulières sur son épaule. Il descend prudemment de son arbre. Qui sont ces gens ? Pourquoi vont-ils à la base alors que tout y a été détruit ? Peuvent-ils lui être d'une aide quelconque ? Ou ne s'agit-il que de pilleurs ? Zoltan espère pour eux qu'ils sont bien armés. Et pas seulement à cause des zombies, parce qu'il n'a pas l'intention d'abandonner sa réserve personnelle sans se défendre.

Avant de traverser le champ, le jeune homme scrute les alentours. L'appétit du lion a fini par se réveiller et rien que la veille au soir, il a croqué deux gazelles. Le jeune homme n'aimerait pas que le fauve le confonde avec son petit déjeuner.

De l'autre côté de la brume, des portières s'ouvrent. Des murmures étouffés, le claquement caractéristique de fusils à pompe. Zoltan a sa réponse : les visiteurs ne sont pas venus les mains vides. Il s'approche à pas de loup.

– Et merde !

– Pourquoi tu dis ça ?

– Le portail est grand ouvert, je ne suis pas sûr que ce soit très bon signe, répond Margot à Pauline.

– T'en sais rien, rétorque cette dernière. Tous les survivants sont peut-être réfugiés dans un bâtiment ultra-sécurisé.

– Mouais, peut-être.

– On fait quoi de Lucas ? demande Enzo de sa voix flûtée.

Margot soupire.

– On le laisse là pour le moment. On va d'abord voir si on trouve du monde à l'intérieur.

– Et… et moi, je fais quoi ?

Pauline se retourne vers Ava.

– Tu viens avec nous. Qu'est-ce que tu crois ?

– Mais…

– T'inquiète pas, la rassure Pauline avec un sourire sarcastique, je veillerai sur toi.

La brume s'est épaissie. Arme au poing, le petit groupe se dirige vers l'entrée de la base. Elle est cernée d'un haut mur surmonté de barbelés, sur lesquels le brouillard semble se déchirer en lambeaux.

– On dirait une prison, murmure Thierry.

– Regardez ! Un hélicoptère !

L'engin est posé sur le toit d'un bâtiment. Margot se dit que s'ils étaient dans un des films de Lucas, au moins l'un d'entre eux saurait piloter. Alors qu'aucun ne sait même démarrer une voiture sans les clés…

– C'est celui de ton père ? chuchote Margot à Ava.

La jeune fille hausse les épaules.

– Je sais pas. Tous les hélicoptères sont pas pareils ?

Un bruit attire l'attention de Pauline. Une silhouette se détache, à seulement quelques pas d'elle. Elle pointe le canon de son arme.

– Qui va là ?

Concentrée sur la forme, elle ne perçoit pas le mouvement à sa gauche. Elle sent seulement une main qui s'agrippe à elle. Elle se retourne brusquement. Un militaire au visage verdâtre, à la gorge déchirée, s'apprête à la mordre. Elle n'a pas le temps de viser.

Une déflagration fait exploser la tête du soldat zombie.

– Vous êtes suicidaires ou quoi ? lance une voix qu'elle ne connaît pas. Suivez-moi vite.

D'autres détonations retentissent. Pauline se rend compte qu'il y a des zombies partout.

– Vite, faut se barrer ! Les coups de feu les attirent ! Vers le portail, vite, je vous couvre !

Pauline ne pose pas de questions. Les autres membres du groupe non plus. L'inconnu tire en les suivant. Ils franchissent la grille et le jeune homme – car il s'agit d'un jeune homme d'après ce que Pauline peut voir, et pas mal en plus – leur indique la voiture. Thierry ouvre la portière et tous s'engouffrent à l'intérieur.

– Démarrez ! commande le garçon.

Pendant que Thierry obtempère, Pauline contemple leur sauveur. Cheveux courts, visage anguleux, yeux bleus, l'arête du nez accidentée, une petite cicatrice au niveau de l'arcade. Oui, vraiment pas mal.

– Vous êtes qui ? demande Margot.

– Je vous retourne la question, réplique le garçon.

Margot se mord la joue et plonge son regard dans celui de son interlocuteur, comme pour tenter de l'intimider. En vain.

– On est venus chercher du secours, finit-elle par lâcher.

– Ici ? ricane le jeune homme. Vous êtes vraiment...

Des bruits répétés à l'arrière du véhicule le font se retourner. Aussitôt, il épaule son arme. Margot saisit le canon et le relève. La balle traverse le toit.

– Eh, mais t'es cinglée ! C'est un zombie que vous avez là !

– On sait, riposte Margot. Et t'y touches pas !

Le garçon écarquille les yeux.

– Vous gardez une de ces créatures ? Vous êtes totalement à la masse !

– Il est bien attaché, le rassure Pauline, qui essaie de se montrer plus conciliante que Margot.

Après tout, ce type leur a quand même sauvé la vie.

– Tu t'appelles comment ? demande soudain Enzo.

– Zoltan. Et je me demande ce qui m'a pris de risquer ma peau pour des gens qui se baladent avec un zombie apprivoisé.

– C'est pas un zombie apprivoisé, dit Enzo. C'est Lucas et c'est notre ami.

Il a prononcé ces mots avec simplicité, comme une évidence. Zoltan dévisage le gamin puis les autres membres du groupe. Drôle d'assortiment, se dit-il. Son regard s'arrête sur la fille qui n'a rien dit. Une bombe ! Les deux autres sont pas mal du tout, mais elle ! Même si elle a l'air complètement paumée, on la croirait tout droit sortie d'un magazine ! Waouh !

– C'est peut-être à votre tour de vous présenter, suggère-t-il.

– Roger Gallard, dit le gros homme à l'air débonnaire.

– Enzo, poursuit le gamin. Et lui, c'est notre chat, ajoute-t-il en désignant le matou lové sur la banquette arrière. Il s'appelle Ronron.

– Un zombie apprivoisé et un chat, commente Zoltan à mi-voix. Mouais, pourquoi pas ?

– Moi, c'est Margot, renifle la fille agressive.

– Pauline, sourit sa copine.

– Thierry, lance le chauffeur.

– Ava, dit le canon d'une petite voix.

– Et vous faites quoi dans les parages ? demande Zoltan.

– On est venu chercher de l'aide, répète celle qui a dit s'appeler Margot. Et toi ? Qu'est-ce que tu faisais à la base ? T'es pas un militaire, t'as pas d'uniforme !

Décidément, elle est pas commode, celle-là. Zoltan se laisse aller contre le dossier de la banquette et pose son FAMAS en travers de ses genoux. Il est quasiment sûr de n'avoir rien à craindre. Oui, c'est sûr, ils sont armés, mais ils semblent quand même plutôt inoffensifs.

– Je faisais partie d'un... disons d'un programme ultra-secret, lâche-t-il.

Voilà. Il ne ment pas, il reste juste assez flou pour se faire mousser un peu.

– Quoi ? s'écrie le chauffeur. Vous étiez un de leurs cobayes, c'est ça ? Oui, c'est forcément ça ! Vous êtes trop jeune pour être un chercheur et vous n'êtes pas militaire ! Vous faites partie des prisonniers choisis pour jouer les rats de laboratoire !

Zoltan n'en revient pas. C'est qui ce type qui ne paie pas de mine au volant de sa familiale ? Comment il peut être au courant d'autant de choses ? Et puis, il n'avait pas forcément envie que ces pékins sachent qu'il avait fait de la prison. Lui qui voulait profiter des événements pour se faire une nouvelle vie !

– Eh ! proteste-t-il. C'était un programme ultrasecret !

– En fait, nous avons trouvé des documents, commence à expliquer Thierry, et…

– Attends ! l'interrompt Margot. Primo, on ne sait rien de lui ! Ce serait peut-être mieux que tu ne lui donnes pas toutes nos informations, on ne sait jamais ! Secundo, on est en train de rouler et on ne sait même pas où on va !

– Merci pour la confiance, marmonne Zoltan, ironique. Je suis super content de vous avoir sauvé la vie.

Margot rougit. Ce garçon a raison. Mais elle est épuisée et sur les nerfs. Les coups incessants de Lucas dans le coffre n'arrangent rien.

– OK, pardon, murmure-t-elle. Merci pour le coup de main.

– C'est déjà mieux, grimace Zoltan.

– Tu vis où ? intervient Pauline. Si on allait discuter de tout ça chez toi ? Tu as bien un chez toi, non ?

– Un chez moi ? ricane Zoltan. Quand je pense qu'en voyant arriver votre voiture, je me suis dit : « Cool, je suis enfin sauvé ! Il y a encore des gens vivants quelque part. Ils vont m'annoncer la fin du cauchemar ! » Et voilà que vous voulez que *moi*, je vous abrite !

Pauline hoche la tête.

– Pour te dire la vérité, on n'a aucune bonne nouvelle. On a parcouru huit cents kilomètres et on n'a pas croisé un vivant sur la route !

Zoltan accuse manifestement le coup. Sa pomme d'Adam proéminente monte et descend à plusieurs reprises.

– Pas un seul ?

– Non, confirme Pauline.

Le jeune homme reste silencieux un moment.

– Bon, en fait, ça devrait pas m'étonner. J'essaie de joindre du monde avec ma radio depuis plusieurs jours et j'ai encore rien capté. Mais vraiment rien de rien. Et ça c'est sûr que c'est pas bon signe.

Il se passe pensivement la main dans les cheveux puis se penche vers Thierry.

– Eh, mec, tu peux faire demi-tour. C'est pas par là que j'habite !

La cabane de Zoltan n'a pas été conçue pour accueillir un si grand nombre d'invités et le groupe est un peu à l'étroit. Mais, avec le froid, ce n'est pas forcément désagréable. La voiture a été garée assez loin sur le bord de la route. « Je voudrais pas que le bruit que fait votre copain zombie en attire jusque chez moi, voyez », a expliqué l'ancien détenu. L'ascension jusqu'au refuge n'a pas été évidente pour tout le monde. Zoltan a aidé Ava et en a un peu profité. Le chat a été hissé dans un sac. Il n'a pas protesté.

Ils sont à présent autour du camping-gaz qui a servi à faire chauffer de l'eau pour le café. Zoltan a donné un bol de lait au chat et a sorti deux boîtes de cookies.

– Alors vous en pensez quoi ? demande-t-il à la ronde. Pas mal, mon appart', non ? J'ai appelé cet endroit la zone Z ! Z pour Zoltan évidemment ! Ou zombie, c'est comme on veut, ça pète, non ?

Margot lève les yeux au ciel.

– Pas de commentaire.

– Tiens, Zoltan, dit Thierry en tendant le dossier vert au jeune homme. Regarde ça. C'est plutôt intéressant.

Le garçon commence par feuilleter puis finit par s'asseoir et lire vraiment.

– Putain, j'en reviens pas, murmure-t-il. C'est dingue ! En vrai, on savait pas pourquoi ils nous prenaient du sang ! Le gène de l'immortalité ! Rien que ça ! Ils sont cinglés !

– C'est d'ici que tout est parti, expose Margot. On en est certain. Et on espérait que… le chercheur à l'origine du projet serait encore là et que…

– Et qu'il pourrait guérir votre pote zombie ? achève Zoltan. Ben, non. Y a plus personne à la base. Ils sont tous morts ! Ça a été super vite ! Et j'ai eu vraiment du bol de m'en tirer.

– Où est-ce que vous avez eu toutes ces provisions ? demande Pauline. Et ce matériel ?

– Je suis allé faire une expédition à l'intérieur. J'avais besoin de trucs. C'est pas du vol, hein ! C'est un cas de force majeure !

Enzo pose sa petite main sur celle de Zoltan.

– C'est pas grave, tu sais. Nous aussi on a volé plein de trucs !

Roger, assis près du petit garçon, goûte avec méfiance un des cookies. Après deux bouchées, il hoche la tête, un peu surpris.

– Ce n'est pas si mauvais… je n'avais jamais voulu manger de ces pâtisseries industrielles, mais je suis obligé de reconnaître que ce n'est pas si mauvais.

– Moi, je voudrais retrouver mon père, pépie soudain Ava.

Zoltan tourne un regard étonné vers elle.

– Ton père ?

– Oui, on croyait qu'il était venu se réfugier ici. Il…

– Son père est le salopard responsable de tout ça, la coupe Pauline. C'est lui qui a payé pour ces recherches !

– Ah ouais ? Il doit avoir plein de pognon, ton paternel ! s'exclame Zoltan, impressionné malgré lui.

– Oui, beaucoup, acquiesce Ava. Et il vous en donnera si vous me protégez et que vous m'aidez à le retrouver !

– Tiens donc, s'amuse Zoltan. Et j'en ferai quoi de son fric dans ce monde en vrac ?

– Ça ne va pas rester comme ça pour toujours ! piaille Ava.

Zoltan ne répond pas. Il se dit qu'elle est beaucoup plus agréable à regarder qu'à écouter. Sa voix est trop aiguë, ça fait mal aux oreilles. Et puis, il n'a jamais aimé qu'on le suppose prêt à tout pour de l'argent. Même si ce n'est pas complètement faux. Finalement, peut-être qu'il préfère Pauline. Ou l'autre, Margot, la hargneuse…

– Bon, concrètement, on fait quoi maintenant ? demande Thierry.

Chaque jour, il redevient un peu plus l'homme qu'il était avant la mort de sa femme.

– Aucune idée, rétorque Zoltan en enfournant à son tour un cookie.

Il n'est pas mécontent finalement d'avoir sauvé ces touristes. C'est sûr, ils n'apportent pas de bonnes nouvelles, mais il commençait à se sentir seul. Les zombies ne sont pas super bavards et le paysage ne lui propose que la chaîne Nature et Découverte. D'ailleurs, c'est un bon moyen d'impressionner les filles, ça…

– Eh, vous avez vu les animaux dehors, dit-il en brandissant ses jumelles. Vous devriez jeter un coup d'œil, ça vaut le détour. J'pensais pas qu'un jour j'aurais les moyens de me payer un safari.

Le brouillard s'est finalement levé. Enzo a regardé le premier. Le spectacle est vraiment extraordinaire. Trois flamants roses se sont posés dans le champ, non loin d'un éléphant et de quelques zèbres. Un peu en retrait, un dromadaire et un lama broutent côte à côte. Les antilopes et les gazelles se sont regroupées sous un arbre. Une autruche rase la clôture. Roger aurait pu passer des heures les yeux collés aux jumelles. Ava, elle, a refusé de se prêter au jeu. Margot est émerveillée.

– C'est la seule belle chose qui est sortie de toute cette horreur, murmure-t-elle.

– Tu peux me les passer, s'il te plaît ?

Thierry a posé la question mais s'est emparé des jumelles sans attendre la réponse de sa fille.

– Vous avez vu ça ?

– Quoi ? L'éléphant ? s'enquiert Enzo.

– Non, sur le toit du bâtiment... il y a des panneaux solaires.

– Et alors ? demande Margot.

– Ils ont changé de position depuis tout à l'heure, j'en mettrais ma tête à couper !

– Dis pas des trucs comme ça, marmonne Margot.

Zoltan prend les jumelles à son tour.

– Je crois bien que vous avez raison. Ils étaient pas dans ce sens la dernière fois que j'ai regardé. Ça veut dire quoi ?

– Ça veut dire qu'ils sont automatiques. Ou qu'il y a encore quelqu'un là-bas. Toi qui connais la base, est-ce que tu saurais nous guider ?

– Vous voulez y aller ? J'y étais, moi, quand ça a commencé et c'était un vrai carnage ! Ce serait un miracle qu'il y ait des survivants ! Ils auraient fait comme moi, ils auraient essayé de se tirer !

Thierry hoche la tête.

– Il faut qu'on en ait le cœur net.

– Moi je bouge pas d'ici, affirme Ava.

– Personne t'a demandé de venir, la rembarre Pauline.

– Ouah, on dirait que c'est le grand amour, commente Zoltan.

– Ce serait quand, le meilleur moment ? reprend Thierry.

Le garçon hausse les épaules.

– Ben, maintenant si vous voulez. Dans la journée, ils sont un peu moins excités. Oubliez pas vos flingues et vos munitions, même si vaut mieux éviter de tirer, parce que dans ce cas-là, ils rappliquent tous !

Ils sont prêts en quelques minutes. Sauf Ava. Zoltan – en lui recommandant de faire attention à la batterie solaire – lui a montré comment marchait la radio et, le casque sur la tête, elle tourne nerveusement les boutons. Enzo a refusé de rester dans la cabane et s'est accroché à la main de Pauline, qui lui a donné une arme et lui a fait jurer de ne pas la quitter d'une semelle. Margot a caressé le chat en lui murmurant : « T'inquiète pas Ronron, on revient très vite ! »

Une fois en bas, elle a insisté pour aller jeter un coup d'œil sur Lucas.

Toujours ligoté dans le coffre, il est plus agité que jamais.

– Vous êtes sûrs que vous voulez pas qu'on le zigouille ? demande Zoltan avec une grimace.

– Certaine ! lui répond sèchement Margot.

La jeune fille récupère une bombe de désodorisant dans la voiture. Elle s'en asperge des pieds à la tête sous le regard éberlué de Zoltan.

– Tu fais quoi, là ?

– Ça masque notre odeur, répond Margot. Ça empêche les zombies de nous repérer.

– Et ça marche ?

Margot se contente de hausser les épaules avant de passer l'atomiseur à Pauline. Finalement, Zoltan accepte de se prêter au rituel, non sans afficher une moue sceptique.

– Bon, maintenant, vous me suivez et vous restez super vigilants, recommande-t-il à la petite troupe.

La traversée du champ se fait à peu près sans encombre, hormis Pauline qui manque de tirer sur une cigogne brusquement apparue dans son champ de vision.

La cour de la base est vide.

– Vous y fiez pas, murmure Zoltan. Ils ont pris l'habitude de se planquer et d'attaquer par surprise.

– Mène-nous au labo, demande Thierry.

– OK, c'est par là !

Le garçon leur fait longer les bâtiments. Des zombies apparaissent mais semblent se désintéresser totalement du groupe.

– Putain, on dirait que ça marche, ton truc, murmure Zoltan à Margot, qui ne daigne pas répondre.

Ils traversent des couloirs dévastés. Les murs sont criblés d'impacts de balles, les fenêtres sont brisées, les portes défoncées. Çà et là, des corps décomposés gisent au sol. L'odeur est insupportable.

– Ceux-là, c'est moi qui les ai zigouillés, murmure fièrement Zoltan. Un moment, j'ai pensé à tous me les faire mais après ce que j'ai vu en ville, j'ai préféré garder mes munitions, au cas où d'autres se pointeraient.

En arrivant près du mess, le groupe doit s'immobiliser et se plaquer au mur, le temps qu'une dizaine de morts-vivants s'éloignent entre les tables renversées. La base est un véritable dédale. Souvent, Zoltan s'arrête, hésite. Ils finissent par arriver dans une partie dont les murs ont été peints en vert pâle. Au sol, des bandes de couleur indiquent les différents services.

– Laboratoire de recherche, par là, chuchote Thierry dont tous les sens sont en alerte.

Ils sont à présent face à une porte en verre, brisée elle aussi. Zoltan s'accroupit et ramasse un éclat.

– Ouah ! plutôt épais, commente-t-il.

Thierry est penché sur le panneau électronique, qui ressemble à un banal digicode de résidence privée, fixé sur le côté.

– On continue, annonce-t-il en franchissant la porte.

– Je crois qu'on y est, murmure Margot en le rejoignant.

Des plans de travail carrelés de blanc, un lavabo, du savon antiseptique, des tubes à essais, des tiroirs ouverts sur des compresses, des flacons, des seringues dans des pochettes stériles. Et au milieu, une table d'opération agrémentée de sangles arrachées.

– C'est là qu'ils faisaient leurs expériences, chuchote Pauline.

Bien sûr, ils ont tous vu les photos, mais se trouver à l'endroit même où tout a sans doute commencé est très différent. Très angoissant.

– Pourquoi ils ont mis un miroir ? demande Enzo.

– C'est pas vraiment un miroir, ça, gamin, lui explique Zoltan, habitué des salles d'interrogatoire de la police, ça permet aux gens qui sont derrière de voir ce qui se passe ici.

– Ça veut dire qu'il y a une pièce de l'autre côté ? s'enquiert Pauline. Mais comment on y va ? Y a pas de porte.

Zoltan hausse les épaules. Les mains en visière, il colle le visage au miroir sans tain et essaie de regarder à travers. En vain.

– De toute façon, y a personne de vivant là-dedans ! Faut croire que les panneaux solaires étaient automatiques… On fait quoi maintenant ? ajoute-t-il en se tournant vers Thierry.

Le père de Margot, animé jusqu'à présent par l'espoir, semble épuisé. Accablé.

– On rentre chez toi, dit-il. Et après…

Il ne finit pas sa phrase, mais Margot peut le faire à sa place. Après, il n'y a plus rien. Bientôt, les zombies affamés de la base et des villes les plus proches finiront par envahir les campagnes et ils ne seront plus en sécurité nulle part.

VINGT-ET-UN

– *C'était un pauvre étudiant*
Qui s'préparait pour la méd'cine
L'argent n'était pas son client
Ça sentait plutôt la débine
L'soir, il rencontr'sur son ch'min
En revenant d'l'amphithéâtre
Une brunette à l'air câlin
Qui lui fait une offre folâtre
Elle lui dit « va sois pas fier
« Laisse toi faire une p'tite...

– Adrien ! Tu vas la fermer oui !

– Quoi ? Qu'est-ce que t'as Ivan ? T'aimes plus les chansons de carabins ? T'étais pourtant le premier à en chanter quand on était à la fac ! Tu te souviens de nos années d'études ! Ça c'était la belle époque !

Ivan Carrère lève les yeux de son microscope et se frotte les paupières. C'est comme ça depuis qu'ils ont perdu le dernier contact avec l'extérieur : Adrien tape dans la réserve de pinard de l'état-major et brame des chansons paillardes. Ivan a d'abord essayé de le consoler, puis de le rassurer. Après tout, ils sont plutôt pas mal lotis et il n'est pas mécontent d'avoir immédiatement pensé à se réfugier dans le bunker prévu pour les officiers. Il pensait y retrouver le colonel et quelques autres gradés, mais apparemment ils n'avaient jamais réussi à arriver jusque-là. À moins qu'ils aient décidé de se sacrifier avec la base comme le capitaine du *Titanic* s'est laissé couler avec son navire. Quoi qu'il en soit, Adrien et lui avaient là tout ce dont ils avaient besoin en nourriture et matériel. Ivan avait même découvert un minilaboratoire assez bien équipé. Y a pas à dire, l'armée pense toujours à tout.

Ou presque. Parce que la catastrophe qui s'était abattue sur la France, l'Europe et aux dernières nouvelles, le monde, elle, n'avait pas du tout été prévue. Et apparemment, l'OMS s'était lamentablement laissé déborder.

Voilà seulement cinq jours qu'Adrien et lui sont enfermés là et Ivan a l'impression que ça fait des mois. Adrien a commencé à perdre les pédales assez vite. C'est pour lui remonter le moral qu'Ivan l'a emmené dans la cave personnelle du colonel. Depuis, l'imbécile s'alcoolise, persuadé que la fin du monde est arrivée.

Mais lui, Ivan Carrère, n'a pas l'intention d'abandonner aussi facilement. Il a eu la présence d'esprit de prendre avec lui la mallette contenant tous les derniers échantillons et la solution, il va la trouver.

– Et t'en feras quoi de ta solution, hein ? lui a demandé Adrien. Y a plus personne à qui la donner !

Ivan n'a pas daigné répondre. Il sait qu'ils finiront par sortir d'ici. Van Deleist lui-même leur avait envoyé un message de son Iphone. Il avait réussi à se tirer et il reviendrait les chercher dès que la situation le permettrait. Van Deleist connaissait du beau monde. Des gens riches et des chefs d'État. Il avait forcément trouvé un endroit où se réfugier. Et il allait revenir.

Entretemps, Ivan devait trouver le moyen de dézinguer ce putain de virus.

Mais il lui manquait un élément indispensable : un échantillon de matière cérébrale infectée. Pourquoi de matière cérébrale ? Tout simplement parce que seul le cerveau de ces créatures fonctionnait. Leur cœur était en arrêt, leur sang ne circulait plus, ils étaient en état de mort avancée. Et pourtant vivants.

Malgré tout, Ivan ne pouvait s'empêcher de considérer tout cela comme un succès. Il avait réussi à faire revivre des morts ! Quel scientifique au monde pouvait se vanter d'un pareil exploit ? Bien sûr, tout n'était pas parfait. Le processus avait engendré un virus et ce virus avait un effet des plus regrettables sur les sujets et leur entourage. Mais jamais un tel seuil n'avait été franchi par la science.

Le seul moyen d'obtenir ce dont il avait besoin était de sortir, de tirer dans la tête d'une de ces créatures et de la ramener jusqu'au bunker. Mais ça… c'était beaucoup trop dangereux.

– Un côte-rôtie 99 ! C'est pas beau ça ? s'exclame Adrien en ouvrant une bouteille. Dommage qu'on n'ait plus que des conserves à manger ! Je me rappelle un filet mignon en croûte accompagné d'un côte-du-rhône extraordinaire… Où c'était déjà ! Ah oui ! Dans ce petit restau du huitième ! À l'époque, t'étais avec cette fille… comment elle s'appelait déjà ? Elle avait une de ces paires de…

– Adrien ! gronde Ivan. La ferme ! Et puis arrête de boire et viens m'aider ! Tu sais que j'ai besoin de toi pour reprendre toutes ces notes !

Un éclat de rire lui répond.

– T'es fou, mon pauvre Ivan ! T'es complètement taré ! J'aurais dû m'en apercevoir plus tôt, mais je ne pouvais pas parce que j'étais fou, moi aussi ! Maintenant, je ne le suis plus ! Tout cet excellent vin m'a remis les idées en place !

Sans plus de façon, Adrien Boncamp porte la bouteille à ses lèvres et boit une bonne lampée avant de se remettre à chanter :

– *En revenant de Nantes, en revenant de Nantes, de Nantes à Montaigu, la digue, la digue, de Nantes à Montaigu, la digue du…*

*

– Eh attendez ! s'exclame Margot.

– Quoi ? demande Zoltan.

Il est déjà près de la porte. Au départ, le garçon ne croyait pas à cette expédition mais la foi de Thierry l'avait presque convaincu qu'ils allaient trouver quelque chose. La déception est douloureuse.

– Vous n'entendez pas ?

Pauline secoue la tête.

– Tu te prends pour Jeanne d'Arc ou quoi ?

– Non, non, écoutez !

Margot, une main levée, a posé l'oreille par terre. Enzo l'imite en fermant les yeux.

– J'entends chanter, dit-elle.

– Moi aussi, renchérit le gamin sans rouvrir les paupières. Une grosse voix !

Pauline fronce les sourcils avant de se placer à côté de l'enfant.

– Eh ! Ils ont raison ! Moi aussi, j'entends quelque chose ! Eh ! Vous en bas ! Vous nous entendez ? se met-elle à crier en martelant le sol. Vous nous entendez ? On est là !

*

– Oh oh ! s'exclame Adrien en levant sa bouteille. On dirait que les zombies s'excitent au-dessus. La question du jour est : combien de temps le bunker tiendra-t-il face aux attaques répétées des créatures immortelles créées par le grand Ivan Carrère ? Ah Ah ! Vous le saurez en lisant la suite des prochaines aventures de notre héros !

Ivan s'est enfoncé des boules Quiès dans les oreilles. Il ne supporte plus ce crétin. Dieu lui en soit témoin, il va finir par le tuer et se servir de lui comme cobaye !

Au plafond du bunker, les coups continuent de retentir. Étouffés, lointains…

– Youhou ! Les zombies ! appelle Adrien. C'est nous les frères Frankenstein !

Étouffés, lointains mais d'une régularité étonnante. Ça ne ressemble pas à une cavalcade éperdue de créatures affamées et déchaînées, on dirait plutôt des gens qui tapent en rythme… Adrien tend l'oreille. Serait-il victime d'une hallucination auditive ? L'alcool aurait-il déjà à ce point transformé son cerveau en éponge ? Il se dirige à pas lents vers le sas. Le plus silencieusement possible, pour ne pas attirer l'attention de son confrère, mais sans lâcher sa bouteille, il actionne le volant qui maintient les joints. Un escalier mène à une seconde porte blindée. Il lui semble que le bruit devient plus net. Et… il distingue même des voix. Les zombies ne parlent pas, jusqu'à preuve du contraire. N'osant pas en croire ses sens, Adrien monte, une marche après l'autre.

*

– Arrête, Pauline ! Arrête !

Zoltan s'est jeté sur la jeune fille. Il tente de lui immobiliser les poignets pour l'empêcher de frapper.

– Mais t'as entendu ? Il y a des gens, là-dessous ! Des survivants ! Des gens qui vont pouvoir nous aider ! Des…

– Oui, j'ai entendu ! la coupe Zoltan, et à mon avis, je ne suis pas le seul !

Margot et Enzo se sont redressés. Un autre bruit a attiré leur attention. Roger s'est déjà posté près de la porte, prêt à tirer.

– On ne peut pas rester là ! crie Thierry. Tout ce vacarme va forcément faire venir les zombies.

Blanche comme un linge, Pauline s'est relevée à son tour et a pris la main d'Enzo. Zoltan la pousse en avant.

– Vous avez compris ? Faut se bouger !

Pauline court, entraînant Enzo à sa suite. Margot lui emboîte le pas. Un par un, les membres du groupe repassent à travers la porte brisée. Non loin, les grognements sinistres se font déjà entendre.

– Le plus important est de ne pas se laisser encercler ! crie Zoltan en prenant la tête.

Il sait qu'ils n'auront pas le temps de remonter le couloir mais ils ne doivent surtout pas rester là. Dans cet étau, ils sont perdus d'avance ! Il fait obliquer la troupe à droite, donne des coups de pied dans chaque porte, espérant trouver une issue, mais rien. Toutes les pièces sont aveugles et ne laissent aucune opportunité de sortie. Un nouveau couloir et soudain, il reconnaît… c'est là qu'on lui faisait les prises de sang et si ses souvenirs sont exacts, la salle de repos des infirmières avait une fenêtre. L'image de la jeune fille rousse qui lui plantait l'aiguille dans le bras lui revient en mémoire.

Si jolie. Maintenant, elle fait sans doute partie de la horde de zombies qui leur court après.

– Suivez-moi !

Mais les zombies sont déjà sur leurs talons. Le désodorisant ne doit plus sentir assez fort ou alors les morts-vivants ne se laissent pas duper par l'odeur, ne se fiant plus qu'à leur ouïe.

Un coup de feu retentit. C'est Roger qui tire. Campé au milieu du couloir, il couvre ses camarades. Zoltan guide les autres. La salle de repos des infirmières est minuscule et bien entendu la fenêtre est cassée. Tant mieux, ça évitera d'avoir à l'ouvrir. Le sol est à peine un mètre cinquante plus bas. Facile. Mais il faudra faire gaffe à ne pas tomber dans les bras d'autres zombies dans la cour.

– Vite ! Vite ! Vite ! crie Zoltan en aidant Pauline et Enzo à passer par la fenêtre.

Margot s'appuie sur lui. Thierry a également épaulé son fusil mais il est loin d'être aussi bon que Roger. Les zombies ne sont pas à plus d'un mètre. Zoltan attrape Thierry par le bras et l'oblige à reculer.

– Allez-y, lui crie-t-il.

Thierry obtempère et saute. Il ne se reçoit pas très bien mais Margot l'aide à se redresser. Pauline garde anxieusement les yeux fixés sur la fenêtre en marmonnant :

– Qu'est-ce qu'ils font ? Qu'est-ce qu'ils font ?

Enfin la masse imposante de Roger apparaît. L'armurier hésite à sauter. Une main le pousse. Il bat des bras et atterrit sur le bitume. Zoltan le rejoint.

– OK, maintenant, on se tire vite fait ! lance-t-il à voix basse.

Mais à peine ont-ils parcouru 10 mètres qu'une nouvelle meute apparaît face à eux. Et encore une autre derrière eux.

Qu'a dit Zoltan, tout à l'heure ? Que le plus important était de ne pas se laisser encercler ?

*

Adrien n'a plus aucun doute. Il y a bien des gens dehors. Quatre barres bloquent la porte. Elles sont lourdes. Ils les soulève, non sans difficulté. La porte ne s'ouvre toujours pas. Il y a des verrous bien sûr. Un, deux, trois, quatre… voilà… enfin…

– Hé !

Margot fait volte-face, prête à tirer, mais c'est le visage d'un homme devant elle. Pas celui d'un zombie.

– Venez ! chuchote-t-il. Vite !

La jeune fille a du mal à en croire ses yeux mais son instinct réagit avant elle.

– Papa, Pauline, Enzo, appelle-t-elle. Roger !

– Et moi, je pue ? demande Zoltan en tournant la tête.

Margot lui empoigne le bras. En moins d'une seconde, ils se sont tous engouffrés derrière la porte.

– Aidez-moi à refermer ! gémit l'inconnu.

Zoltan se précipite. L'homme a une haleine avinée plutôt désagréable, mais pour un peu Zoltan le prendrait dans ses bras.

– Waouh ! Faut fêter ça ! s'exclame l'homme une fois la porte refermée.

Il prend une bouteille posée non loin de lui sur une marche et avale une rasade de vin.

– Vous en voulez ? demande-t-il en tendant son précieux nectar à la ronde.

Pauline, Margot, Enzo, Thierry et Roger sont collés les uns aux autres, encore éberlués de ce qui vient de se passer.

– Vous êtes qui ? parvient à articuler Thierry.

L'homme se lève et bombe le torse. Des poils rêches couvrent ses joues et son menton, ses yeux sont veinés de rouge, ses cheveux ébouriffés et sa chemise couverte de taches manifestement alimentaires.

– Je me présente : Adrien Boncamp, chercheur en biologie.

Margot fronce les sourcils.

– Adrien Boncamp ? Je croyais que le chercheur de la base s'appelait...

– Adrien ! rugit une voix derrière eux. T'es complètement cinglé ou quoi ? Si tu veux te suicider, grand bien te fasse, mais pour l'amour de Dieu ! Referme la porte derrière toi !

Une silhouette apparaît au bas des marches. Et s'immobilise.

– Je vous présente mon confrère et néanmoins ami, Ivan Carrère, reprend Adrien Boncamp, en tendant la main comme s'il annonçait un spectacle de cirque.

– Vous êtes qui, vous ? bafouille la silhouette.

VINGT-DEUX

L'installation est étonnamment confortable. Composée d'un salon-salle à manger, d'une cuisine américaine avec réfrigérateur, four et eau courante, de deux dortoirs, d'un bureau et même d'un laboratoire. Adrien, presque dessoûlé, a fait les honneurs de la visite. Il a expliqué le système à énergie solaire qui fait tourner le générateur, la citerne alimentée d'eau de pluie filtrée puis pompée. Ivan a suivi le groupe, sourcils froncés. Margot a fait le récit rapide des derniers jours. À la description de Bordeaux et de l'embuscade de Faleyrens, Adrien a ouvert une nouvelle bouteille. La jeune fille a volontairement omis de citer le nom de famille d'Ava. Elle a soigneusement évité d'évoquer Lucas et a présenté Zoltan comme s'il avait toujours été avec eux. Pas la peine que les chercheurs sachent qu'il faisait partie de leur vivier de cobayes. À vrai dire, Margot a décidé de rester sur ses gardes. Malgré l'espoir qu'a fait naître la rencontre des deux biologistes, elle n'oublie pas qu'ils sont à l'origine de la catastrophe. Que leur ambition et leur manque d'éthique a précipité le monde dans le chaos. Mais elle doit penser à Lucas. Elle a vu le laboratoire et il est évident qu'Ivan Carrère poursuit ses recherches. Il est le seul capable de lui rendre son ami.

Zoltan et Roger se sont portés volontaires pour aller chercher Ava. Margot leur a demandé à voix basse de ramener également son chat et Lucas. Pour ce dernier, Zoltan a protesté. Roger a su le calmer et le convaincre. En les regardant partir, Margot a réalisé à quel point Roger était important pour elle. Pour eux tous, d'ailleurs. Il est celui qui apaise, qui concilie. Toujours d'humeur égale, toujours là quand on a besoin de lui. Et sans conteste le meilleur tireur du groupe. Elle a réalisé autre chose aussi : que Zoltan ne lui était pas complètement indifférent. Vraiment étrange. Un garçon qu'elle a rencontré moins de vingt-quatre heures plus tôt. Mais c'est comme si cette proximité permanente avec la mort stimulait ses sens. Peu importe. Ce n'est pas le moment d'y penser. Elle doit réfléchir à des choses beaucoup plus importantes. D'abord Lucas… puis Van Deleist. Elle a bien l'intention d'en apprendre le plus possible sur l'industriel. Pauline a préparé un chocolat à Enzo, la réserve du bunker semble contenir presque tout ce dont on peut rêver. La jeune fille et le petit garçon sont maintenant installés dans le canapé. Enzo a sorti *Le Petit Prince* de son sac et demandé à Pauline de lui en lire un passage.

– *Voici mon secret*, chuchote la jeune fille, la bouche près de l'oreille du petit garçon. *Il est très simple : on ne voit bien qu'avec le cœur. L'essentiel est invisible pour les yeux…*

Margot tapote machinalement sa montre cassée. Elle n'a pas besoin que les aiguilles bougent pour savoir que Roger et Zoltan sont partis depuis longtemps. Trop longtemps.

– Un détail m'intrigue, entend-elle Ivan Carrère demander à Thierry, assis juste à côté. Comment êtes-vous arrivés jusqu'ici. Je veux dire, j'ai bien compris votre périple mais pourquoi êtes-vous venus précisément ici ?

– Eh bien, en fait, commence à répondre Thierry, nous avons…

– Van Deleist, ça vous dit quelque chose ? ne peut s'empêcher d'intervenir Margot.

Son ton agressif fait lever la tête à Pauline. Adrien crache son vin et le visage d'Ivan se statufie.

– Vous connaissez Van Deleist ? finit-il par demander.

– En fait, reprend Margot, on est au courant de tout ce qui s'est passé ici. On a lu le dossier Van Deleist. On sait que vous recherchiez le gène de l'immortalité et qu'il finançait vos expériences.

Carrère hoche la tête.

– Je vois. Tu es pourtant bien jeune pour une journaliste…

– À vrai dire, intervient Thierry, c'est moi le journaliste. Margot est ma fille.

– Maintenant que vous me le dites, votre visage me rappelle quelque chose. J'ai très certainement vu votre photo…

Carrère se mord la langue, soudain conscient d'avoir commis une gaffe.

– Vous étiez… plus jeune et rasé de près, reprend-il en essayant de se raccrocher aux branches. Ça vous change, le look routard.

Margot sent son estomac se tordre. L'idée qui la hante depuis l'avant-veille prend la forme d'une météorite prête à s'abattre sur elle. Thierry plisse les yeux.

– Je ne comprends pas… Vous avez vu ma photo ? À quelle occasion ? Pour quelle raison ?

Carrère sourit. C'est comme ça que sourirait un crocodile, se dit Margot.

– Vous avez interviewé Van Deleist, non ? demande-t-il. Il y a à peu près quatre ans, c'est ça ?

Thierry opine.

– Eh bien, à cette époque, nous étions au tout début de nos découvertes, reprend le biologiste. Nous étions attentifs à ce que la confidentialité en soit préservée… ce crétin de Mark n'a pas pu s'empêcher de se vanter, alors que le projet avait déjà été accepté et que l'armée avait classé le dossier top-secret. Mais Mark a un gros défaut : le besoin de se faire mousser. Il fallait qu'on sache à qui il avait parlé et… oui… les conséquences ont été… dramatiques… mais…

– De quoi tu parles ?

Adrien s'est approché de son confrère, le visage défait.

– De quoi tu parles ? répète-t-il.

– Je parle de choses dont tu n'es pas au courant, Adrien, le rembarre sèchement Ivan. Tu n'as jamais voulu te salir les mains. Ton obsession, c'était la recherche, la découverte la plus importante de l'humanité. Tu ne voulais pas entendre parler de financement, on aurait dit que tout te tombait du ciel. Mais l'armée et Van Deleist m'ont demandé des contreparties, pour les moyens énormes qu'ils ont mis à notre disposition ! Et certaines choses ont dû être faites pour protéger notre travail. Sinon tout serait tombé à l'eau !

– De quelles choses parles-tu ?

Ivan secoue la tête. Un rictus arrogant déforme son visage.

– Certaines personnes ont dû être réduites au silence. Soit avec de l'argent, soit par d'autres moyens. On n'avait pas le choix.

Margot a la tête qui tourne. L'idée l'avait effleurée, plus qu'effleurée en réalité, mais elle l'avait repoussée. À présent, c'est comme si toutes les pièces du puzzle se mettaient en place sous ses yeux.

– Vous avez fait tuer ma mère, murmure-t-elle d'une voix blanche.

– Je ne connais pas précisément les détails, renifle Carrère. On ne me mettait pas au courant de toutes les opérations !

– Vous savez très bien de quoi je parle ! rugit Margot. Vous avez reconnu mon père ! Vous avez dit avoir vu sa photo !

– Oui ! Oui ! C'est ce que vous voulez entendre ? aboie Carrère. La femme de ce journaliste a été tuée. Mais ce n'est pas ce qui était prévu. L'homme devait juste la renverser, la blesser ! Ensuite, un avertissement aurait été envoyé au fouille-merde ! Mais la femme y est passée et après... il a fallu tout enterrer.

Enterrer. Mauvais choix de mot. L'image de l'enterrement de sa mère revient à la mémoire de Margot. Une cérémonie triste, sous une pluie battante, comme dans les pires clichés. Et son père qui s'est mis à perdre les pédales. La jeune fille voudrait trouver la force de se jeter à la gorge de l'homme en blouse blanche. Elle voudrait sentir ses mains se serrer autour de son cou et entendre son dernier souffle. Elle voudrait...

– Eh !

Thierry a fondu sur Carrère et lui a balancé son poing dans la figure. Le chercheur, pris par surprise, est tombé. Thierry est à présent à califourchon sur lui et le frappe de toutes ses forces au visage. Margot se précipite sur son père.

– Aidez-moi ! crie-t-elle. Aidez-moi ! Vous ne voyez pas qu'il va le tuer !

Pauline et Adrien saisissent l'enragé sous les aisselles et le tirent en arrière. Ivan Carrère a déjà le visage en charpie. Margot s'accroche au cou de son père. Leurs larmes se mélangent.

Ivan Carrère est allongé au sol, immobile. Inconscient ou incapable du moindre mouvement. Enzo se serre contre

Pauline. Adrien, les bras ballants, regarde la scène. Margot et Thierry se laissent tomber sur le canapé.

À cet instant, des coups retentissent.

Enzo sur les talons, Pauline monte en courant. Elle ouvre la porte blindée. Roger, Zoltan et Ava se ruent à l'intérieur. Avec une chaîne, ils ont bricolé une espèce de laisse à laquelle ils ont attaché Lucas.

– Laissez-le dans le sas pour l'instant, chuchote Pauline.

Encore sous le choc de ce qui vient de se passer, la jeune fille remarque à peine le sourire de Zoltan, qui porte le chat dans un sac, sur son ventre. Les yeux du garçon brillent et les commissures de ses lèvres arrivent presque à ses oreilles.

– Vous ne devinerez jamais ! lance le garçon en entrant dans le refuge. Ava a... Qu'est-ce qui s'est passé ici ? demande-t-il en embrassant la scène du regard.

Accroupi près de son confrère, Adrien désinfecte ses plaies. Margot s'occupe des poings ensanglantés de son père.

– Laisse-tomber, lui murmure Pauline. On t'expliquera. Dis-nous plutôt ce qui te rend si joyeux.

– Ava a capté des survivants à la radio !

– Quoi ?

Tous les visages se sont fixés sur Zoltan. Puis sur Ava.

– Raconte ! glapit Pauline.

– J'ai... j'ai entendu des voix. Enfin, une voix... un homme. Je ne comprenais pas très bien ce qu'il disait mais... je suis sûre qu'il a prononcé le mot « réfugié »...

– Et après ? la presse Pauline.

– Après... la radio s'est coupée.

– Plus de batterie, explique Zoltan. Mais on s'en fout, parce que ça veut dire qu'on n'est pas seuls au monde ! Et on va les recapter ! La radio d'ici est sûrement plus puissante ! C'est plus qu'une question de temps !

– C'est quoi ces bruits ? s'exclame soudain Adrien.

Dans le sas, Lucas s'agite. Zoltan et Roger ont été obligés de défaire ses liens aux pieds pour qu'il puisse marcher. Margot se lève et va doucement ouvrir la porte du sas. Elle retient un cri. Elle ne s'attendait pas à un tel changement et, même elle, doit reconnaître qu'il ne reste pas grand-chose du garçon qu'elle a connu. Lucas n'est plus qu'une créature en décomposition, animée par le besoin de se nourrir. Mais elle veut espérer.

– Qu'est-ce que…

Adrien est derrière elle, les yeux écarquillés.

– Pourquoi avez-vous amené un de ces monstres ici ? Comment l'avez-vous attrapé ?

– C'est… c'est notre ami, explique Margot. Je… je veux que vous le sauviez.

Adrien secoue la tête.

– Le sauver ? Mais… c'est impossible ! Comment…

– Je ne sais pas comment ! hurle Margot en refermant la porte derrière elle. C'est vous le responsable de tout ce gâchis ! À vous de trouver des solutions maintenant !

Et alors que Zoltan lui pose la main sur l'épaule, elle s'effondre en pleurant dans ses bras.

Ivan Carrère est de nouveau sur pied. Contrairement à ce que pensait Margot, il a plutôt bien pris la présence de Lucas et a immédiatement accepté de se remettre au travail. Il a prélevé à chacun un échantillon de sang et s'est enfermé dans son laboratoire. Ce qui lui permet aussi de ne pas se retrouver face à Thierry. Margot a parlé avec son père et, après avoir été terriblement abattu, ce dernier semble redevenir lui-même. Avec ses bons et ses mauvais côtés. Il a dégotté des paquets de lingettes javellisées et il a entrepris de nettoyer de fond en comble la petite cuisine. Ce qui n'a pas rendu très aisé le cours de pâtisserie que Roger a entrepris de donner à Pauline et Enzo. Une odeur de chocolat flotte à présent dans le bunker. Zoltan s'est mis à la radio et Margot s'est installée dans le salon avec Adrien. Lui aussi a été bouleversé par les révélations de son confrère, et puis il s'est repris non sans ouvrir une nouvelle bouteille de vin. Il n'adresse plus la parole à Ivan Carrère mais est tout de même allé au labo chercher les premiers résultats des analyses de sang. Margot a cent mille questions à lui poser. Boncamp est tout disposé à lui répondre. Il a honte face à la jeune fille. Le fait de ne pas avoir su ne lui ôte aucunement la responsabilité des actes commis en son nom, pour ses recherches. Mais la jeune fille ne semble pas en colère. Juste avide de savoir.

– Ces analyses vous apprennent quelque chose ? demande-t-elle.

Le biologiste étudie ses notes.

– À vrai dire, on a essayé de déterminer ce qui vous a permis de ne pas être contaminés. Ce n'est pas comme si vous n'aviez pas été exposés au virus. À plusieurs reprises et de près.

– Et alors ?

– Et alors, aucun d'entre vous ne possède le gène IM.078.

Margot hausse les sourcils.

– Le gène de l'immortalité auquel les rapports font allusion ? C'est de ça que vous parlez ? Ce n'est pas une blague ?

– Non, bien sûr que non, ce n'est pas une blague. Il nous a fallu des années pour découvrir ce gène que la grande majorité des humains possède, puis pour comprendre comment l'activer. Nous avons pour cela injecté différents virus existants, puis nous en avons créé de plus puissants pour obliger le corps à mettre en place la défense ultime destinée à le sauvegarder.

– Si je comprends bien, lâche Margot, on ne doit notre survie qu'au fait de ne pas être immortels ? Quelle ironie !

– Oui, acquiesce Adrien en vidant son verre. Quelle ironie !

Hormis celles du laboratoire, toutes les lumières du bunker sont éteintes. Le groupe s'est installé dans un des dortoirs. Thierry ronfle, Roger dort, comme toujours droit et immobile, tel un gisant, Enzo s'est calé dans les bras de Pauline, et Zoltan a réussi à se glisser près de Margot sans que la jeune fille proteste. À vrai dire, elle trouve sa chaleur plutôt réconfortante.

Dans le salon, Adrien s'est endormi sur sa bouteille.

Ivan est le seul encore éveillé. Ses notes s'empilent autour de lui. Ses plaquettes d'échantillons également. Patiemment, il attend. Et le moment est venu.

Son visage est encore douloureux. Ce cinglé ne l'a pas raté. Mais peu importe. Il a maintenant sous la main ce dont il avait besoin. Il possède une chance incroyable ! N'est-ce pas la preuve que Dieu est de son côté ? La gamine lui a livré son échantillon sur un plateau ! Elle lui a fait jurer de faire quelque chose pour son ami... son ami ! Cette chose puante ! Mais il a promis et il va tenir sa promesse. Sauf que ce n'est pas pour l'infecté qu'il va faire quelque chose mais pour l'humanité. Le plus difficile va être de tuer le monstre – si on peut employer le verbe « tuer » pour un être déjà mort – sans endommager la matière cérébrale. Ivan a réfléchi et a opté pour une arme blanche. Une gouge chirurgicale. La plus longue qu'il avait à sa disposition. Un revolver ferait trop de bruit et il y aurait sans doute de la cervelle partout. La créature étant ligotée, il devrait pouvoir lui enfoncer l'instrument dans la tempe assez profondément pour faire cesser toute activité cérébrale. Ensuite, il n'aurait plus qu'à prélever.

Ivan traverse le salon à pas de loup. Adrien ronflote. Le biologiste ressent un immense mépris pour son confrère. Comment peut-on se prétendre scientifique si on n'est pas prêt à tout – oui, à tout – pour parvenir à ses fins ? Il actionne sans bruit le mécanisme de la première porte. Derrière, le contaminé cogne sans cesse. Étonnant qu'il parvienne à faire autant de bruit en étant ligoté...

Margot s'est réveillée en sueur. Dans son cauchemar, elle voyait et revoyait en boucle Ivan Carrère au volant d'une ambulance, mais au moment où le véhicule la percutait c'était le visage de Mark Van Deleist qui apparaissait. Zoltan dort à côté d'elle. Elle se retient de lui caresser les cheveux. Soudain, un grincement se fait entendre. Qu'est-ce que ça peut-être ? Et tout à coup, Margot comprend. Elle rejette sa couverture et court...

Ivan a seulement entrouvert la porte. Il n'en a pas fallu plus. La créature affamée s'est jetée sur lui. Le biologiste a eu à peine le temps de se demander pourquoi le contaminé n'était pas attaché avant de sentir ses dents s'enfoncer dans sa chair et lui arracher la gorge. Un jet de sang chaud et gluant a giclé, l'informant que sa carotide était tranchée. Puis il a sombré dans l'inconscience.

Margot a poussé un hurlement. Lucas, à genoux, était trop occupé à se nourrir d'Ivan Carrère pour même lever la tête, mais le déclic du fusil à pompe a réveillé son instinct. Il s'est dressé, prêt à l'attaque, le menton couvert de sang, la bouche ouverte. Il a fait un pas en avant. La balle est partie et lui a transpercé le front. Il est tombé. Roger a baissé son arme.

Margot ne pouvait plus s'arrêter de crier. Zoltan l'a prise dans ses bras pendant que Roger allait s'occuper du chercheur. Il était mort et si on ne faisait rien, il n'allait pas tarder à ressusciter. Sans hésiter, l'armurier a tiré une seconde balle.

Il a fallu allonger Margot. Pauline lui a fait avaler un des calmants qu'elle gardait précieusement pour Thierry au cas où, et elle a fini par s'endormir, secouée malgré tout de soubresauts nerveux.

– Comment est-ce que ça a pu arriver ? demande Zoltan en aidant Roger et Thierry à transporter les cadavres et nettoyer les éclaboussures de sang.

– Oui, comment ça a pu arriver ? répète Adrien d'une voix pâteuse.

En moins d'une demi-heure, il a vidé la moitié d'une bouteille de rhum. Apparemment, le vin rouge ne convenait plus à la situation.

– Margot était allée voir Lucas avant de se coucher, dit Pauline. Elle m'a dit qu'elle avait un peu desserré ses liens.

– Pourquoi elle a fait ça ? s'exclame Zoltan.

Pauline soupire.

– Elle avait pitié de lui. Pour elle, Lucas n'était pas un zombie, c'était toujours... Lucas.

– N'empêche qu'il lui en a pas fallu plus pour se libérer et décoller le scotch qu'il avait sur la bouche ! réplique Zoltan.

– De toute façon, pourquoi est-ce que ce type est allé le voir ? s'exclame Pauline.

– Moi, je sais ! déclare Adrien avec son élocution approximative. Pasque ce que vous avez trouvé dans sa main tout à l'heure, ça sert à faire des prélèvements cérébraux... hé, oui, oui !

Thierry relève la tête.

– Évidemment ! C'est ça ! Ce salaud voulait tuer Lucas.

– Mais y avait pas de Lucas ! proteste Zoltan. C'était juste un zombie !

– Pour toi peut-être, marmonne Pauline entre ses dents.

– Tiens, mais où est Ava ? demande soudain Roger.

Dans la salle de radio, Ava est concentrée. Elle essaie et réessaie de retrouver la fréquence sur laquelle elle est certaine d'avoir capté des voix, la veille. Elle ne veut plus vivre ce cauchemar. Elle ne peut plus. Ça ne se terminera jamais. Même ici, ça continue, des coups de feu, des zombies, des morts !

– Ici Ava Van Deleist, énonce-t-elle dans l'émetteur. Ici Ava Van Deleist, nous avons besoin d'aide !

Elle répète son nom comme une formule magique. Ce nom avait un pouvoir, il y a moins d'une semaine. Il lui suffisait de le prononcer pour que les portes s'ouvrent devant elle et que les échines se courbent.

– Ava Van Deleist, répète-t-elle. Vous m'entendez ? Quelqu'un m'entend ?

Mais seuls des grésillements lui répondent.

Ava tourne les boutons, essaie de nouvelles fréquences. Il y a forcément quelqu'un quelque part...

– Camp de réfugiés... Stade... pouvons envoyer... Camp de réfu... Mars...

Une voix ! Oui, il y a quelqu'un !

– Allô, ici Ava Van Deleist ! Oui, on est ici ! On est ici !

La porte de la salle de radio s'ouvre brusquement.

– Ava ! Tu es là ? Tu…

– J'ai quelqu'un ! trépigne la jeune fille. J'ai quelqu'un !

– Quoi ? s'écrie Roger. Quoi ?

– Allô, reprend l'adolescente. Ici Ava van Deleist !

Zoltan a entendu l'agitation et se précipite.

– Qu'est-ce qui se passe ?

– Ava a… commence Roger.

Zoltan n'écoute pas la suite. Il arrache presque le casque à Ava pour se le coller sur les oreilles. Il monte le son à fond.

– Ici les réfugiés de la base militaire des Arcs ! Est-ce que quelqu'un m'entend ?

– Ici le stade de Marseille. Pouvons envoyer hélicoptère vous récupérer. Donnez-nous votre position exacte.

– Un hélicoptère !

Zoltan n'en revient pas. Ils ne sont pas seuls au monde ! Ils vont être sauvés !

– Nous sommes précisément à la base militaire. Si vous atterrissez dans la cour, nous vous entendrons.

– Combien êtes-vous ? demande la voix.

– Euh…

Zoltan essaie de compter. Margot, Pauline… trop excité, il n'y arrive pas et se retourne vers Roger.

– On est combien ?

– Euh… sept avec Adrien. Sept, répond l'armurier.

– Oui, on est sept ! annonce Zoltan dans son micro. Vous pourrez tous nous prendre en même temps ?

– Bien sûr, l'hélico est prêt à partir. Nous serons là dans une demi-heure. Tenez-vous prêts à être évacués. Votre zone est-elle très infestée ?

Zoltan hoche la tête.

– Euh... vous voulez savoir s'il y a beaucoup de zombies dans le coin ? Oui, y en a plutôt pas mal ! Plutôt pas mal, ouais ! Mais c'est vrai, hein ? C'est vraiment vrai ? Vous venez nous chercher ?

– Information confirmée. Évacuation prête à être effectuée. Nous restons disponibles sur la radio.

– Margot ! Margot ! Réveille-toi !

La première chose que distingue la jeune fille à travers son brouillard, c'est le visage de Pauline. Puis le museau de son chat qui dormait près d'elle. Elle se frotte les paupières.

– Margot ! Quelqu'un vient nous chercher ! On est sauvés ! Tu entends ! Sauvés !

Les mots mettent quelque temps à pénétrer l'esprit confus de Margot.

– Hein ? quoi ? finit-elle par lâcher.

– On est sauvés ! Sauvés ! répète Pauline.

Des grosses larmes rondes roulent sur ses joues. Elle écrase Margot contre elle.

– Faut que tu te lèves ! Ils vont bientôt arriver ! Par hélicoptère ! Tu te rends compte !

Margot est cette fois complètement réveillée. Les deux adolescentes courent dans le salon où chacun empaquette quelque chose.

– On ne sait jamais, explique Roger en calant dans un sac quelques paquets de farine. Ils n'ont peut-être pas tout le nécessaire là-bas.

Margot sourit. L'effervescence qui règne dans la pièce est tellement... pleine de vie. Enzo saute sur le canapé ; Thierry dispose des échantillons trouvés au laboratoire dans une mallette en métal, il a également pris tous les documents qui lui semblaient importants ; Ava marmonne quelque chose qui ressemble à « Enfin, une douche, un coiffeur, du vernis à ongles ! » ; Zoltan adresse un clin d'œil à Margot dont le cœur s'emballe un peu plus.

– On va quand même devoir faire hyper gaffe en sortant, dit le jeune homme. Faut pas oublier qu'on est entourés de zombies ! Je suppose que ceux qui viennent nous chercher seront armés et pourront nous couvrir, mais on a intérêt à rester groupés et à faire super vite !

– *Dans le lit de la marquise, on était quatre-vingts chasseurs ! Dans le lit de la marquise, on était…*

Adrien fête l'événement à sa manière. Il est allé chercher une dizaine de bouteilles dans la réserve et, tout en chantant à tue-tête, il semble déterminé à boire immédiatement tout ce qu'il ne peut pas emporter.

– Vous entendez ! lance-t-il soudain. Je crois que c'est l'hélicropt… l'hékilo… l'hélipoctère !

Chacun tend l'oreille.

– On n'entendra pas d'ici ! affirme Pauline. On doit monter !

– J'y vais ! J'y vais en premier, bredouille Adrien en ouvrant déjà la première porte.

Pauline pouffe en le voyant zigzaguer. Les autres l'imitent en entendant le biologiste trébucher dans l'escalier.

– Ça frappe là-haut, vous entendez, ça frappe ! fredonne-t-il en se remettant à gravir les marches.

Margot a remis son chat dans le sac que Zoltan a utilisé la veille pour le ramener. Elle gratouille la tête de l'animal qui ronronne.

– Margot, tu ne prends rien ? s'enquiert Pauline.

– Non. Que veux-tu que je prenne ? J'ai mon père, je t'ai toi, j'ai Enzo, Roger, mon chat…

– Et moi ? Je pue ? demande Zoltan en riant.

– Et oui, il y a aussi celui-là, sourit Margot. Même si on ne sait pas bien ce qu'on va faire de lui !

– D'ailleurs, toussote le jeune homme, j'ai apprécié que tu ne donnes pas trop de détails sur moi aux chercheurs. Ce serait cool si… si tu pouvais faire pareil avec nos sauveurs…

Margot hausse les épaules.

– Hmm, je sais pas… s'amuse-t-elle. Je verrai… il se pourrait que…

– Eh ! Qu'est-ce qui se passe là-haut ? s'alarme soudain Roger.

Grincements, claquements…

– Les verrous ! comprend Roger en se précipitant vers l'escalier. Adrien est en train d'ouvrir la porte !

VINGT-TROIS

Le vent froid lui fouette le visage mais ce n'est pas suffisant pour lui faire reprendre ses esprits. Adrien Boncamp est dans un autre monde. Un monde où les zombies n'existent pas, où l'hiver ne sent pas la charogne mais l'humus et le givre. Comme quand il était petit. Il se souvient…

– Adrien ! crie une voix derrière lui.

– Oui ?

Il se retourne en souriant. Qui l'appelle ?

– Adrien ! crie à nouveau la voix. Att…

Mais le reste de la phrase est couvert par un énorme vrombissement. Le vent soudain beaucoup plus violent soulève la poussière de la cour… Adrien plisse les yeux. Des silhouettes l'entourent… des amis venus l'accueillir ?

– Je suis là ! chantonne-t-il. Je suis là !

Mais ses amis ont un drôle de visage. Verdâtre. Pas bonne mine. Une détonation claque aux oreilles d'Adrien. Une des silhouettes s'écroule. Mais les autres sont là. Le vent est de plus en plus fort…

Le petit groupe se tient serré. Ils s'accrochent presque les uns aux autres. Avant de monter, Thierry a eu le réflexe de prendre un fusil. Roger, lui, n'a jamais lâché le sien. Il tire sur les zombies qui cernent le biologiste. Mais il doit faire attention de ne pas toucher l'hélicoptère en train de se poser. L'appareil n'est pas tout à fait au sol quand sa porte coulisse. Un homme en descend, le dos voûté pour se protéger du souffle produit par les pales. Margot fronce les sourcils. Elle reconnaît ce visage pour l'avoir vu – comme tout le monde – à la télé. Il s'agit de Mark Van Deleist. Mais son visage est abîmé, tuméfié, comme s'il avait eu un accident, ce qui est probablement le cas.

– Papa ! crie Ava en se précipitant vers lui.

Le regard de l'homme s'allume. Il se met à courir lui aussi. En un quart de seconde, Margot sent une haine dévorante l'envahir. Une haine mêlée à une jalousie amère. À cause de cet homme, Margot ne pourra plus jamais serrer sa mère dans ses bras, alors que lui s'apprête à enlacer sa fille, qu'il n'a pourtant pas hésité à abandonner quelques jours plus tôt. Margot a des envies de meurtre. Elle se retourne vers son père comme par instinct, pour chercher du réconfort et elle le voit…

Thierry a levé son fusil et le pointe sur Van Deleist. Son doigt est déjà sur la détente. Il va tirer.

– Non ! crie Margot.

Mais la balle fuse déjà, siffle et atteint sa cible.

Le zombie qui avait bondi derrière l'industriel s'effondre.

Thierry vient de sauver la vie de l'homme qui a tué sa femme.

Deux hommes sont sortis à la suite de Van Deleist. Ils font signe au groupe d'avancer, tout en abattant systématiquement les morts-vivants qui s'approchent.

Zoltan a pris Margot par la main et l'entraîne. Il l'aide à monter dans l'hélicoptère.

– Tout le monde est là ? crie un des hommes pour se faire entendre malgré le vacarme.

Par le hublot, Margot aperçoit Adrien Boncamp ou du moins ce qu'il en reste. Trois zombies sont sur lui et se repaissent de son cadavre.

L'hélicoptère décolle.

La base militaire rapetisse progressivement. Zoltan n'a pas lâché la main de Margot. Le chat, dont seule la tête dépasse du sac, s'est pelotonné contre elle. La jeune fille regarde ses amis et son père. Ils sont tous accrochés aux vestiges du monde qu'ils ont connu : Pauline a retrouvé un frère, Enzo serre son exemplaire du *Petit Prince* contre sa poitrine, Thierry croit détenir le seul moyen de sauver l'humanité, elle, elle a son chat et… aussi la montre cassée de sa mère… Zoltan, lui, a son sourire charmeur et un peu roublard.

Des êtres humains, voilà ce que voit Margot. Avec tout ce qu'il y a de bon et de mauvais en chaque être humain. Et elle espère, de tout son cœur, qu'ils auront un avenir.

FIN

Dans la même collection

Extrait

Mourir est facile. Ressusciter en revanche est douloureux.

– Oh…

Je porte les mains à mon front. D'une coupure au-dessus de mon sourcil coule un liquide chaud et collant.

Beaucoup de sang cette fois. Sur mes mains, sur le tableau de bord, gouttant entre mes doigts sur mon jean, formant des taches sombres que je distingue dans la pâle clarté de la lune. C'est sale et effrayant, mais l'accident ne l'a pas tuée. Ne *m'a* pas tuée.

J'ai pris sa place aujourd'hui, je la lui rendrai plus tard. Bientôt peut-être. Cela dépendra du temps qu'il me faudra pour assurer la sécurité des âmes sœurs que je dois protéger. Ou du temps qu'il faudra à Roméo pour convaincre un des deux amoureux de se sacrifier au nom de l'amour éternel.

Ce qui peut aller vite. Il est très fort à ce petit jeu.

Quoi qu'il arrive, Arielle Dragland retrouvera son enveloppe corporelle. En attendant, elle restera dans le royaume où j'ai passé la plus grande partie de mon éternité, dans les brumes de l'oubli, ce lieu où le vide s'étend à perte de vue.

Les Ambassadeurs de Lumière m'ont assuré qu'il existe des endroits pires que celui-là, des ténèbres que celui qui a vendu notre amour contre l'immortalité connaîtra un jour. Nourrice n'utilise jamais le terme d'*enfer* mais j'aime imaginer Roméo en train d'y pourrir. Bien sûr, elle ne parle jamais non plus de paradis quand elle décrit l'endroit que je rejoindrai quand tout cela sera fini. *Si* cela finit un jour.

Nourrice évite un grand nombre de sujets. Comme par exemple la somme de magie nécessaire pour m'extirper encore et encore de mes brumes. Plus de trente fois en sept siècles. Pour moi, la vie se contente d'apparaître sans crier gare. Je suis esprit éthéré, et soudain, je me glisse dans la peau de quelqu'un, dans la vie de quelqu'un comme dans un déguisement effrayant.

Les derniers instants d'Arielle me traversent et me font frissonner. Je la vois saisir le volant des mains du conducteur et le tourner brusquement juste avant un virage, espérant que ce plongeon dans le ravin les tuerait tous les deux, elle et ce garçon qui l'a trahie. Je me tourne vers le siège du conducteur. Le garçon – Dylan – est encastré dans le volant. Immobile. Sans un souffle de vie.

Il semblerait qu'une partie du souhait d'Arielle ait été exaucée.

Je frissonne de nouveau mais je ne suis pas triste. Je sais ce qu'il a fait et la rage et la honte d'Arielle grondent en moi à mesure que je prends un peu plus possession de sa vie et de son corps. Dans mon cerveau défilent des images de ses dix-huit années d'existence. Je me concentre sur chaque détail afin de faire miens ses souvenirs.

Sur la pointe des pieds, toujours sur la pointe des pieds. C'est ainsi que je monte l'escalier, traverse la cuisine, passe devant le couloir et entre dans la pièce où sont rangés mes crayons et où je peux enfin respirer librement. Loin d'elle. De son regard triste, si triste. Ma mère.

Sept ans, dix ans, quinze ans, dix-huit ans et rien ne surpasse la magie d'une feuille blanche, la promesse que le monde peut être tel que je le crée. Un lieu magique plein d'aventure et de possibles. Une gomme suffit à effacer les erreurs, une nouvelle couche de peinture les recouvre. Noir, rouge et violet. Et bleu. Toujours bleu.

Une couleur froide. Ma mère ne distingue que les couleurs froides. Que la tristesse. Elle voit mes cicatrices dont elle est responsable. J'avais six ans. Elle considère Gemma, ma seule amie, comme une erreur. Elle ressent ma solitude qui exacerbe la sienne. Je suis le poids, la chose qui a dévoré et gâché sa vie. Elle a toujours cet os en travers de la gorge.

Des os. Parfois, j'ai l'impression de n'être faite que d'os, de n'être qu'un squelette vide et creux. Parfois, je la déteste pour ça, parfois c'est moi que je déteste, parfois je déteste tout et tout le monde et j'imagine l'univers en train de fondre comme la chair fond sur mes os.

La peau sur les os. Maman et moi sommes maigres. Se serrer dans les bras l'une de l'autre est douloureux mais ça n'arrive presque jamais. Ça n'est pas arrivé depuis des années. Il y a l'hôpital, la douleur, les lampes du bloc opératoire et les longues journées à la maison, la honte enfouie sous les ombres. Il y a l'obscurité, cet intrus maléfique qui arrive toujours au moment où je crois qu'un jour peut-être je pourrai éclore.

Il y a le lycée et la souffrance d'être invisible, la jalousie, l'envie d'être belle et vraie, comme Gemma. Le sentiment de toujours être spectatrice et jamais actrice. La frustration de ces mots qui ne franchissent jamais mes lèvres, malgré mon désir et mes efforts. Le premier pas qui me mènera sous les feux de la rampe est impossible à effectuer. C'est comme grimper l'Everest. Je déteste les soupirs agacés de M. Stark et les rires étouffés des autres élèves. Je voudrais leur faire mal, leur montrer ce qu'on ressent quand l'angoisse vous empêche de respirer.

Gemma ne m'aide pas. Elle se contente de me répéter de prendre sur moi puis arrête de me raconter ses histoires de sexe, ferme la porte de son monde de couleurs, oublie de passer me chercher pour aller au lycée. Je suis en train de tout perdre. Ma seule amie s'éloigne, mes notes dégringolent, mon esprit perd ses repères ; combien de temps puis-je encore vivre ainsi ? Vais-je réussir à tenir quatre ans à dormir dans cette chambre, à prendre les transports en commun pour me rendre à l'école d'infirmières de Santa Barbara, à vivre avec toujours plus de douleur et de tristesse alors que mon désir le plus cher est de fuir ?

Mais… il y a lui. Son sourire, sa voix qui parvient jusqu'à moi dans les coulisses quand il chante, sa voix qui entre en moi et fait vibrer mes rêves.

Mais mes rêves ne sont que des rêves.

Rien d'autre.

Nous nous embrassons lentement alors que mon cœur s'emballe. C'est à ce moment que le texto arrive sur son téléphone. Demandant s'il a enfin pris le pucelage de la cinglée. Il essaie de cacher le téléphone mais trop tard. Je pleure. Je ne suis pas triste mais en colère. Il me propose cinquante dollars – une petite partie de l'enjeu du pari – si je le laisse prendre ce qu'il est venu chercher. J'explose. J'essaie de sortir de la voiture mais il m'attrape par les poignets, me serre. Puis démarre la voiture, me demande de me calmer et me promet de m'emmener ailleurs.

Il n'y a pas d'ailleurs. Je le sais maintenant. Il n'y a que des miroirs qui nous renvoient notre déception et qui se brisent en mille morceaux. Ce sera toujours ainsi. Toujours, même quand j'aurai quitté la maison.

La route serpente devant moi et je décide de tout arrêter. Je refuse de le laisser m'emmener vers la plage où l'immense, le glacial et sombre océan nous attend comme un cauchemar. Je ne peux pas.

Plus jamais.

*

Mes yeux s'ouvrent, l'adrénaline fait frémir mon corps, étouffant la peur, la colère et le désespoir ressentis par Arielle quand la voiture a brisé la barrière de sécurité avant de plonger dans le ravin.

Ils sont tombés si vite ; le temps n'a fait d'eux qu'une bouchée. Elle n'a même pas crié avant l'impact. Sa tête a heurté la vitre assez violemment pour fendre la peau de sa tempe et l'étourdir, mais sans la tuer.

Malgré les dégâts, elle vivra… qu'elle le veuille ou non.

– Tu y arriveras, tu verras.

J'ai prononcé ces mots à voix haute bien que je sache qu'elle ne peut pas m'entendre.

Je vais agir et améliorer sa vie avant son retour, la rendre sinon belle, du moins supportable. Les Ambassadeurs encouragent leurs convertis à répandre amour et lumière, mais même si ça n'avait pas été le cas, j'aurais désiré le faire. Elle est si triste. Je veux la tirer de cette obscurité, la sauver des Mercenaires qui profitent de proies comme elle.

D'un mercenaire en particulier, celui qui toujours s'emploie à gâcher la vie de mes hôtes involontaires avec autant d'ardeur qu'il a gâché la mienne.

Car, quelque part, dans la nuit fraîche, poussé par la même énergie qui m'a sortie de la brume, lui aussi a trouvé un corps. Dans un vieux cimetière oublié, il cherche un cadavre assez vieux pour n'être pas reconnu par les habitants de cette petite ville, une âme où se cacher. Les Mercenaires de l'Apocalypse vivent dans les morts dont ils ont le pouvoir de réparer les chairs.

Pendant un moment, je me demande à quoi Roméo ressemblera cette fois. Et puis, je décide que ça n'a aucune importance. Vieux ou jeune, gros ou mince, noir ou blanc, l'ennemi reste l'ennemi.

– Aaaahh...

Le grognement est émis par le garçon à côté de moi dans la voiture. Je grimace, déçue qu'il soit en vie. En tant qu'ambassadrice de la Lumière, je ne suis pas censée éprouver de tels sentiments mais je n'y peux rien. La guerrière immortelle de l'amour que je suis devenue n'est pas très différente de la jeune fille que j'étais.

L'amour. Parfois cette idée me laisse un goût amer dans la bouche.

Mais ce n'est pas plus mal : si nous nous sortons tous deux vivants de cet accident, ça m'évitera d'attirer l'attention de la police. Le monde serait meilleur sans Dylan, mais les ambassadeurs ne sont pas autorisés à tuer des êtres humains. Le meurtre nourrit la cause des Mercenaires. Il m'est interdit de prendre une vie, même de façon justifiée.

– Il n'est jamais bien de mal agir.

Voilà ce que je murmure tout en souhaitant à Dylan quelques fractures et quelques douleurs. La vengeance m'est interdite mais Arielle peut un peu profiter de la sienne.

– Unnh, gémit le garçon.

Je regarde ses lèvres pleines, ses cils soyeux et noirs, ses cheveux châtains qui ondulent sur son front. Des mèches collent à sa peau et un énorme bleu s'est formé sur sa joue. Malgré tout, il est très beau. Ce qui ne l'empêche pas d'être mauvais.

Une certaine cruauté transparaît dans l'harmonie de ses traits, mais je ne peux reprocher à Arielle de ne pas avoir vu au-delà de l'apparence. Il n'y a pas si longtemps, j'étais comme elle, jeune et naïve, prête à croire les beaux jeunes gens. Prête à croire en l'amour éternel.

Mais j'ai retenu la leçon. Seule la vengeance est éternelle.

Le besoin de punir la trahison me donne la force de me battre. Je suis du côté du bien, j'essaie d'empêcher les Mercenaires de l'Apocalypse de détruire la beauté et la bonté encore présentes chez les humains. Le devoir des Ambassadeurs est de préserver leurs protégés et de faire perdurer l'amour vrai et c'est... bien. Mais gâcher l'existence du mercenaire que je combats et faire en sorte qu'il rentre auprès des siens vaincu, sans âme souillée serait mieux encore. Beaucoup mieux.

Ces pensées m'aident à repousser la douleur. J'essaie de m'extirper de la voiture. Le capot est écrasé et je ne peux pas ouvrir la portière de mon côté. Les vitres électriques bourdonnent sans bouger quand j'appuie sur le bouton.

Le bouton. Il me rappelle celui que j'ai utilisé lors de ma précédente mission en... 1998 ? 1999 ? Les années se mélangent mais les boutons sont identiques et l'aspect relativement neuf de la voiture me fait me demander en quelle année je suis. Je ferme les yeux pour mieux fouiller dans les souvenirs d'Arielle.

Moins de quinze ans ont passé depuis ma dernière apparition. Étrange. Mes retours sur Terre sont généralement espacés d'au moins cinquante ans. Les chansons d'amour coulent sur les ondes des radios comme du miel mais les amoureux sincères ne courent pas les rues. Plus les Mercenaires accomplissent leurs sombres desseins – détruire l'espoir, écraser la compassion, inciter à la haine et à la guerre –, plus les couples portés par le destin sont rares.

L'amour n'a rien à voir avec une chute. C'est au contraire une ascension. Comme l'escalade de la face escarpée d'une montagne. Rares sont ceux qui s'en donnent la peine. Très peu atteignent le point critique de la relation, ce moment après lequel les obstacles et les tentations disparaissent.

Certains, comme Roméo et moi, deux moitiés d'un même tout, passent leur temps à s'éloigner l'un de l'autre. Suis-je la seule à me battre toujours contre le même ennemi ? Je l'ignore car je ne communique avec aucune autre âme dans la brume. Je ne fais que croiser des volutes sans consistance.

Roméo, lui, reste sur Terre, passant d'un corps mort à un autre. Nourrice souligne que si le procédé est déplaisant, Roméo profite néanmoins d'un semblant de vie.

Je suis toujours seule. Que je fasse semblant d'être quelqu'un d'autre ou que j'erre dans le grand vide. La vie me manque. Les conversations, les rires, la joie et la douleur me manquent. Me réveiller par une journée claire où je ne verrais pas le mal rôder me manque. Et plus que tout, mon innocence et ma foi en l'existence du bonheur me manquent. Je parviens à faire croire que je suis pleine de bonté mais, en réalité, je suis trop amère pour être une ambassadrice digne de ce nom et trop jeune pour être aussi désespérée.

J'ai vu défiler les siècles mais je suis morte à quatorze ans et j'ai passé en tout moins de vingt ans sur Terre. Lui, en revanche, continue de vivre et d'apprendre, de repousser la folie en ouvrant grand ses oreilles et en plongeant son regard dans celui des humains. Ses sept siècles d'expérience l'aident à me détruire un peu plus à chaque fois.

Sauf que là… quelque chose est différent. Je le sens. Ce n'est pas seulement que je suis revenue trop vite. C'est autre chose. Et j'en ai la chair de poule.

– Ooooh… bon sang…

Les yeux de Dylan s'ouvrent difficilement.

Malgré la pâleur de la lune, je vois qu'ils sont étranges, trop sombres. Ce garçon est bizarre. Je ne suis pas étonnée du tour qu'il a joué à Arielle mais je suis curieuse de savoir ce qu'il va faire à présent. Comment va-t-il réagir alors qu'elle a tenté de les tuer tous les deux ?

– Arielle ? demande-t-il d'une voix pâteuse. Tu vas bien ?

– Oui… je crois.

Peut-être ne se rappelle-t-il pas ce qui a provoqué l'accident. Si c'est le cas, je ne lui rafraîchirai pas la mémoire. Prudemment, je garde une expression neutre.

– Et toi, ça va ?

– Je… je crois. J'ai l'impression que…

Alors qu'il se penche vers moi, sa voix s'éteint. Il me fixe. Je le devine malgré son visage baissé et les ombres qui dissimulent ses yeux.

Le toit ! Je lève la tête et pousse un soupir de soulagement. Le toit est en verre. J'ai plus que jamais hâte de quitter cette voiture. Si Dylan est aussi perturbant à tout juste dix-huit ans, il sera tueur en série avant ses vingt ans.

Ça va aller. Il faut juste qu'on sorte d'ici. Je lève mes mains pleines de sang vers le système d'ouverture. J'essaie d'ignorer Dylan qui se penche un peu plus vers moi.

Je triture le mécanisme du toit ouvrant sans résultat. Je vais y arriver et on pourra se faufiler. Je passerai la première.

– Pardon, est-ce que je peux…

Il exhale une haleine chaude dans mon cou. Je retiens un frisson.

– Est-ce que je peux te poser une question ?

Il veut discuter. Charmant.

Je soupire.

– Oui, vas-y.

Je tire sur les charnières et me rends compte que j'aurais dû pousser. Je soupire de nouveau.

– Est-ce qu'on t'a déjà dit que tes cheveux ressemblent à une rivière argentée à la lumière de la lune ?

Je jette un coup d'œil dans le rétroviseur. Il a raison. Je ressemble presque à un personnage de conte de fées. D'ailleurs, ce que je distingue de mon visage est également magnifique.

Pourquoi Arielle se pensait-elle si laide ? De grands yeux bleus, un petit nez, des lèvres fines. Les cicatrices sur ma joue et ma mâchoire sont visibles mais pas aussi affreuses qu'Arielle le croit. C'est une fille attirante, fascinante même. Elle possède un charme qui donne envie de la regarder.

Alors je prends un peu de temps pour m'admirer. Et je me trahis.

Dylan rit, ses lèvres bien trop près des miennes.

– *Mais doucement, quelle lumière jaillit de cette fenêtre*[1] ?

Non. C'est impossible. Nous n'avons jamais… Il n'a jamais…

– Je t'ai manqué, chérie ?

Il m'embrasse sur la joue, un baiser rapide et mouillé comme celui d'un enfant.

Dylan est mort finalement. Et Roméo a trouvé un corps.

C'est ma dernière pensée avant que ses mains ne serrent ma gorge.

Achevé d'imprimer en Italie par Canale
Dépôt légal : 3e trimestre 2012